AF368054

ONÉSIME RECLUS

# LA GÉOGRAPHIE VIVANTE

APPRISE PAR

## L'IMAGE, L'OBSERVATION, LA CARTE

Collaboration pédagogique de **M. Raoul VERSINI**, Inspecteur d'académie.

*Illustrations de FERDINAND RAFFIN*

## Cours Moyen et Supérieur

PRÉPARATION AU CERTIFICAT D'ÉTUDES PRIMAIRES ET AU BREVET ÉLÉMENTAIRE

56 planches en couleurs. — 200 illustrations. — 56 cartes.

PARIS

LIBRAIRIE MOTTEROZ ET MARTINET

ANCIENNE MAISON QUANTIN

7, Rue Saint-Benoît, 7

1909

# AVANT-PROPOS

*Chacune des cinquante-cinq leçons que comprend la* Géographie Vivante *a été présentée sur un plan uniforme.*

*A gauche : un texte d'Onésime Reclus, l'éminent géographe de la «* Terre *à vol d'oiseau », une leçon succincte et facile à apprendre de M. l'Inspecteur d'Académie Raoul Versini et des questions sur la carte et sur l'image.*

*A droite : une carte claire, précise, relative à la leçon qu'accompagnent d'artistiques illustrations en couleurs. Cette disposition identique résulte de l'adoption du principe de l'enseignement par l'aspect. Auteurs et éditeurs, pénétrés de cette vérité essentielle : « l'abstraction est l'écueil de l'école », pensent avec raison que pour être véritablement « vivant », — c'est-à-dire autre chose qu'une fastidieuse et rebutante énumération, — l'enseignement géographique doit s'appuyer sur l'étude rationnelle de la carte à laquelle des illustrations, présentant un pays sous ses aspects les plus typiques, viennent prêter le plus précieux appui.*

*C'est ainsi que, dans ce livre, texte, cartes, images se coordonnent et s'unissent pour former un ensemble harmonieux qui développe, — en s'adressant à la fois à l'intelligence, à la mémoire, aux yeux du candidat au Certificat d'études, — l'objet limité et déterminé d'une même leçon.*

*Le texte d'Onésime Reclus est la base, la substance même de cette leçon. Écrit dans une langue imagée, par un maître qui possède au suprême degré l'art de peindre d'une phrase, d'un seul mot parfois, l'aspect divers des choses, ce texte appelle un commentaire qui en assure aux enfants la compréhension parfaite. Au maître de procéder comme il le fait lors d'une lecture expliquée, avec cet avantage que l'explication des mots ou des idées lui est ici grandement facilitée par leur représentation concrète en même temps que l'attention des élèves est activement sollicitée par l'étude constante de la carte et la contemplation réfléchie des gravures.*

*La leçon terminée, il convient de s'assurer si elle a été comprise et goûtée des enfants. Les questions sur la carte et les images ont été destinées à remplir ce rôle essentiel. L'espace limité n'a permis de donner que quelques types d'interrogations : il appartiendra donc au maître d'en préparer d'autres, en évitant tout ce qui est purement machinal pour faire appel à la réflexion, à l'observation personnelle.*

*Après une étude aussi consciencieuse de la leçon, la tâche des élèves à la maison est singulièrement réduite. Sans doute, livrés à eux-mêmes, devront-ils revoir le texte commenté en classe ; mais ils auront surtout à apprendre par cœur la leçon qui renferme la substance de ce texte et le minimum qu'on en puisse exiger, et à pratiquer, le crayon en main, l'étude raisonnée et approfondie de la carte.*

*La connaissance de la configuration d'un pays, — ramenée comme dans la* GÉOGRAPHIE VIVANTE *à ses traits essentiels, — est des plus nécessaires, et l'utilité des exercices cartographiques n'est pas à démontrer. On en trouvera les types à la fin de l'ouvrage en même temps que des devoirs écrits de revision. Un excellent procédé pédagogique consiste en effet à placer l'élève dans l'obligation de rechercher parmi des leçons éparses tous les éléments de son devoir ou d'utiliser les connaissances acquises dans un ordre tout différent et sous une forme nouvelle.*

*C'est bien la méthode active, la seule dont la* GÉOGRAPHIE VIVANTE *doive et veuille préconiser l'emploi.*

G. DA COSTA.

# NOTE DES ÉDITEURS

Dans cette troisième édition de la *Géographie Vivante* (Cours Moyen et Supérieur) nous nous sommes efforcés de tenir compte d'observations très judicieuses qui nous ont été faites par un assez grand nombre d'instituteurs et d'institutrices. Nous croyons leur avoir donné entière satisfaction.

Dans les deux premières éditions le texte de M. Onésime Reclus était précédé, pour chaque leçon, d'un sommaire auquel renvoyaient des numéros de rappel. Ce procédé n'était pas sans inconvénient.

Cette troisième édition y remédie de la façon suivante :

La *lecture expliquée* de M. Reclus a été divisée en plusieurs parties ; des sous-titres au début des principaux alinéas ont permis de supprimer les sommaires.

D'autre part, pour diminuer autant que possible la tâche déjà si pénible et si multiple du maître, tous les mots savants ou nouveaux du vocabulaire géographique ont été surmontés d'un astérisque renvoyant au *glossaire*, considérablement étendu.

En outre, la partie inévitablement mnémotechnique de l'enseignement géographique se trouve augmentée, dans la *période de Revision :*

1° D'un tableau des grandes villes de France indiquant les caractéristiques de chacune d'elles ;

2° De tableaux destinés à fixer dans l'esprit des élèves l'essentiel des connaissances géographiques, *en vue de l'examen du Certificat d'études.*

Enfin, disons en terminant, que plusieurs illustrations auxquelles ne convenait pas le procédé des quatre couleurs ont été modifiées ou remplacées par des dessins à la plume tirés en noir.

LES ÉDITEURS.

# LE MONDE

**1. Le monde est infini.** — Le Soleil est 1.280.000 fois plus gros que la Terre.

Or ce Soleil dont la masse nous épouvante n'est lui-même qu'une très petite étoile, aussi menue par rapport à d'autres étoiles que la Terre par rapport à lui.

Si vaste est le monde que bien au delà de ce que nous nommons le *système planétaire*, c'est-à-dire l'ensemble des planètes qui tournent autour du Soleil, l'étoile la moins éloignée de nous, dans la constellation du Centaure, est à des milliers de milliards de kilomètres. La lumière ne nous en arrive qu'en quatre ans et demi, bien qu'elle parcoure 300.000 kil. par seconde ; l'éclat de la plus distante met 1.850 années à nous parvenir.

La plus distante, entendons-nous, non pas le plus éloigné de tous les astres du système du monde, mais seulement de ceux qui nous pouvons entrevoir de nos yeux, sans nos télescopes impuissants eux-mêmes : ils portent notre regard bien au delà de ses forces, mais ils ne contemplent pas tout ; à vrai dire, ils n'envisagent presque rien. Dans l'état actuel des lunettes astronomiques, notre vision va jusqu'à des soleils dont la lumière met 364.300 ans à nous atteindre.

Et après ces derniers soleils perdus dans l'espace, d'autres scintillent, et toujours, et toujours : le monde n'a pas de bornes.

Donc la Terre, que nous avons crue si grande, la Terre n'est rien.

**2. Les étoiles et les constellations.** —Dans les nuits claires de l'Asie Antérieure*, les pâtres de la Chaldée comptèrent les premiers les étoiles et leur donnèrent des noms ; les Grecs héritèrent de leur savoir, puis les Romains et les peuples du moyen âge. C'est de ces précurseurs que nous sont venus les noms des étoiles visibles à l'œil nu, qui sont en petit nombre, quelques milliers. Nous n'en connaissons des millions que depuis les progrès de l'optique.

Pour éviter de les désigner toutes par un nom, les anciens réunirent un certain nombre d'étoiles les unes aux autres par des lignes où l'imagination eut sa très grande part, et de ces lignes ils firent des figures d'hommes, d'animaux, d'objets. Ils obtinrent ainsi des **constellations** qu'ils appelèrent de beaux noms poétiques : tels *Andromède*, *Pégase*, *Persée*, les *Pléiades*, *Orion*, *Eridan*, *Cassiopée*, le *Cygne*, *Castor et Pollux*, la *Grande Ourse*, la *Petite Ourse*, etc. Nombre de ces constellations se composent de 50, de 100 étoiles, sans compter les étoilettes.

La *voie lactée*, grande tache laiteuse brillant parfois d'un assez vif éclat, est un immense groupement d'étoiles qui, dans le ciel, nous présente l'aspect d'un gigantesque anneau à l'intérieur duquel se trouve notre Soleil.

**3. Le Soleil.** — Quoique principe de toute notre chaleur, de toute notre lumière, le Soleil est une étoile moins brillante que beaucoup d'autres : l'éclat de Sirius, par exemple, est soixante-dix fois supérieur au sien. De nous à lui l'on compte 149.501.000 kilomètres. Corps près de quatre fois moins dense que la Terre, par la prédominance des gaz, des fluides sur les solides, il n'a que 324.000 fois la masse de notre planète pour près de 1.300.000 fois sa grosseur.

Est-il vraiment possible, se demande-t-on comme malgré soi, que l'homme ait pu calculer exactement ces vitesses, ces distances, ces poids, ces densités, ces volumes. Qui en douterait, depuis qu'on prédit à un millième de seconde près les éclipses de Soleil et les éclipses de Lune, l'instant précis de leur commencement, de leur apogée, de leur fin, et que l'on peut, si l'on veut, décrire celles dont mille ans nous séparent ?

Le Soleil est une masse sombre en une enveloppe incandescente d'où s'élancent des flammes colossales. On estime sa température à 2.000 degrés. Comme la Terre, il tourne sur lui-même, et, notre planète faisant son tour en une journée, il met 27 jours 4 h. 29 m. à sa révolution complète.

Pas plus que les autres soleils il ne reste en place : avec une vitesse de 30 kilomètres par seconde, la même que celle de notre translation autour de notre astre central, il va droit — on ne sait pour quelle catastrophe — vers une étoile de la constellation d'Hercule.

---

**LEÇON A APPRENDRE.** — **1.** *Le monde est infini et la Terre, que nous avons crue si grande, n'en est qu'une infime partie.* — **2.** *Les étoiles, dont nous connaissons des millions depuis les progrès de l'optique, se groupent en constellations comme : la Grande Ourse, la Petite Ourse, les Pléiades, Orion, la Croix du Sud, etc. La* voie lactée, *immense amas d'étoiles, partage la sphère céleste et forme comme un anneau autour du Soleil.* — **3.** *Toute lumière, toute chaleur nous vient du Soleil, étoile moins brillante que beaucoup d'autres, mais la plus rapprochée de nous.*

---

**Exercices écrits ou oraux.** — Pourquoi dit-on que le monde est infini (1) ? — Définir la constellation et nommer les principales (2). — Caractériser le Soleil : masse, température, mouvement (3). = **Questions sur la carte ou sur l'image :** Montrez sur la carte l'étoile polaire et les constellations qui permettent de la reconnaître. — La voie lactée : définition, situation sur la carte. — Qu'est-ce qu'un satellite ? — Montrer le satellite de la Terre, ceux de Saturne. — Que remarquez-vous sur la gravure représentant Saturne ? — Que remarquez-vous sur la gravure représentant Mars ? — Dans quelle constellation se trouve l'Étoile polaire ? — Quelle est la forme géométrique de la constellation d'Orion ? — Le Soleil est-il immobile dans l'univers ?

---

**Nota.** — *Dans ce volume tous les mots surmontés d'une astérisque (*) sont expliqués dans le Glossaire qui termine l'ouvrage, p. 128 et suivantes.*

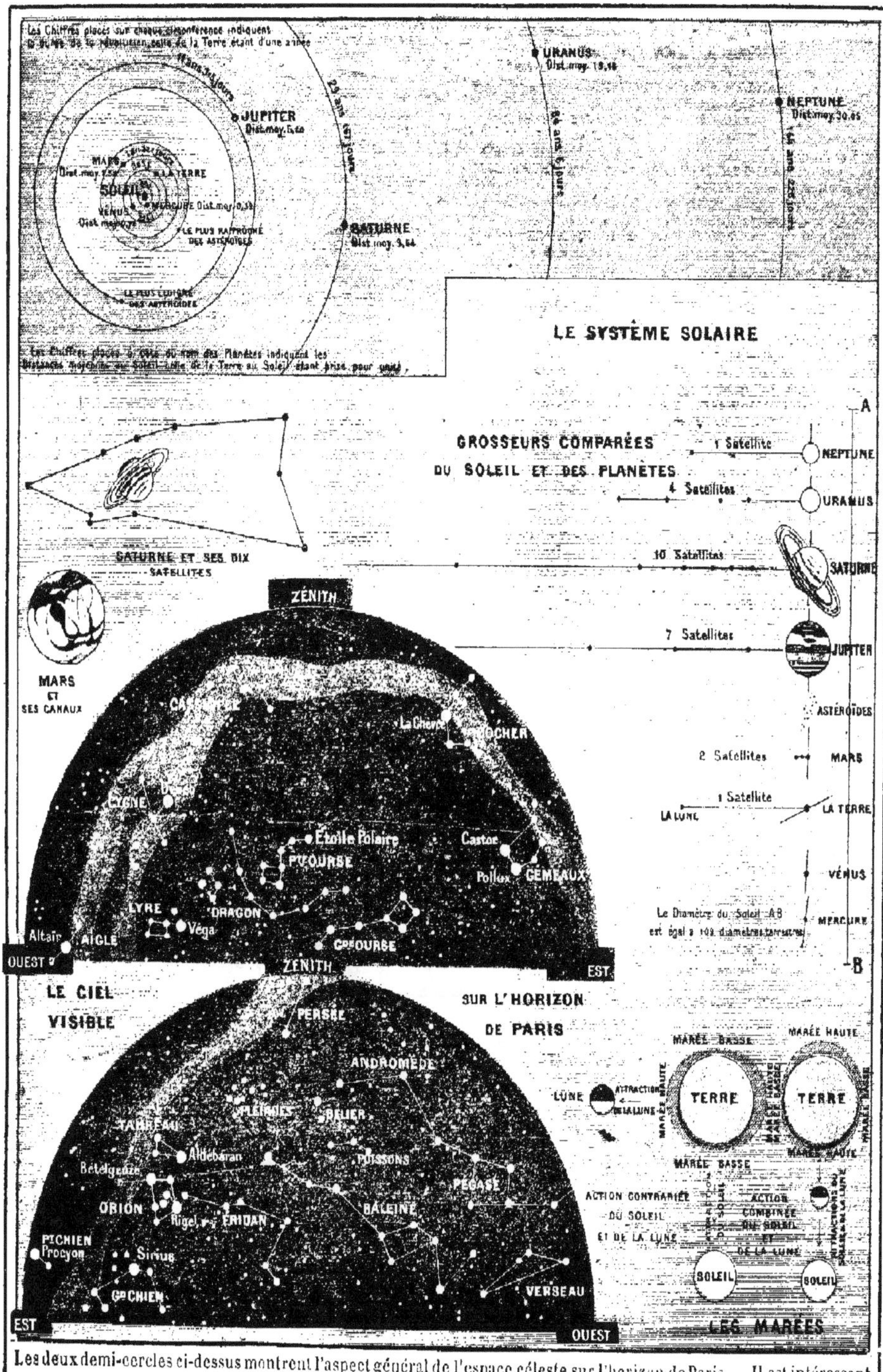


Les deux demi-cercles ci-dessus montrent l'aspect général de l'espace céleste sur l'horizon de Paris. — Il est intéressant et utile de savoir reconnaître dans le ciel les principales constellations et leurs situations respectives.

# LE MONDE *(suite)*

**1. Le système solaire.** — Autour du Soleil, centre de notre *système planétaire*, tournent diverses planètes ; deux se rapprochent plus que nous de notre grande étoile : *Mercure* et *Vénus* ; cinq s'en éloignent davantage : *Mars, Jupiter, Saturne, Uranus, Neptune*.

Plus la distance augmente entre ces planètes et l'astre rayonnant autour duquel elles sont entraînées dans une course *elliptique*, plus il leur faut de temps pour accomplir la révolution qui les ramène toujours, par une route immuable, aux lieux de l'espace qu'elles ont franchis auparavant. Si Mercure, la plus voisine, fait son voyage autour du Soleil en 22 jours, Neptune, la plus éloignée, consacre à son circuit 164 ans 226 jours.

**2. Les planètes.** — A Mercure, très petite planète, on est en droit de supposer une moitié très froide, celle que le Soleil n'éclaire jamais, et une moitié très chaude, celle que le Soleil éclaire toujours. — Très petite aussi, Vénus, où les monts ont peut-être 100 kilomètres de haut, était à la fois pour les anciens l'Étoile du matin (Lucifer) et l'Étoile du soir (Vesper). — Mars, planète menue deux fois plus froide que la Terre, abonde sans doute en glaciers*, en névés*. — L'énorme Jupiter, 1.279 fois plus grande que notre séjour, est éclairée par sept lunes au lieu d'une seule. — Saturne, égal en volume à 720 fois la Terre, est éclairé par près de dix lunes et par un anneau dont on croit qu'il se compose d'une multitude de petites planètes que nos instruments d'optique sont incapables de distinguer.—Uranus, 70 fois la Terre, voit tourner autour de lui quatre lunes ou, comme on dit aussi, quatre satellites. — Enfin, Neptune, 85 fois égal à notre Globe, n'a comme nous qu'un satellite. Cette dernière planète nous offre un illustre exemple de l'infaillibilité des calculs astronomiques : avant d'être découverte par le télescope, elle avait été localisée dans l'espace par deux savants, et c'est là où ils avaient dit de la chercher qu'on l'a trouvée.

**3. La Terre.** — La Terre est une boule ou, si l'on aime mieux, une sphère un peu irrégulière en ce sens qu'elle est légèrement renflée à l'Équateur, légèrement aplatie aux pôles. On nomme *Équateur*, d'un mot latin, *Æquus*, voulant dire égal, une circonférence qui fait le tour du Globe et le long de laquelle les jours sont égaux aux nuits pendant toute l'année. On nomme *Pôles*, d'un mot grec qui signifie « tourner », les deux extrémités de l'axe autour duquel la boule tourne sur elle-même.

Car la Terre ne tourne pas seulement autour du Soleil ; elle tourne aussi sur elle-même dans le sens de l'Ouest à l'Est ; sa révolution dure 24 heures, exactement 23 heures 56 minutes et tout près de 4 secondes ; tandis que sa révolution elliptique autour de l'astre qui l'attire sans qu'elle se joigne jamais à lui dure 365 jours 5 heures 48 minutes et 51 à 52 secondes. Ces 365 jours constituent l'année. Les heures, minutes, secondes en excès font ensemble, au bout de 4 ans, une journée supplémentaire qu'on ajoute à l'année normale ; on a de la sorte 366 jours au lieu de 365, et l'année est dite « bissextile ».

**4. La Lune.** — Notre satellite fait son tour de la Terre en 27 jours 7 heures 43 minutes et un peu plus de 5 secondes. C'est à la distance de 384.628 kilomètres qu'elle éclaire nos nuits, non pas de sa lumière propre, mais de celle que le Soleil lui transmet. Quoique 14 fois inférieure à notre sphère en surface, et 49 fois en volume, elle est si voisine de nous qu'elle exerce sur le globe terrestre une grande influence. Nous lui devons surtout les soulèvements de la mer, que son attraction, combinée avec celle du Soleil, exhausse de niveau. C'est le *flux* ou *flot*. Puis la mer baisse, et c'est le *reflux* ou *jusant**. L'ensemble du phénomène se nomme la *marée*.

---

**LEÇON A APPRENDRE.** — *1 et 2. Le Soleil est le centre de notre système planétaire ; autour de lui tournent huit planètes : Mercure, Vénus, la Terre, Mars, Jupiter, Saturne, Uranus, Neptune. — 3. La Terre que nous habitons est une boule ou sphère tournant autour du Soleil en 365 jours 5 à 6 heures et sur elle-même en près de 24 heures. —*

*4. La Lune, satellite de la Terre, fait le tour de notre planète en 27 jours 1/3. Malgré son faible volume, elle est si près de nous qu'elle exerce sur le globe terrestre une grande influence. Nous devons à la Lune surtout, en partie au Soleil, les soulèvements de la mer ou marées.*

---

**Exercices écrits ou oraux.** — De quoi se compose le système solaire (1) ? — Que savez-vous sur les différentes planètes (2) ? — Dites la forme de la Terre, les différentes révolutions qu'elle accomplit (3). — Que savez-vous sur la Lune ? Dimensions, situation, influence sur le globe terrestre (4). — **Questions sur l'image :** Montrez la forme sphérique de la Terre d'après l'image. — Dites les positions de la Terre par rapport au Soleil aux époques des équinoxes. — Vérifiez à l'aide du diamètre et de calculs fort simples les dimensions et la situation de la Lune. — Expliquez d'après les images l'éclipse de Lune et l'éclipse de Soleil. — Expliquez d'après l'image les phases de la Lune. — Dites ce qu'il faut entendre par nouvelle lune, premier quartier, pleine lune, dernier quartier. — La Lune a-t-elle une lumière propre, ainsi que le Soleil ? — Donnez d'après l'image de la page précédente une explication du phénomène des marées. — Qu'appelle-t-on marée haute ? marée basse ?

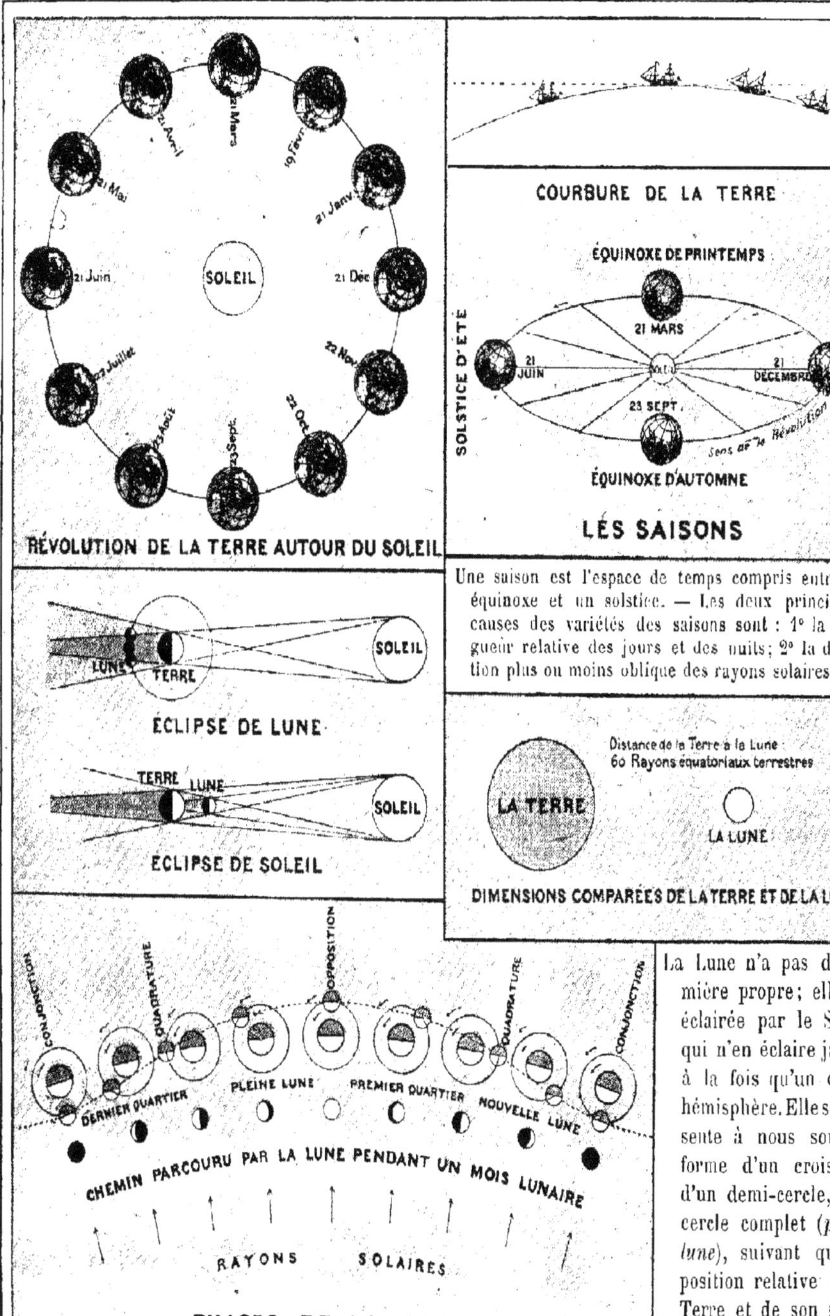


Une saison est l'espace de temps compris entre un équinoxe et un solstice. — Les deux principales causes des variétés des saisons sont : 1° la longueur relative des jours et des nuits; 2° la direction plus ou moins oblique des rayons solaires.

La Lune n'a pas de lumière propre; elle est éclairée par le Soleil, qui n'en éclaire jamais à la fois qu'un demi-hémisphère. Elle se présente à nous sous la forme d'un croissant, d'un demi-cercle, d'un cercle complet (*pleine lune*), suivant que la position relative de la Terre et de son satellite nous permet de voir une partie plus ou moins grande de l'hémisphère éclairé par le Soleil. C'est là ce qu'on appelle les *phases de la Lune*. Au moment de la *conjonction* nous ne voyons rien de l'hémisphère lumineux, c'est l'époque de la *nouvelle lune*.

# COMMENT S'ORIENTER

**1. L'Étoile polaire.** — Si la Terre n'était qu'une surface triangulaire, polygonale, n'importe, on s'y reconnaîtrait toujours : une surface de ce genre a des côtés, des bouts, des coins; mais une sphère n'a ni commencement, ni fin, ni bords, ni angles.

Mais si la sphère n'offre, comme on dit, aucun point de repère, on peut la situer d'après les objets qui l'avoisinent, qui l'environnent; et c'est le cas de la Terre dans l'espace.

En contemplant la voûte céleste, les premiers astronomes remarquèrent au fond du ciel une étoile dite fixe, quoique en réalité toutes les étoiles se déplacent à la longue dans l'infini du temps. Elle fait partie de la constellation de la *Petite Ourse* et c'est l'**Étoile polaire**.

**2. Les points cardinaux.** — Au bout du timon de l'espèce de chariot que représente la Petite Ourse, comme aussi la *Grande Ourse*, cette Étoile polaire marque le **Nord**. Un autre astre, le Soleil, nous donne un lieu de reconnaissance : celui qu'il illumine après l'aurore, le *Levant* ou l'*Orient* ou l'**Est**; et 12 heures plus tard, un autre, quand il disparaît au bout de la Terre visible à nos yeux, le *Couchant* ou l'*Occident* ou l'**Ouest**. Soit trois points fixes : le quatrième était facile à trouver, en opposition à l'Étoile polaire; on l'appelle **Sud** ou *Midi*.

Quand on possède les quatre coins, on obtient autant de directions qu'on veut. Dans la pratique on ne se sert guère que des seize ou des trente-deux directions de la *rose des vents*, ainsi nommée de ce qu'elle permet aux marins de régler leur route suivant les souffles des vents de mer. Aujourd'hui la **boussole** suffit et l'on fait le **point**.

*Faire le point* c'est calculer où l'on est, par rapport au Soleil, aux étoiles, et marquer le lieu trouvé sur une carte divisée, comme il convient, suivant les **longitudes** et les **latitudes**: celles-ci, semblables au filet qui entoure le ballon et supporte la nacelle, jettent autour de la Terre un réseau de mailles régulières.

**3. La boussole.** — La boussole a pour organe fondamental l'*aiguille aimantée* qui, mobile sur un pivot, dirige sa pointe vers le Nord. Il n'en faut pas plus : ayant le Nord, on a le Sud, l'Ouest, l'Est : le Nord devant, le Sud derrière, l'Est à droite, l'Ouest à gauche; avec ces quatre *points cardinaux*, ou essentiels, on détermine facilement toute la rose des vents.

**4. Longitudes et latitudes.** — On partage la Terre en 180 tranches dans le sens des latitudes, en 360 dans le sens des longitudes.

Les latitudes partent de la ligne des jours égaux aux nuits; elles vont de zéro sur l'Équateur à 90 degrés vers le Pôle arctique, dans l'*hémisphère boréal;* à 90 degrés vers le Pôle antarctique, dans l'*hémisphère austral;* dans celui-ci ce sont les *latitudes Sud*, dans celui-là les *latitudes Nord*.

Les longitudes vont d'un pôle à l'autre, perpendiculairement aux latitudes, à partir d'un lieu quelconque, suivant les nations, Paris, Londres, Madrid, etc. Elles vont de 0 à 180 à l'Ouest (O) et de 0 à 180 à l'Est (E).

Pour prendre un exemple, Marseille se trouve par 43°17'52" de latitude N. et 3°1'55" de longitude E.

Ainsi, le voyageur perdu sur les vagues, perdu dans la brousse*, dans le désert, sait toujours en quel lieu du Globe il est comme égaré; il l'apprend par les étoiles, notamment par la *Polaire*, par la Lune, par le Soleil, par les indications que l'homme de la Terre aperçoit dans le Ciel.

---

**LEÇON A APPRENDRE.** — **1.** *Sur le globe terrestre quatre points cardinaux ou essentiels ont été déterminés. Les premiers astronomes trouvèrent la direction du Nord au moyen de l'Étoile polaire, qui fait partie de la constellation de la Petite Ourse.* — **2.** *Le Soleil a permis la détermination de deux autres points : l'Est ou Levant ou Orient, l'Ouest ou Couchant ou Occident. Le Sud ou Midi est en opposition avec l'Étoile polaire. Faire le point c'est calculer à l'aide du Soleil l'endroit de la Terre où l'on se trouve.* — **3.** *La boussole se compose d'une aiguille aimantée qui dirige sa pointe vers le Nord.* — **4.** *La position d'un point est déterminée par sa latitude et sa longitude. La latitude d'un lieu c'est la distance de ce lieu à l'Équateur, comptée sur le même méridien. La longitude c'est la distance de ce lieu, comptée sur le même parallèle, au méridien 0. Le méridien 0 est la circonférence du grand cercle faisant le tour de la Terre, en passant par Paris et les deux pôles.*

---

**Exercices écrits ou oraux.** — Comment trouvez-vous le Nord (1 et 3)? — Comment déterminez-vous l'Est, l'Ouest (2)? — Expliquez le rôle de l'Équateur dans la division du globe terrestre et la formation des lignes de latitude (4). — Définir la longitude d'un lieu (4). = Questions sur la carte et sur l'image : Expliquer l'image de la rose des vents. — Placez-vous dans la position de la petite fille de l'image et donnez la situation des points cardinaux par rapport à votre corps. — Décrivez une boussole d'après l'image 5.

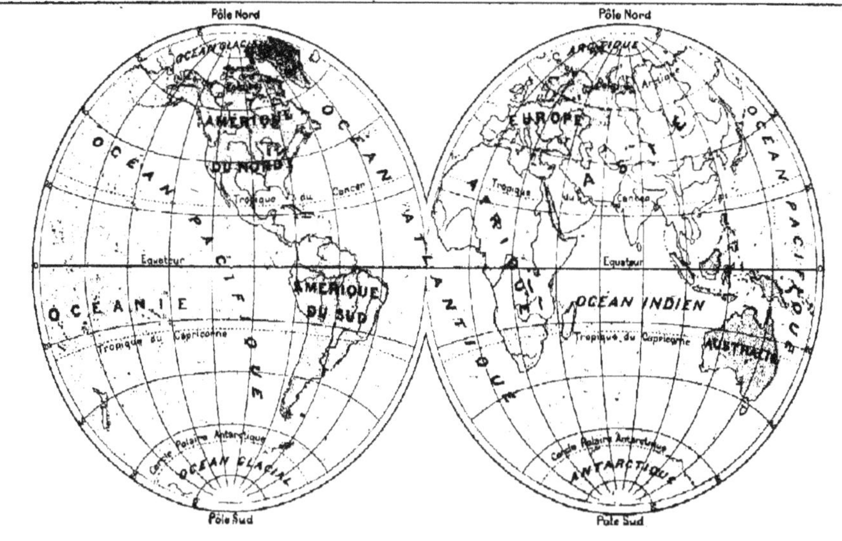


**1. Les deux hémisphères terrestres.**

**2. Orientation**. — S'orienter, c'est reconnaître la position des quatre points cardinaux par rapport au lieu où l'on se trouve. Pendant le jour, on s'oriente facilement en examinant le Soleil. Lorsque l'on connaît la direction d'un des points cardinaux on trouve de suite la direction des trois autres, comme dans la figure de droite.

Pendant la nuit, on s'oriente en recherchant l'étoile polaire, qui donne la direction du Nord, comme dans la figure de gauche.

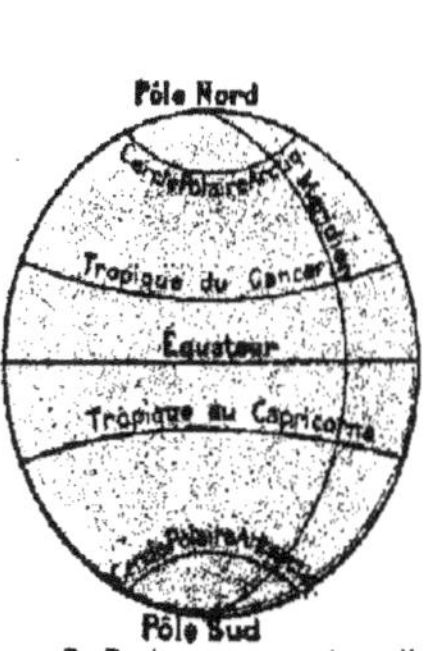


**3.** Positions respectives d'un méridien et des cercles de latitude.

**4. La Boussole**. — C'est un instrument formé essentiellement d'un cadran sur lequel se meut une aiguille aimantée qui donne la direction du Nord.

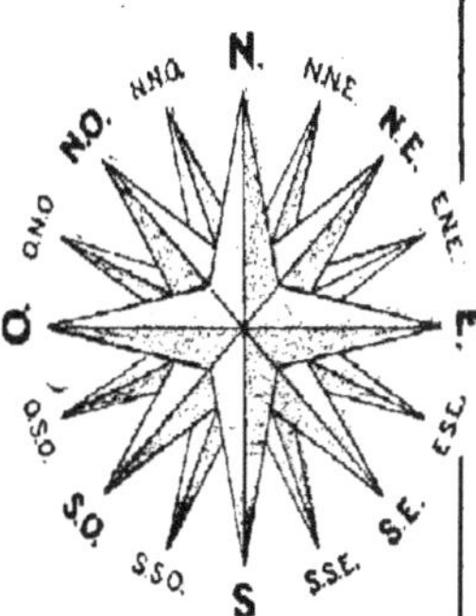


**5.** Rose des vents.

# LES TERRES

**1. La Terre.** — Le globe, la sphère, la boule que nous habitons se divise en deux natures tout à fait différentes : la **Terre**, substance solide ; la **Mer**, substance liquide. La surface de notre boule étant de 50 milliards d'hectares, la Terre en occupe environ 13.600.000.000, et la Mer 37.400.000.000.

Mais si la Mer est à la Terre comme 100 est à 36, soit presque trois fois plus grande, il n'y a là qu'une apparence. Un puits creusé d'outre en outre dans la Terre, de nous à nos *antipodes*, aurait environ 12.700 kilomètres de profondeur, tandis que le creux le plus extrême qu'on ait trouvé jusqu'à présent dans les gouffres de la Mer n'atteint même pas 12 kilomètres. Et que rencontre-t-on dans le fond du fond des Océans, sinon la Terre et toujours la Terre, sur la rondeur de laquelle l'eau marine n'est qu'une enveloppe humide déchirée par des îlots, des îles, des continents, c'est-à-dire de la Terre encore.

Il avait donc raison le petit bonhomme auquel on demandait ce que c'est que la mer, et qui répondit : « C'est là où il y a beaucoup un seau d'eau. » La Mer n'est vraiment qu'un trou très large, mais peu profond, et dont l'eau est salée.

**2. Plaines et plateaux.** — La Terre se présente à nous sous deux formes : la forme plate, la forme hérissée, ardue.

La forme plate se nomme **plaine** quand elle domine peu la Mer, qui, recevant toutes les eaux de la Terre, en est naturellement le lieu le plus bas, puisque l'eau descend toujours. On l'appelle **plateau** quand elle s'étend à une haute élévation sur le dos des montagnes. Comme plaines on peut citer : la Beauce, la Brie, la Champagne Pouilleuse et les immenses Landes de Gascogne. Comme plateaux, les *Ségalas* du Rouergue, le Gévaudan, les *Grands Causses*. Suivant leur altitude plus ou moins grande au-dessus du niveau des Océans, on distingue les plateaux en *plateaux*, sans adjectif, et en *hauts plateaux*. La Beauce, par exemple, est un *plateau* et le Gévaudan un *haut plateau*.

**3. Déserts.** — Quand ces plaines, ces plateaux, privés de pluie, manquent d'herbes, d'arbres, d'habitants, on les appelle des **déserts**. Ainsi le Sahara, le plus vaste des lieux inhabités du Globe, inutilise une grande partie de l'Afrique du Nord.

**4. Montagnes.** — La forme hérissée, qui se nomme **montagne**, dérive de trois grandes causes : d'abord des pressions, des poussées, qui amènent, de l'intérieur à la surface de la Terre, d'incalculables masses de rochers ; ensuite de l'action de l'eau, qui délaie, qui emporte les substances non résistantes ; enfin des éruptions volcaniques.

**5. Vallées.** — Plus une montagne s'élève, ou plus une plaine se creuse, plus s'approfondit ce qu'on désigne par le nom de **vallée**. On entend par là une plaine plus ou moins ample entre des collines ou des pans de mont, et c'est en suivant la pente de ces plaines que les cours d'eau s'en vont à la mer. Telle est, en montagne, la vallée de l'Arve, partie du massif le plus élevé de la France, même de l'Europe. Si la vallée est très étroite, elle prend divers noms : *gorge, défilé, clus, cagnon* ; telles les gorges du Tarn.

**6. Glaciers.** — La pluie ne se manifeste pas seulement par les sources, les lacs, les étangs, l'eau courante, mais aussi par la neige, surtout dans les lieux élevés. Sur le haut des monts, cette neige se durcit en glace, et cette glace, s'entassant dans le creux des ravines, s'amasse en **glaciers** ou *champs de glace*.

**7. Volcans.** — On désigne sous ce nom des cheminées d'une profondeur inouïe, des *cratères*, le long desquels montent, de l'intérieur du Globe, des roches en fusion, des *laves*, des boues brûlantes, des gaz, des cendres calcinées. Ces matières exhaussent le volcan lui-même ou descendent, en suivant les pentes, vers les bas pays qu'elles dévastent et dont elles changent violemment le relief.

---

**LEÇON A APPRENDRE.** — **1.** *La Terre représente un quart de la surface du globe terrestre dont la Mer recouvre les trois quarts d'une mince couche liquide.* — **2.** *La Terre se présente sous la forme de* plaines, *ou parties basses, et de* montagnes, *ou parties hautes. La Beauce, la Brie sont des plaines ; les Alpes, les Pyrénées, des montagnes. On appelle* plateaux *les plaines élevées situées en pays de montagnes.* — **3.** *On* nomme déserts *les plaines ou plateaux privés de pluie, et par conséquent de végétaux et d'habitants.* — **5.** *Les montagnes enferment des dépressions ou* vallées *par où les cours d'eau s'en vont à la Mer.* — **7.** *Les montagnes élevées sont couvertes de* glaciers *formés par la neige accumulée et durcie.* — **8.** *Parfois elles servent d'issue aux* laves, *de l'intérieur du Globe : ce sont là les* volcans.

---

**Exercices écrits ou oraux.** — Sur le Globe, quel est, en surface, le rapport de la Terre et de la Mer (1) ? — Qu'appelle-t-on plaines (2), montagnes (4), plateaux (2), déserts (3), vallées (5), glaciers (6), volcans (7) ? = Questions sur l'image : (1) Décrivez la vallée de la Durance. Que remarquez-vous sur les flancs de la vallée ? Dans la partie la plus basse ? — (3) Quelles ressemblances offrent une mer liquide et une mer de glace ? — (4) A quoi voyez-vous que la Beauce est une plaine fertile ? — Quel est le volcan représenté sur l'image ?

**1. Vallée de la Durance** — Les autres belles vallées de
France sont : celles de la Seine normande, de la Loire et de l'Allier supérieurs, de la Vienne limousine, de la Dordogne, du Lot,
du Tarn, du Rhone, de l'Isère (Grésivaudan), etc.

**2. Le Vésuve,** une des dernières éruptions. — Autres volcans
principaux de l'Europe : Etna (Sicile), Stromboli (île de la Méditerranée), Hécla (Islande).

**3. La Mer de glace,** dans le massif du Mont-Blanc. On peut la traverser sans danger, sous la direction d'un guide.
Il y a des mers de glace infiniment plus étendues en Norvège, en Islande,
dans l'Himalaya et surtout dans l'Amérique du Nord, en Alaska, et, naturellement, dans les pays polaires.

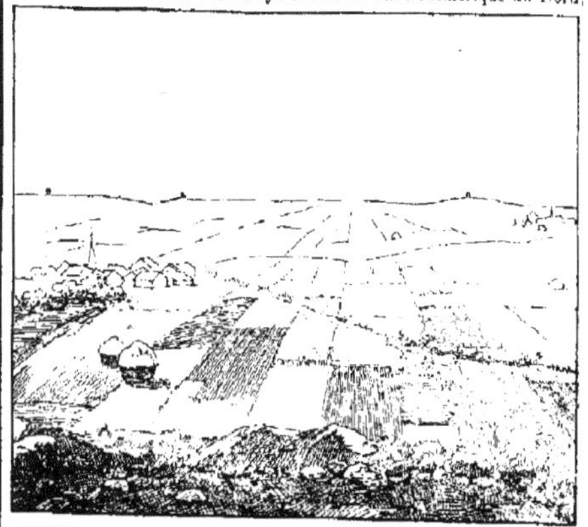

**4. Plaine de la Beauce.** — Autres plaines de France :
Flandre, Champagne, Brie, Sologne, les Landes (celles-ci, au
lieu d'être agricoles, sont couvertes d'une immense forêt de
sapins), la plaine de la Saône, celle du Comtat.

**5. Un plateau.** — Les principaux plateaux de France sont
ceux du Languedoc et de la Guyenne, nettement tranchés en
*Causses* et en *Ségalas*. — Il y a aussi des hauts plateaux volcaniques appelés *Planèzes*.

# LES EAUX

Ainsi notre Globe se divise en Terres et Mers.

**1. Mers.** — Sous l'action des rayons du Soleil, la Mer devient source de toute vie sur la Terre. En s'évaporant elle forme les nuages, qui se résolvent en *pluies*. Des pluies naissent les plantes, et, à leur suite, les animaux et les hommes. Avec les montagnes et les déserts, la Mer nous montre les plus grands spectacles qu'il nous soit donné d'admirer : son infini quand elle est calme, et, quand elle s'agite, l'horreur de ses tempêtes, la fureur de ses vagues, l'entonnoir de ses gouffres et l'engloutissement des navires.

**2. Marées.** — Sur le *littoral*, c'est-à-dire le long de ses côtes, elle change du tout au tout quatre fois par jour, en vertu du *flux* et du *reflux*, les deux mouvements contraires dont se compose la **marée**. Pendant le *flux*, la Mer monte, elle envahit les lieux bas, elle remplit, elle remonte les estuaires*, les fleuves, souvent fort loin dans l'intérieur du continent. Suivant les lieux elle s'élève à cinq, six, dix, quinze, même dix-sept, dix-huit mètres de hauteur. Puis, comme elle a crû par le flux, elle décroît par le *reflux* ou *jusant*. Elle baisse jusqu'au niveau d'où elle est montée. Elle découvre successivement tous les espaces que successivement elle avait recouverts. Les estuaires, les fleuves, cessant de couler en amont* vers l'intérieur, redescendent vers la Mer. La même journée voit deux fois gonfler, puis dégonfler l'Océan.

**3. Côtes.** — En réalité la Mer est le contenu d'un grand vase dont les rebords, terres, sables, rochers se nomment côtes, *rives*, *rivages*, *littoral*. Étant donné le plus ou moins de résistance de ces roches, de ces terres, de ces sables souvent entassés en monticules qu'on appelle *dunes**, les côtes de la mer ne se présentent que rarement en longues lignes droites.

**4. Caps et golfes.** — Les côtes vont plutôt par avancées nommées **caps** ou *promontoires*, et par reculées qu'on nomme **golfes** ou *baies* quand elles sont grandes, *anses*, *criques* quand elles sont petites. Du fait de ces « rentrants » et de ces « sortants », lorsqu'on longe les Océans, on double, on triple, parfois même on décuple la ligne droite.

**5. Îles et archipels.** — Ce qui frappe le plus quand on contemple la Mer, c'est moins sa fureur que son immensité. Encore plus fait-elle impression de ne jamais finir lorsque, très loin des rives, on ne voit plus qu'elle et le ciel. Puis, tout à coup, une terre apparaît, ou des terres ayant l'eau de tous côtés. Cette terre ou ces terres, c'est une île, ou ce sont des îles. Et si plusieurs îles surgissent à peu de distance les unes des autres, on a sous les yeux un archipel. Exemple d'île : la Corse ; exemple d'archipel : les Antilles.

**Presqu'îles.** — Lorsqu'un bloc de terre tient à la terre ferme par une crête de rocs, un bourrelet de sable, et qu'alors il n'est point une île, mais presque une île, on l'appelle une **presqu'île**, ou encore une *péninsule*, d'un mot latin qui a exactement la même signification.

**6. Isthmes.** — On traite d'isthme toute terre étirée, relativement étroite, qui relie entre elles deux terres plus longues et plus larges. Les isthmes classiques sont l'*isthme de Suez*, qui rattache la masse de l'Afrique à la masse de l'Asie, et l'*Amérique Centrale* qui joint l'Amérique du Nord à l'Amérique du Sud. Cette dernière est, elle-même, divisée en compartiments par des isthmes transversaux séparant l'Atlantique, à l'est, de l'Océan Pacifique, à l'ouest : l'un de ces terre-pleins locaux porte un nom célèbre : *Panama*.

**7. Détroits.** — Ce que fait l'isthme entre deux terres, le détroit le fait entre deux mers : l'isthme étant une terre allongée entre deux terres, le *détroit* est comme un isthme allongé entre deux mers. Ainsi le *Pas-de-Calais* conduit de la Mer du Nord à la Manche, entre l'Angleterre au nord, la France au sud ; et la *Manche* elle-même n'est, entre ces deux mêmes nations, qu'un détroit plus long et plus large qui s'ouvre sur l'Atlantique.

---

**LEÇON A APPRENDRE. — 1.** *La pluie, d'où naît toute vie sur la Terre, vient des nuages formés par l'eau de la Mer vaporisée par le soleil. L'eau de la Mer est donc l'origine de tous les êtres organisés. —* **2.** *Chaque jour la Mer avance vers le rivage, puis recule : c'est la* marée. *La marée est assez forte pour faire remonter le courant des fleuves. —* **3 à 7.** *Les côtes de la Mer forment des avancées ou caps, des reculées ou golfes. La Mer baigne de tous côtés les* îles, *qui, groupées, forment des* archipels. *La presqu'île ne tient à la terre que par un côté. L'isthme, étroite bande de terre entre deux mers, relie les continents. Les isthmes de Suez et de Panama sont les plus célèbres. Le détroit, fossé plus ou moins large, fait communiquer deux mers entre elles. Le Pas-de-Calais, la* Manche *elle-même, ne sont qu'un détroit entre la France et l'Angleterre.*

---

**Exercices écrits ou oraux.** — Quel est le rôle bienfaisant de la pluie (1) ? — D'où vient-elle ? — Où et comment se forment les nuages (1) ? — Qu'est-ce que la marée, le flux, le reflux (2) ? — Qu'appelle-t-on cap, golfe, baie, anse (4) ? — Île, archipel (5) ? — Presqu'île ou péninsule (5) ? — Montrez la différence qui existe entre l'isthme et le détroit ? — Citez les deux isthmes les plus célèbres du Globe ? — Comment s'appelle le détroit entre la France et l'Angleterre (6-7)? — Questions sur l'image : Dites la différence d'aspect de la Mer à marée haute et à marée basse. — Qu'arrive-t-il quand la Mer est en tempête ?

**1. Marée haute.** — A mer haute, plus de grève, plus de sable, plus de plage ; des courants, des brisants, des remous, des vagues vertes se brisant en écume sur des rochers gris.

**2. Marée basse.** — A basse mer, une grève, une arène à peine humide, de la vase et la tranquillité morte au lieu de la colère folle.

**3. Mer calme.** — On compare justement la mer calme à un lac : les navires et les barques de pêche évoluent sans danger devant les rochers de la côte.

**4. Mer en tempête.** — En tempête, l'Océan, comme pris de démence, couvre les phares de son écume et précipite les vaisseaux contre les écueils du littoral.

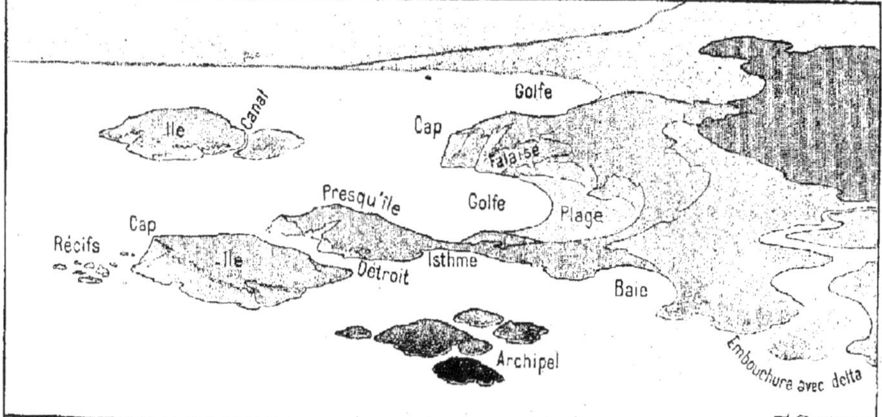


**5. Groupement théorique du relief des côtes.**

Ce dessin a pour but de définir par l'image les divers aspects qu'offre le relief du sol sur un littoral.

## LES EAUX *(suite)*

**1. Sources, ruisseaux et rivières.** — La goutte d'eau, a-t-on dit, perce la pierre, non de force, mais en tombant souvent.

Elle fait bien plus : par le ruissellement elle transforme d'heure en heure la façade du monde.

Suivons-la cette *goutte d'eau* tombée sur le sol : de deux choses l'une, elle s'infiltre ou elle coule.

Lorsqu'elle s'infiltre, elle s'unit sous terre à d'autres gouttes infiltrées, quelquefois à des millions, et toutes ensemble sortent enfin de terre, souvent fort loin de la première imbibition. Une **source**, une *font*, une *fontaine* est donc la réapparition subite d'un **ruisseau** souterrain, voire d'une **rivière** de grande abondance.

Ces grandes sources se nomment en France, suivant les lieux, *gours*, *foux*, *doux*, *douix*, *bouillidours*. Elles jaillissent dans les contrées de roches ou poreuses ou fendues, telles que *craies* ou *calcaires* laissant descendre les eaux dans leurs *vallées sèches*, ainsi qu'on nomme les ravines où les ruisseaux ne coulent pas en dessus, mais en dessous du sol. Au contraire, dans les régions de roches dures, imperméables, telles que *gneiss*, *granits*, *porphyres*, chaque pli de terrain a son ruisseau; mais on n'y trouve que des suintements, et pas de sources, dans le sens exact du mot.

**2. Torrents et cascades.** — Dans les régions où l'eau superficielle ne s'infiltre pas mais coule, elle râpe, entame la montagne, la colline. Sur les fortes pentes, elle ne coule pas, elle court; ce n'est plus une rivière, c'est un **torrent**. Parfois elle tombe, souvent de très haut, de 450 mètres à Gavarnie, dans nos Pyrénées. Ces chutes d'eau s'appellent **cascades**, *cataractes*.

**3. Confluents.** — Un de ces torrents, une de ces rivières en rencontre-t-elle une autre, toutes deux descendent désormais dans le même lit; ces réunions de ruisseaux, de torrents, de rivières, se nomment des **confluents**.

**4. Lacs.** — Il arrive maintes fois qu'un *cours d'eau* s'élargit démesurément, en même temps qu'il s'apaise et s'endort. On donne à ces expansions le nom de **lacs** : lorsqu'ils sommeillent entre de hautes montagnes, ils embellissent des paysages sublimes. Citons chez nous, comme vraiment magnifiques, les lacs de Genève, d'Annecy, du Bourget.

Sortie du lac plus pure qu'elle n'y est entrée, car elle y a déposé le faix de ses *alluvions*, la rivière poursuit sa course; sa pente s'adoucit à mesure que la mer s'approche, son courant diminue, elle laisse tomber ses boues; elle forme des îles allongées dans le sens du courant; elle serpente en de larges plaines. Puis, souventes fois, des collines, des roches, des monts l'emprisonnent brusquement. Elle passe entre falaises de 50, 100, 500 mètres de hauteur, comme aux gorges du Tarn, et de 700 à 800 comme aux clus du Verdon. *Clus* ou *cluses*, *gorges*, *cagnons*, *défilés*, ce sont là des merveilles de la nature.

**5. Cours d'un fleuve.** — Grossie d'innombrables **affluents** ou *tributaires*, la rivière prend le nom de **fleuve**, cours d'eau qui se jette dans la mer. Le fleuve arrive à sa perte dans l'Océan, à son **embouchure**, soit par un **estuaire**, soit par les branches d'un **delta**.

L'estuaire est un grand élargissement du lit d'un fleuve où la marée monte et descend comme dans la mer; le delta, sillonné par les branches fluviales, est une campagne plate, marécageuse, qui, peu à peu haussée par les alluvions, s'assèche et devient très féconde.

**6. Crues et inondations.** — Fleuves, rivières sont pour beaucoup dans la fertilité, dans la beauté des vallées, mais ils les dévastent souvent. Longues pluies, brusques orages, fontes de neige les jettent hors de leurs rives. Alors ils ravagent les campagnes par leurs **crues**, leurs **inondations**. La Loire a souvent dévasté la Touraine et l'Anjou; la Garonne a détruit, en 1875, un grand faubourg de Toulouse; le Rhône n'est pas moins terrible.

---

**LEÇON A APPRENDRE. — 1 à 3.** *L'eau des pluies s'infiltre dans le sol ou coule à la surface. Les eaux d'infiltration forment les sources et jaillissent dans les terrains perméables. Les eaux de ruissellement s'écoulent en torrents dans les terrains imperméables, à forte pente. Quand l'eau tombe à pic, c'est une cascade. — 4 et 5. Une fois formé, le cours d'eau s'apaise et souvent s'épure en un lac : ainsi le Rhône dans le lac de Genève. Grossi de ses affluents, il arrive à la mer, soit par la bouche unique d'un estuaire, comme la Loire; soit par les branches d'un delta, comme le Rhône. — 6. Gonflés par la pluie ou la fonte des neiges les fleuves s'épandent en inondations dévastatrices.*

---

**Exercices écrits ou oraux.** — Distinguez l'infiltration et le ruissellement (1)? — *Expérience.* Arroser un carré de terre bêchée, puis un sol dur et caillouteux. — D'où naissent les sources, les torrents, les cascades (2)? — Quel est le rôle des lacs? — Quels sont les lacs principaux de France (4)? — Qu'appelle-t-on affluent, confluent, estuaire, delta (2 et 5)? — D'où viennent les crues, les inondations? — Quels sont leurs effets (6)? = **Questions sur l'image :** Montrez sur l'image 3 l'Arve, le Rhône. A quoi les reconnaissez-vous? — Quelle est la situation du lac représenté sur l'image 4? — Qu'est-ce qui vous indique sur l'image 5 qu'il y a inondation?

**1. Cascade et Torrent.** — Le *Vénéon*, torrent des Alpes dauphinoises, part des glaciers du Pelvoux (4,103 m.) Jusqu'à sa rencontre avec la Romanche, non moins impétueuse que lui, c'est une cascade perpétuelle, sur des blocs de rochers.

**2. Source de la Vis.** — Cette énorme fontaine perdue entre *Causses*, au fond d'un précipice, donne soudain l'être à une rivière transparente qui coule entre des roches de marbre. — C'est en réalité la source de l'Hérault.

**3. Confluent du Rhône et de l'Arve.** — Cette rencontre de torrents est classique par la lutte visible de ses eaux : l'Arve, grise, impure ; le Rhône, transparent. L'union accomplie, le Rhône a perdu sa pureté.

**4. Lac d'Annecy** (Haute-Savoie). — Ce lac est petit, mais la beauté des montagnes, l'heureuse disposition des rochers, des vallées, des promontoires, des forêts, en fait un des bassins d'eau douce les plus harmonieux de l'Europe.

**5. Une inondation de la Loire, à Blois.**

À époques presque fixes, environ tous les dix ans, la Loire monte jusqu'au cintre de ses ponts et dévaste abominablement la vallée. Par suite du déboisement ces désastres menacent de devenir plus fréquents, en dépit des levées.

# LES TERRES

**1. Habitabilité.** — L'habitabilité d'un pays dépend d'une foule de causes : de la nature de ses roches ; plus encore de la quantité de rayons de soleil qu'il absorbe chaque année ; et encore bien plus de l'abondance des pluies. On peut donc dire que, sauf exceptions, les régions de beaucoup de pluie sont des régions de beaucoup de fécondité, ainsi que les régions de beaucoup de soleil. Les plus riches sont celles où le plus de pluie se combine avec le plus de soleil.

**2. L'atmosphère.** — Sur notre globe solide, toute existence provient des fluides, de l'atmosphère, des vents, des courants*, des pluies.

On sait que la Lune n'a pas d'air autour d'elle ; on en conclut légitimement qu'il n'y a pas de vie sur elle. Sans air enveloppant, la Terre ressemblerait à la Lune par l'absence d'êtres animés. Or, le nombre des existences y est, pour ainsi dire, infini. C'est qu'elle est environnée d'une atmosphère, parcourue par les vents, bordée par des mers sillonnées de courants froids, de courants chauds, étuves immenses d'où montent éternellement des vapeurs.

Le mot de *fluide* vient du latin ; c'est le frère du mot fleuve ; il désigne ce qui coule, en opposition directe avec le mot *solide*, qui signifie ce qui reste en place. L'*air* que nous respirons est un fluide ; l'atmosphère, mot grec qui veut dire *sphère d'air*, entoure toute la Terre.

**3. Vents et courants.** — L'atmosphère est constamment déchirée par les **vents** comme la Mer par les **courants**. Ces vents et ces courants sont de grands agents de la vie universelle. Les uns comme les autres ont pour cause l'extrême diversité des températures. En mer, les eaux froides s'en vont vers les lieux tièdes. Elles laissent derrière elles un vide incessamment rempli par les eaux tièdes qui s'en vont les remplacer dans les lieux froids, et toujours ainsi. Voilà comment nous avons, nous les Français, l'immense privilège de côtes baignées par un courant venu des rives du Brésil et de la Méditerranée des Antilles. De même, les vents des régions froides soufflent vers les régions chaudes et, pour rétablir l'équilibre, des vents contraires soufflent des régions chaudes vers les régions froides.

**4. Les pluies.** — Au brassement continuel des eaux marines répond le brassement incessant des vents qui, s'emparant des vapeurs de l'Océan, les dirigent en pluie vers les continents et les îles. Selon qu'ils vont de la Mer à la Terre ou de la Terre à la Mer, suivant qu'ils parcourent une contrée en entraînant avec eux les nuages, ou qu'ils en sont écartés par l'obstacle des montagnes, les pays sont ou pluvieux et féconds, ou secs et arides. Ainsi, tout près de nous, en Espagne, le grand plateau des Castilles, sevré de la mer sur son pourtour par des *sierras**, est une contrée desséchée, sauvage, vide, pauvre. Tout au contraire, les Provinces Basques, les Asturies, la Galice, très arrosées par les vents de l'Atlantique, sont des régions fraîches, verdoyantes, opulentes.

On admet qu'au-dessus d'une chute annuelle de 40 centimètres d'eau tombant à propos, un pays est franchement cultivable ; que de 40 à 20, c'est un *steppe** favorable surtout à la pâture itinérante ; au-dessous de 20, c'est un *désert*.

**5. Zones.** — De tous ces entrecroisements d'influences de la terre, de l'eau, du ciel, résultent une multitude de climats*, de plantes, d'êtres, une grande variété de *provinces géographiques*.

De cette diversité se dégagent de grandes bandes qui font tout le tour du Globe. On les appelle des **zones**. Zone *torride*, zones *tempérées*, zones *glaciales*, elles sont, non plus des provinces, mais des immenses empires géographiques.

---

*LEÇON A APPRENDRE.* — 1-4. *L'habitabilité d'un pays dépend de la pluie et du soleil, encore plus que de la nature du sol. La quantité d'eau reçue annuellement par une région suffit à la classer en terre cultivable, steppe ou désert. — 2. L'atmosphère est la couche d'air qui entoure le Globe. L'atmosphère est nécessaire à la vie : la Lune qui n'en a pas ne connaît pas la vie organisée. —*

*3-4. Les vents dans l'atmosphère, les courants dans les mers font circuler la vie universelle. Vents et courants ont pour cause la différence de température : l'eau froide et l'air froid se précipitent vers les régions plus chaudes. — 5. De la chaleur solaire, des agents atmosphériques, des courants maritimes résultent les zones terrestres.*

---

**Exercices écrits ou oraux.** — De quoi dépend l'habitabilité d'une région (1) ? — Rôle de l'Eau et du Soleil (1). — Sur notre Globe, de quoi provient toute existence (2) ? — Que veut dire le mot « atmosphère » (2) ? — Comment se différencient les terres cultivables, les steppes, les déserts ? — Que savez-vous des vents et des courants ? — Quelles sont les parties arrosées de l'Espagne, les parties sèches de ce pays (3-4) ? — Qu'appelle-t-on une zone ? Quelles sont les différentes sortes de zones qui font le tour du Globe (5) ? — A laquelle la France appartient-elle ? — **Questions sur l'image et sur la carte :** Indiquez sur la carte le Courant Golfier. — En vous servant de la carte, dites pourquoi on a surnommé la Méditerranée des Antilles « le Cœur du monde. » — Montrez sur la carte les steppes et les principaux déserts. Dans quelle zone se trouvent-ils ? — Qu'appelle-t-on courants équatoriaux ? montrez-les sur la carte et, en suivant leur direction, justifiez leur appellation. — Dans quel sens se dirige la marée de l'image 3 ? — Cette direction est-elle favorable à la navigation ? Pourquoi ?

1. **Un cyclone.** — Les cyclones, mouvements tournants de l'air, acquièrent parfois une telle rapidité, une telle puissance qu'ils arrachent les plus gros arbres et détruisent tout sur leur circuit.

2. **Un orage.** — L'orage est aussi un mouvement violent de l'air : ciel et terre s'électrisent, des nuages se forment, la pluie tombe par torrents, à la lueur des éclairs et au fracas du tonnerre.

3. **Barre** (sur la Seine). **Mascaret** (sur la Dordogne).

4. **Une avalanche**

5. **Tremblement de terre** en Calabre (décembre 1908)

6. **Carte du courant golfier et des pluies.**

# LA VIE SUR LE GLOBE

**1. Zones.** — Les climats dépendent avant tout du plus ou moins d'insolation*, et l'insolation diminue constamment à mesure qu'on s'éloigne de l'Équateur. C'est donc suivant les latitudes, dans le sens de la marche apparente du Soleil, que les zones ont la plus vaste étendue. Dans ce sens elles contournent la Terre entière : d'où leur nom, purement grec, qui signifie ceinture.

De ces zones enveloppant la rondeur du monde, la zone centrale est de beaucoup la plus longue, de par les 40.000 kilomètres qui expriment la circonférence de la Terre au long de l'Équateur.

**2. Zone torride.** — Cette zone centrale est dite zone torride, d'un mot latin qui signifie brûlant, ou *zone tropicale*, de ce qu'elle est comprise entre les deux Tropiques. Elle suit des deux côtés la ligne équatoriale. Elle passe sur le milieu de l'Afrique, justement dans la région de notre Congo, sur le nord de l'Amérique Méridionale, sur l'archipel des grandes îles d'Asie, sur les vastes solitudes de la mer du Sud.

Elle doit son opulence extraordinaire, très supérieure à celle des autres zones, à la fougue de création qu'y déterminent un maximum de pluie et un maximum de soleil.

Chez elle se déroulent les deux plus grands fleuves de la Terre, l'Amazone des Américains du Sud, le Congo des Africains du Centre.

Là se prolongent indéfiniment les forêts obscures, inextricables, enroulées de lianes. Là croissent le riz, le café, le coton, le caoutchouc, les bois de durée* et les bois de senteur*, les épices. Là rôdent les animaux massifs, les bêtes gracieuses, les bêtes hideuses : l'éléphant, « petite montagne qui marche », le rhinocéros, l'épais hippopotame qui, malgré son nom grec, ressemble bien plus à un porc fluvial qu'à un « cheval de rivière », les souples félins, lions, tigres, léopards, panthères, la girafe qui broute les arbres, les singes, l'affreux crocodile, le boa, le python, le peuple infini des serpents.

Si la vie végétale et animale est puissante, drue, variée en zone torride, la vie humaine y est languissante. Dans l'air trop mou, trop tiède, l'énergie s'y réfugie sur les hauteurs, et les grands empires du Mexique, du Pérou y sont nés sur les hauts plateaux, aux pays des mines d'or ou d'argent.

**3. Zones tempérées.** — Au nord du Tropique du Cancer commence la zone tempérée qui, ici, est réellement chaude, puis qui devient de plus en plus fraîche dans la direction de la zone glaciale du Nord. C'est, en Europe et dans l'Amérique Septentrionale, la région la plus peuplée du Globe, la plus travailleuse, la plus industrieuse, la plus intelligente, la plus opulente ; la plante humaine y croît, semble-t-il, plus vigoureusement qu'ailleurs. Des palmiers de notre Afrique, de notre Provence, aux sapins de la Scandinavie, de l'ours au bœuf, au mouton, elle produit surtout des plantes, des bêtes civilisées ; partout l'homme a mis sa forte empreinte.

La zone tempérée boréale s'étend sur l'Europe, l'Asie, l'Amérique, beaucoup plus sur des terres que sur des mers ; la zone tempérée australe comprend, au contraire, beaucoup moins de terre que d'océan : il ne lui revient guère, au sud du Tropique du Capricorne, que les pointes de l'Afrique, de l'Amérique, une part de l'Australie et des îles. Bien moins heureusement dotée que l'autre, sèche, peu féconde, elle semble ne devoir jamais être densément peuplée que dans les grandes plaines de l'Argentine.

**4. Zones glaciales.** — Quant aux deux zones glaciales, la boréale et l'australe, pays du renne et de l'ours blanc, leur nom seul les condamne. Terres à peu près inhabitables, elles n'ont d'autres ressources que leurs mers poissonneuses, hantées par la baleine, le cachalot, le morse, le phoque et les oiseaux pêcheurs.

---

**LEÇON A APPRENDRE.** — *1-2. C'est tout autour de l'Équateur, entre les deux Tropiques, que la Terre reçoit le plus d'eau et de soleil : c'est là la zone torride ou tropicale, où la vie animale et végétale atteint son maximum d'intensité. Notre Congo français y est compris. — 3. Au Nord du Tropique du Cancer, s'étend la zone tempérée boréale, région de la Terre la plus civilisée et la plus peuplée. Là, sont l'Europe et l'Amérique du Nord, pays du monde dont le développement est le plus avancé. Au Sud du Tropique du Capricorne, la zone tempérée australe n'embrasse guère que des océans. — 4. Les deux zones glaciales, déshéritées de la nature, sont à peine habitées.*

---

**Exercices écrits ou oraux.** — Quelle est la longueur de l'Équateur (1) ? — Qu'appelle-t-on zone tropicale ? — Comment est-elle limitée ? — Que savez-vous des animaux, des végétaux de la zone torride (2) ? — Où s'étend la zone tempérée boréale ? — Quel en est le trait caractéristique ? — La zone tempérée australe lui ressemble-t-elle (3) ? — Que savez-vous des deux zones glaciales (4) ? = **Questions sur l'image :** Nommez les différents animaux que vous pouvez reconnaître sur les images et rappelez la région qu'ils habitent. — Quels sont ceux que l'homme a pu domestiquer ? — Quels services lui rendent-ils suivant la zone habitée ? — Quels sont les animaux dangereux pour l'homme ?

**1-5.** — La zone glaciale arctique est, à latitudes égales, moins froide que l'antarctique : elle possède le renne, le seul animal polaire que l'homme a pu domestiquer.

**2-4.** — La zone tempérée du Nord se distingue de la tempérée du Sud en ce que l'homme y a pu domestiquer beaucoup plus d'animaux.

**3.** — En dehors de l'éléphant et du chameau, les bêtes de la zone torride ont pu échapper jusqu'à ce jour au commandement de l'homme.

# LA VIE SUR LE GLOBE (*suite*)

**1. Races humaines**. — Depuis que l'extraordinaire facilité des communications a rapproché tous les hommes auparavant séparés par les mers, les forêts, les marais, les montagnes et les déserts, le nombre des races a singulièrement diminué; ou plutôt, on peut dire qu'il n'y a plus de races, il n'y a que des mélanges de races.

Il suffit de se promener dans une ville quelconque pour rencontrer des grands et des petits, des gros et des menus, des bruns et des blonds, toutes les couleurs d'yeux, de chevelures, toutes les attitudes, et, comme on dit, tous les types possibles. Qu'est-ce à dire, sinon que ces êtres si dissemblables proviennent d'ancêtres qui ne se ressemblaient pas : donc, de races différentes?

Mais si toutes les races se sont mélangées, s'il n'y a pas plus de race française que d'espagnole, d'italienne, de russe, d'anglaise, d'allemande, etc., l'heure n'a pas encore sonné où Blancs, Noirs, Cuivrés, Jaunes, Rouges se seront fondus en une humanité définitive.

**2. Blancs et cuivrés**. — Les Blancs, dont nous sommes, ne sont blancs qu'en comparaison de ceux qu'on appelle Noirs, Cuivrés, Jaunes ou Rouges. Il y a parmi nous beaucoup de peaux blanches, mais il en est autant de brunes, de tannées, de basanées, d'olivâtres, de rougeaudes.

Les nations qu'on nomme blanches ont montré jusqu'à ce jour beaucoup plus d'esprit d'observation, de facultés de combinaisons, de puissance de création que toutes les autres. Notre civilisation, commencée probablement en Chaldée, dans le bassin du Tigre et de l'Euphrate, puis continuée en Egypte et Syrie, en Grèce, en Italie, en France, en Angleterre, a conquis le monde entier.

Il n'y a guère que l'Extrême-Orient, la « fourmilière des Jaunes », qui échappe de plus en plus à leur pouvoir. Les nations qu'ils ont conquises à leur civilisation sont surtout celles des Peaux-Rouges de l'Amérique centrale et de l'Amérique du Sud, modifiées par les Espagnols et les Portugais, et celles des Noirs de l'Afrique, fortement modifiées par les Arabes et les Berbères. Ici, cette alliance des éléments nègres avec les éléments blancs a donné naissance à des nations **cuivrées** où les types superbes ne sont pas rares : ainsi les Peuls, les Abyssiniens, les Somalis.

**3. Noirs**. — Inutile de décrire les **Noirs**; tout le monde connaît leurs types. Croisés tout comme les Blancs, ces frères inférieurs varient de corps, d'attitude, de physionomie, même de teinte; ils vont du noir luisant au bronze clair. Ils peuplent surtout l'Afrique Centrale et Méridionale, et, soit plus ou moins purs, soit mélangés aux Blancs et aux Rouges, sous une foule de dégradations de leur forme antérieure, les rives du golfe du Mexique, les Antilles, l'Amérique portugaise, Bourbon, Maurice, etc.

**4. Rouges**. — Les Rouges, presque extirpés de l'Amérique septentrionale, se sont maintenus, ici presque intégralement, ailleurs très croisés de blancs ou de noirs, dans l'Amérique espagnole et l'Amérique lusitanienne*. Les « Latins » de l'Amérique centrale et de l'Amérique méridionale parlent deux langues dérivées du latin, mais, l'Argentine à part, ils descendent surtout d'ancêtres « rouges ».

**5. Jaunes**. — Les Jaunes : Chinois, Indo-Chinois, Japonais, Malais, sont peut-être plus nombreux que les Blancs. Les Annamites, les Japonais, les Chinois, de plus en plus nombreux en Europe, nous ont familiarisés avec leurs joues glabres, leurs yeux obliques et bridés, leur teint. Après les avoir méprisés, les Blancs commencent à les redouter. Mais la race mongole, comme on l'appelle aussi, n'occupe qu'une région relativement étroite de la Sphère; tandis que la race blanche couvre presque toute la Terre et s'accroît beaucoup plus vite que la jaune.

---

**LEÇON A APPRENDRE**. — 1. *Quoique les hommes se mélangent de plus en plus, on distingue quatre races principales, les Blancs, les Noirs, les Rouges et les Jaunes.* — **2 à 5.** *Les Blancs, dont nous sommes, ont étendu l'influence de leur civilisation sur les autres races, sauf sur les Jaunes. Ils dominent les Noirs, soit en Afrique, leur pays d'origine, soit dans l'Amérique tropicale où ces Nègres furent transplantés comme esclaves. Les Rouges ont à peu près disparu de l'Amérique du Nord; dans l'Amérique du Sud, ils se sont fondus avec les Blancs tout en étant dominés par eux. Seuls les Jaunes, de nombre à peu près égal aux Blancs, conservent leur civilisation intacte de tout apport de la race blanche. Parmi eux les Japonais ont profondément subi l'influence des Occidentaux.*

---

**Exercices écrits ou oraux**. — L'humanité est-elle divisée en races distinctes (1)? — Quelles races reconnaît-on ordinairement? — D'où vient la supériorité des Blancs (2)? — Où habitent les Noirs, les Rouges (3-4)? — A quelle influence sont-ils soumis? — En est-il de même pour les Jaunes (5)? = **Questions sur l'image** : Montrez les **Peaux-Rouges**. — Comment sont faites les habitations des Peaux-Rouges? — Montrez des **Noirs**. — Comment sont faites les cabanes des Nègres?

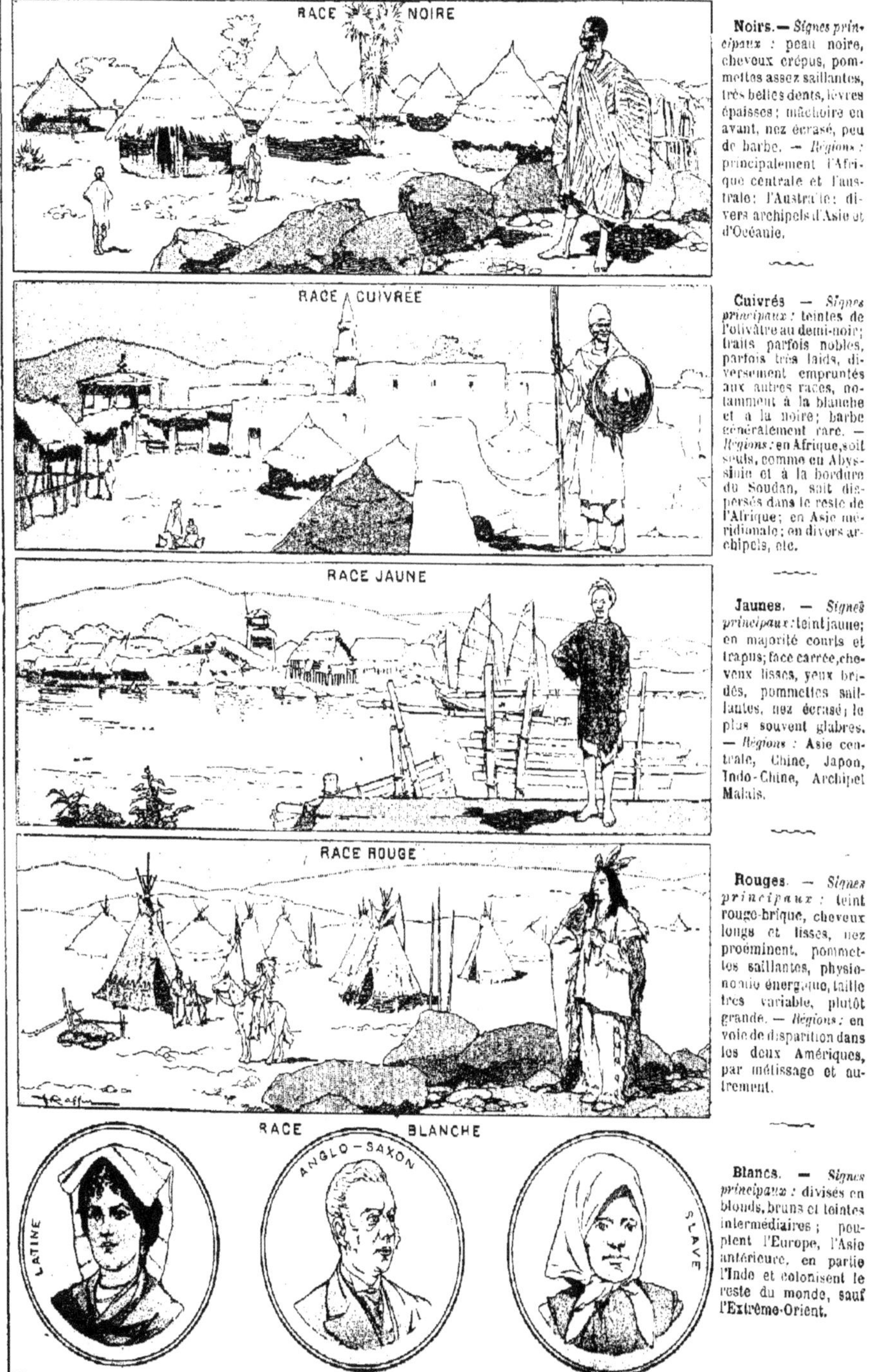


**Noirs.** — *Signes principaux* : peau noire, cheveux crépus, pommettes assez saillantes, très belles dents, lèvres épaisses ; mâchoire en avant, nez écrasé, peu de barbe. — *Régions* : principalement l'Afrique centrale et l'australe ; l'Australie ; divers archipels d'Asie et d'Océanie.

**Cuivrés** — *Signes principaux* : teintes de l'olivâtre au demi-noir ; traits parfois nobles, parfois très laids, diversement empruntés aux autres races, notamment à la blanche et à la noire ; barbe généralement rare. — *Régions* : en Afrique, soit seuls, comme en Abyssinie et à la bordure du Soudan, soit dispersés dans le reste de l'Afrique ; en Asie méridionale ; en divers archipels, etc.

**Jaunes.** — *Signes principaux* : teint jaune ; en majorité courts et trapus ; face carrée, cheveux lisses, yeux bridés, pommettes saillantes, nez écrasé ; le plus souvent glabres. — *Régions* : Asie centrale, Chine, Japon, Indo-Chine, Archipel Malais.

**Rouges.** — *Signes principaux* : teint rouge-brique, cheveux longs et lisses, nez proéminent, pommettes saillantes, physionomie énergique, taille très variable, plutôt grande. — *Régions* : en voie de disparition dans les deux Amériques, par métissage et autrement.

**Blancs.** — *Signes principaux* : divisés en blonds, bruns et teintes intermédiaires ; peuplent l'Europe, l'Asie antérieure, en partie l'Inde et colonisent le reste du monde, sauf l'Extrême-Orient.

# GÉOGRAPHIE LOCALE

**1. L'École communale.** — Ce que nos grands pères nous ont conté de la pauvreté, de la laideur, de l'obscurité des anciennes écoles, les histoires à peine croyables qu'ils nous en ont transmises, justifient les enfants de jadis d'avoir franchement préféré les joies de l'école buissonnière aux tristesses de l'école entre murs.

On installait autrefois les écoles au petit bonheur, sans aucun souci de la santé des enfants, au mépris absolu de l'aération, de l'ensoleillement, de l'orientation. Les pauvres petits étudiaient dans de véritables taudis mal clos, sans lumière, où l'on souffrait tantôt de la chaleur et tantôt du froid, malgré la bûche, que l'élève était tenu d'apporter par jour, au fort de l'hiver.

Aujourd'hui, que d'enfants, au contraire, pour qui l'école est comme un palais en comparaison de la chaumière où vient de dormir le petit paysan, de la chambre noire, humide, encombrée, que vient de quitter le fils de l'ouvrier !

Au village on a renoncé absolument aux ruelles, venelles, impasses. Autant que possible on a mis l'école en lieu dégagé ; on la voit de loin et elle voit autour d'elle, même en plaine. Là où elle occupe une pente, une cime de colline, l'élève peut commencer en pensée le tour du monde, en partant de sa classe, de son hameau, de sa commune.

En ville, on a racheté par l'ampleur, la beauté, parfois presque l'opulence de la construction, la malheureuse impossibilité où l'on se trouvait d'établir l'école en un site choisi, parmi les arbres, devant des horizons.

Il n'y a pas beaucoup d'années qu'on se préoccupe de l'hygiène des écoles. L'hygiène, c'est l'ensemble des conditions, des garanties qui maintiennent l'homme en santé. L'hygiène scolaire vise donc à ce que l'enfant ne tombe pas malade en classe, qu'il ne s'y étiole pas, qu'au contraire il y reste en bonne humeur, qu'il y grandisse en stature, en force autant qu'en intelligence. L'école a été placée en terrain sec, pour garantir contre les maladies provenant de l'humidité. Elle est située sur une colline autant qu'il se peut, pour être en plein air ; et dans une bonne orientation, de façon à « boire » le plus de soleil, à recevoir le moins de vents ou froids ou mouillés, à économiser le plus de rhumes, bronchites, pneumonies, pleurésies.

**2. Orientation du plan.** — Les élèves ayant reçu les premiers principes de la connaissance des lieux, apprendront facilement la situation des points cardinaux : le *Nord*, désigné par l'Étoile polaire, au voisinage de la Grande Ourse ; le *Midi* d'où nous viennent le soleil et la vie ; l'*Est* d'où nous arrivent des vents continentaux, hostiles comme ceux du nord à la plante qu'ils gèlent, à l'homme qu'ils refroidissent ; enfin l'*Ouest* d'où montent les pluies.

**3. Plan de l'école et de ses environs.** — Le plan de l'école est la représentation exacte, sur le papier et à une échelle déterminée, des lignes géométriques de l'école et de ses annexes. Puis, observant au loin les plaines, les coteaux, les clochers, les bois, les châteaux, d'autres blanches maisons d'école, les élèves comprendront que le monde est grand ; qu'il y a près d'eux, autour d'eux, d'autres communes ; qu'il y a en France près de trois mille cantons comme le canton dont ils dépendent ; enfin que la France elle-même n'est qu'une faible partie du monde habitable. Ils acquerront ainsi les premières notions de cartographie.

Avant de passer du plan de l'école à la carte du monde, les élèves s'exerceront à tracer le plan des rues avoisinantes ; ensuite le plan du quartier, du village ou de la ville. Ils apprendront aussi comment on s'oriente sur la carte de la commune, du canton, etc.

Surtout, avant d'examiner le plan de l'école, il convient, le cas échéant, d'indiquer les raisons qui ont décidé de son site.

---

**LEÇON A APPRENDRE.** — **1.** *Les écoles d'autrefois, négligées par les pouvoirs publics, étaient mal installées. Aujourd'hui la position, la construction et l'aménagement sont soumis à des règles destinées à sauvegarder la santé des élèves. L'hygiène prescrit que l'école soit en terrain sec, sur une hauteur, exposée au soleil, à l'abri des vents froids et humides.* — **2.** *La façade de l'école est tournée vers le midi. En regardant devant soi, on a donc le soleil au milieu du jour : c'est le Sud. A gauche le soleil se lève le matin, c'est l'Est ; à droite il se couche le soir, c'est l'Ouest. Derrière l'école il ne se montre jamais, c'est le Nord. Telle est l'orientation de la plupart des écoles.* — **3.** *Le plan de l'école la représente exactement : de même que le plan de la commune reproduit l'emplacement des maisons, rues, ruisseaux et bois qui entourent l'école. La France groupe plus de 36.000 communes réunies en près de 3.000 cantons.*

---

**Exercices écrits ou oraux.** — Comment étaient installées autrefois les écoles ? — A quelles règles d'hygiène doivent satisfaire les constructions scolaires et pour atteindre quels résultats (1) ? — Faire un exercice d'orientation, à midi, au moyen du Soleil, le soir à l'aide de la Polaire et de la Grande Ourse (2). — Avantages de l'exposition au midi ? — Tracer le plan de l'école ; en faire vérifier l'exactitude par les élèves (3). = Questions sur l'image : Comparez l'école de l'image 1 à une maison d'habitation. Ressemblances et différences. — Dites, d'après le plan 2 (échelle 1/100ᵉ), la direction des principales rues du village. En vous servant d'un décimètre donnez approximativement la longueur de la plus grande dimension du village. — Quelles différences et ressemblances relevez-vous entre l'école de l'image 1 et celle de l'image 2 ? — Justifiez les unes et les autres.

**1. École publique dans une commune.** — L'instruction primaire est obligatoire, gratuite et laïque. — Tous les parents sont donc tenus d'envoyer leurs enfants à l'école. Quand ils ne remplissent pas cette obligation, ils manquent à leur devoir de citoyen français et de père de famille.

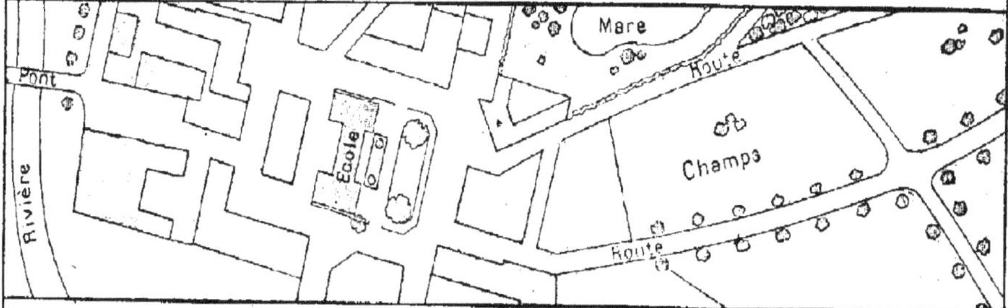


**2. Plan d'un village.** — *Lever le plan* d'un terrain, c'est prendre sur ce terrain, en les inscrivant sur un croquis, les mesures nécessaires pour dresser la figure géométrique qui représentera le plan du terrain. — *Rapporter le plan*, c'est construire sur le papier, à une *échelle* choisie, une figure semblable à la figure du plan sur le terrain.

**3. Une école communale à Paris.**
Il y a dans Paris 197 écoles de garçons, 203 écoles de filles, 170 écoles maternelles.

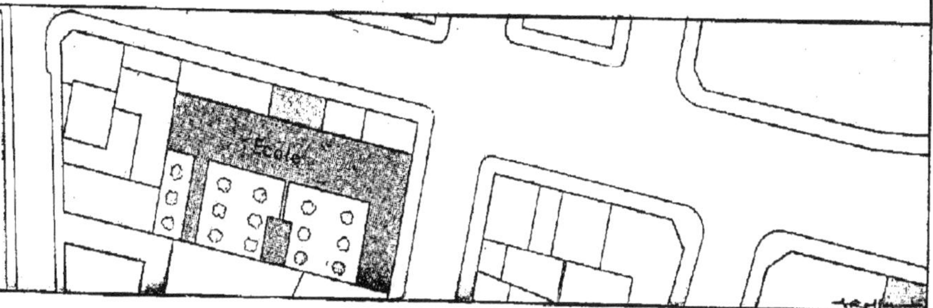


**4. Plan de l'école** représentée sur la gravure précédente. — Si le plan est dressé à *l'échelle* de $\frac{1}{1000}$, cela veut dire que 1,000 mètres sur le terrain sont représentés par 1 mètre sur le plan.

# GÉOGRAPHIE LOCALE *(suite)*

**1. Examen du territoire communal et des territoires avoisinants.** — En partant de l'école, on rencontre, chemin faisant, à peu près tous les phénomènes de la Géographie physique. En moins de vingt, de dix lieues, on peut voyager sur des gneiss*, des granits*, des calcaires*, des craies*, des laves, *des terrains tertiaires*, des champs quaternaires**. On peut passer de la forêt à la campagne agricole ou à la bruyère; franchir fleuve, rivière, ruisseau; contempler un confluent; gravir des monts; descendre dans des cluses*; admirer un monument; traverser un site illustre, une grande ville, une mine, un lieu d'industrie; couper des voies ferrées et des canaux.

Nombreuses sont évidemment les communes n'offrant à l'enfant que peu d'occasions de s'instruire : communes de plaine loin de la mer; communes de monotone plateau; communes perdues dans des ravins déserts, des gorges obscures; communes sans variété de terrains, sans rivière, sans chemin de fer, sans industrie; communes de pauvreté, de solitude et d'abandon. L'enfant n'y voit que les merveilles changeantes des cieux. Sa terre lui serait fastidieuse si ce n'était celle où il est né, dont il connaît tous les sentiers, les nids, les buissons. Si les communes avoisinantes ne l'instruisent pas mieux, si son canton et les cantons voisins ne lui montrent que les formes accoutumées, si l'arrondissement, le département même sont impuissants à le documenter, la province, qui a précédé le département, qui valait généralement mieux que lui, et qui, en tout cas, était plus vaste, lui fournira l'ensemble des aspects, des réalités du sol et des productions de l'homme.

Et si maintes provinces, trop peu étendues, trop uniformes, n'offrent pas à l'enfant tous les spectacles dont il doit tirer un enseignement, la France est là, sujet principal de l'étude des jeunes Français. La nature l'a faite si prodigieusement diverse, si belle entre ses mers, sur ses rivières, au pied de ses monts, qu'elle suffit à l'éducation de ses fils. Qui la connaîtra bien comprendra facilement le monde.

Si la Terre était plate, au lieu d'être sphérique, si rien n'en bosselait la surface, ni coteaux, ni monts; en un mot, si ce n'était qu'une plaine parfaite, le plan du monde ne différerait du plan de l'école que par ses proportions. Ou il serait infiniment plus grand, ou les lignes de son tracé correspondraient à des longueurs infiniment plus grandes. Par exemple, un millimètre du plan de l'école représentant un mètre, un millimètre du plan de la Terre répondrait à un kilomètre, à un myriamètre, etc., selon ce qu'on nomme l'*échelle*, c'est-à-dire la relation entre la longueur réelle et la longueur figurée.

**2. Différence entre le plan et la carte.** — Il n'est probablement pas de commune française, même dans nos contrées les plus plates, où ne se lève au moins un talus, un mamelon, une bosse quelconque pour en interrompre la platitude. Si l'on peut représenter exactement une surface unie sur un plan, il est impossible d'y figurer une surface accidentée sans des conventions préalables, sans des artifices de dessin, des combinaisons de couleurs, des courbes de niveau*, etc. La carte d'un pays comporte donc des procédés dont le plan d'une surface égale n'a pas besoin.

Ainsi donc une **commune** peut ne pas se contenter du *cadastre*, c'est-à-dire de la division parcellaire en hectares, ares et centiares représentant l'étendue de ses domaines et de ses champs. Il lui faut, pour sa carte, et non plus pour son plan, invoquer le secours des conventions cartographiques.

Dans le **département**, dans l'**arrondissement**, même dans le **canton**, plus encore que dans la seule commune, il se présente, en un pays, assez de diversité de terrains, monts, coteaux, plateaux, plaines, vallées, gorges*, pour que sa représentation topographique soit obligée d'avoir recours à toutes les dispositions qui aident la carte à s'approcher au plus près de la vérité.

---

**LEÇON A APPRENDRE.** — *1. En partant de l'école, on rencontre, si l'on fait un voyage assez long, tous les accidents géographiques. La France, si prodigieusement diverse, suffit à faire comprendre le monde. — 2. Si la Terre était plate, il serait possible de la représenter exactement, à une échelle réduite, chaque millimètre de la carte correspondant par exemple à un kilomètre ou à un myriamètre de pays. Mais la Terre est sphérique : des conventions, dont le plan d'une surface unie n'a pas besoin, sont donc nécessaires pour la représenter. Le plan cadastral d'une commune, où les accidents de terrain ne figurent point, ne suffit donc pas : il faut la carte géographique avec son langage spécial. Plus est étendu le pays que représente la carte, canton, arrondissement, département ou France entière, plus l'échelle est petite et alors plus il est nécessaire d'avoir recours aux conventions cartographiques pour en décrire la configuration.*

---

**Exercices écrits ou oraux.** — Au cours d'une promenade scolaire, faire voir à l'enfant les accidents géographiques dont il a appris les noms à l'école. — Comment les représenter sur le papier? — Quelles conventions sont nécessaires (1)? (S'assurer qu'on est compris). — Définir l'échelle : prendre des exemples à la portée de l'enfant. — Montrer les différences entre le plan de la commune et la carte de France (2). = **Questions sur la carte et sur l'image :** Quelles ressemblances et quelles différences observez-vous entre l'aspect du chef-lieu d'un canton et celui d'une commune? — Indiquez les principaux accidents géographiques du plan.

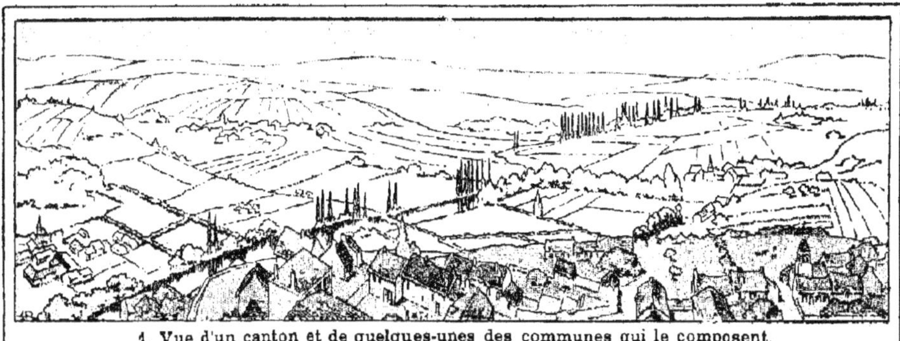

**1. Vue d'un canton et de quelques-unes des communes qui le composent.**
Il y a en France 2,908 cantons et 36,194 communes.

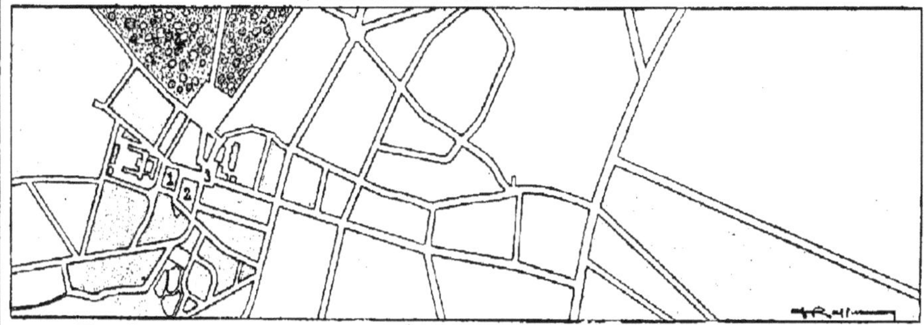



**2. Plan d'une commune : 1, Mairie; 2, École; 3, Place.** — On aperçoit en outre le réseau routier vicinal, des cultures, des bois.

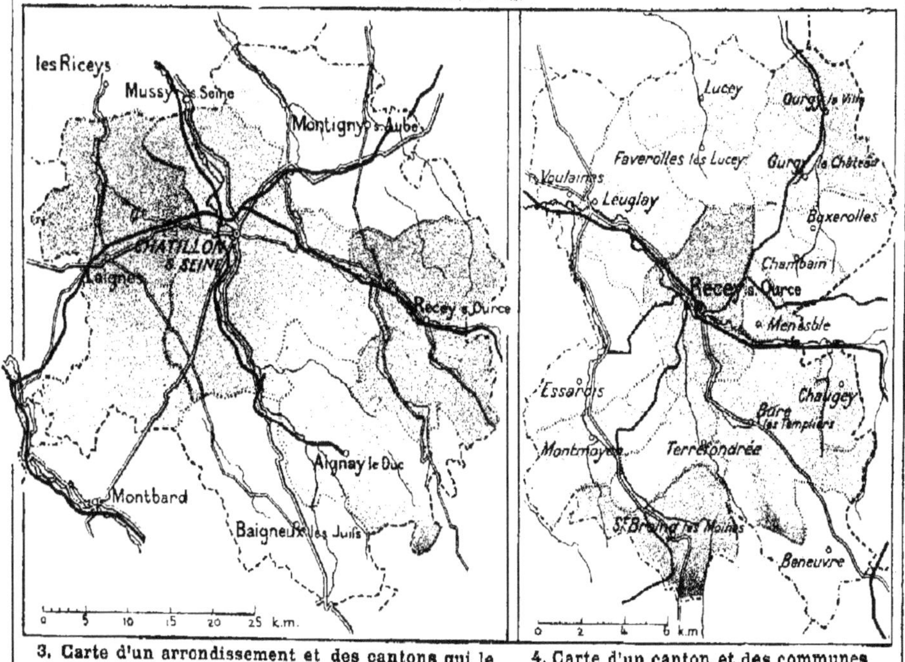



**3. Carte d'un arrondissement et des cantons qui le composent.** — Il y a en France 362 arrondissements.
(Une teinte pour chaque canton.)

**4. Carte d'un canton et des communes qui le composent.**
(Une teinte pour chaque commune.)

# FRANCE PHYSIQUE

**1. Étendue de la France.** — Simple isthme entre l'Europe centrale et la péninsule ibérienne, mais isthme de très grande largeur, la France a par cela même des frontières continentales et des frontières maritimes : en tout **5.300 kilomètres**, dont 2.200 pour la lisière terrestre et 3.300 pour l'ourlet maritime.

Entre ces 5.300 kilomètres, la France, vague hexagone, comprend 536.408 kilomètres carrés, soit 53.640.800 hectares : c'est *entre le 18ᵉ et le 19ᵉ de l'Europe*, et environ le 252ᵉ des terres émergées, le 951ᵉ de la Sphère.

**2. Les frontières terrestres.** — La mer, bien qu'elle unisse les peuples encore plus qu'elle ne les divise, voilà la vraie frontière naturelle, et encore pas toujours. A la rigueur, la Manche sépare la France de l'Angleterre, quoique l'on se propose de la supprimer pratiquement par un tunnel ou par un viaduc*. Mais peut-on dire du Bosphore qu'il sépare l'Europe de l'Asie, lui que traversera quelque jour un audacieux arc d'acier* ? A plus forte raison, un fleuve, même Rhin, Danube ou Mississipi, n'est pas une frontière naturelle ; tandis que la tranche des hautes montagnes peut passer pour une borne imposée par la force des choses, parmi les glaciers*, les névés* et les avalanches*. Les frontières naturelles de la France sont donc : d'abord nos **quatre mers : mer du Nord, Manche, Atlantique, Méditerranée** — ensuite, des crêtes de montagnes, notamment dans les **Alpes** et les **Pyrénées**.

La logique ne gouverne pas toujours les conventions internationales ; on en a la preuve, à propos de ces Pyrénées, de ces Alpes, dont on admet qu'elles séparent nettement de leur arête aiguë, la France de l'Espagne et de l'Italie. Or, rien de moins exact, surtout dans la chaîne franco-espagnole. La France possède les vallées supérieures de maints torrents ibériens ; l'Ibérie, les sources de maints torrents français, notamment les origines de la Garonne.

Si donc on n'a pas su se séparer de nation à nation dans la montagne, suivant les versants, les climats, les langues, les mœurs, comment l'aurait-on fait dans la plaine ? — Entre la France et la Belgique, par exemple, pas la moindre frontière naturelle ; pas même une riviérette sur un long parcours. La ligne divisoire coupe sans souci les eaux, les bois, les champs, les bourgs, les rues, voire les demeures : telle maison partage ses chambres entre les deux pays ; un sillon commencé chez nous s'achève chez les autres.

**3. Le littoral, ses modifications perpétuelles.** — La frontière la plus naturelle, la mer elle-même n'est pas immuable. Suivant qu'elle démolit les falaises ou comble les estuaires*, qu'elle emporte au loin dans ses courants* la substance des promontoires ou qu'elle apporte des alluvions*, des coquilles, des sables dans les baies et les anses, le continent recule ou il avance.

Qu'on s'imagine un contemporain de nos églises romanes ressuscité de nos jours, mille ans après, en contemplation devant la mer qu'il connut jadis ; il ne reconnaît plus les rivages. Il y avait un port ici, dans une anse, entre deux caps : les alluvions ont la place de l'eau et les caps ont disparu. Une falaise hautaine dominait la plage de galets : elle s'est écroulée et les flots ont reculé d'un quart de lieue. La dune* s'éparpille aux vents là où il n'y avait pas de dune. Les écueils* de Saint-Malo ne sont plus les mêmes ; ni la pointe de Saint-Mathieu, déchiquetée par les flots. La mer se soulève avec autant de passion dans la baie des Trépassés, mais les rochers ont d'autres formes. A Biarritz, l'Océan gronde comme autrefois, mais les falaises qu'il assaille ne sont plus celles qu'il assaillait. On voit encore des restes de forêts, des débris de villages sous la transparence des eaux marines ; le Flamand, le Picard, le Normand, le Breton, le Poitevin, le Saintongeais cultivent des polders* aux lieux mêmes où rugissaient les flots.

---

**LEÇON A APPRENDRE. — 1.** *La France a des frontières continentales et des frontières maritimes : pour les deux cinquièmes elle se soude à la Terre, pour les trois cinquièmes elle est baignée par la Mer. Sa superficie s'étend sur 536.000 kmq. : environ le 19ᵉ de l'Europe, le 252ᵉ des terres émergées, le 951ᵉ du Globe. — 2. Comme frontières naturelles, la France a quatre mers : Mer du Nord, Manche, Océan Atlantique, Méditerranée; deux chaînes de montagnes : Pyrénées et Alpes; en outre, une partie des Vosges et du Jura. De la Mer du Nord aux Vosges, la frontière est purement conventionnelle. Elle a changé au gré des batailles et des traités. — 3. La frontière maritime elle-même n'est pas immuable. Tantôt la mer avance en démolissant les falaises, en déchiquetant les rochers; tantôt elle recule devant les apports et les alluvions des fleuves.*

---

**Exercices écrits ou oraux.** — Quelles sont les limites de la France ? — Sa superficie, son rapport avec l'Europe, les terres émergées, le Globe ? — Ses frontières naturelles : quatre mers et deux chaînes de montagnes (1-2) ? — Au N.-E. quel est le caractère de la frontière ? — Croquis des frontières de la France. — Quelle action exerce la mer sur les côtes (3) ? — Questions sur la carte et sur l'image : Montrez sur la carte les parties rocheuses et découpées du littoral français ; les parties basses et sablonneuses, basses et marécageuses. — Quelles ressemblances et quelles différences relevez-vous entre les côtes des images 2, 3 et 6 ? — A quoi voyez-vous que l'image 4 représente une baie, l'image 5 un cap ?

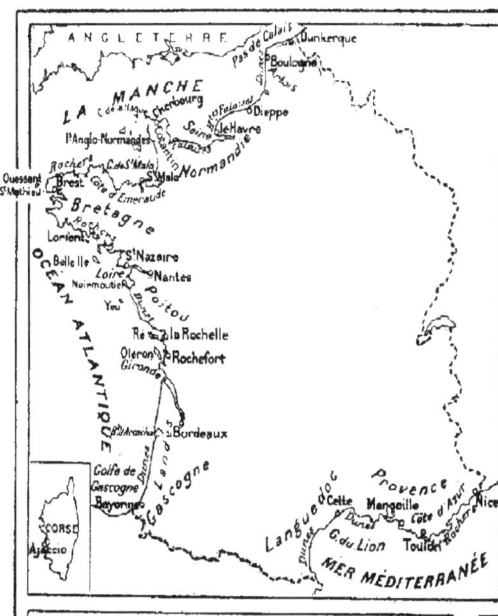


### 1. Carte du littoral.

Des dunes, des falaises, ou parois de rochers plus ou moins perpendiculaires, des écueils et traînées de rochers; çà et là, des rives basses, lisières d'alluvions déposées par la mer elle-même; telle est la diversité générale des côtes françaises.

**2. Falaise normande.** — C'est une muraille très droite, très élevée, battue par la haute mer et dominant à basse mer une plage de galets.

**3. Littoral rocheux, près Saint-Malo.** — Les assauts répétés de la mer rongent les roches littorales et finissent par les transformer en archipels d'écueils.

**4. Baie des Trépassés.** — Au bas des rochers de la fameuse *Pointe du Raz*, la mer entre avec fureur dans cette baie et y amène souvent des cadavres de noyés.

**5. La pointe Saint-Mathieu.** — Une de celles qui s'avancent le plus à l'Occident, sur le flot. Elle fait partie de ce que les Bretons ont appelé la *Fin des terres* (Finistère).

**6. Les falaises de Biarritz.** — Elles sont assaillies par une mer aussi dure que la mer bretonne, mais elles sont moins terribles à cause de la beauté d'un climat presque espagnol.

# CÔTES DE LA MANCHE

**1. Le littoral de la Manche.** — Ce littoral français (1.100 kil. environ) est successivement flamand, artésien, picard, normand, breton.

Il commence à la frontière de Belgique, par des *dunes** basses. Presque aussitôt on arrive à *Dunkerque*, devenu récemment grand port de commerce après avoir été notable ville de corsaires; puis à *Calais*, qui échange avec l'Angleterre des multitudes de voyageurs; ensuite au *Gris-Nez*, cap à 33 kilomètres seulement de la terre anglaise : c'est la moindre distance entre les deux nations. On est ici devant le Pas-de-Calais, le célèbre détroit qui verse la Mer du Nord dans la Manche, et devient Manche à peu près devant le port de *Boulogne*.

**2. Falaise de Normandie.** — Au delà des *estuaires** ensablés de la Canche, de l'Authie, de la Somme, et de cette Somme à la Seine, la superbe *falaise de Normandie*, craie* haute de 100 mètres, surgit en paroi droite, sur 130 à 140 kilomètres de nord-est en sud-ouest. Cette formidable muraille s'éboule par grands pans dans le flot qui en sape la base. Le continent recule et la France s'écarte ainsi de plus en plus de l'Angleterre. *Dieppe* et *Fécamp*, ports de pêche, précèdent *Le Havre* et l'embouchure de la Seine.

**3. L'embouchure de la Seine.** — Si nous n'avions Marseille, Le Havre (132.000 h.) serait le premier port de France. Il a derrière lui Rouen (118.000 h.), et derrière Rouen, Paris, dont il est la porte sur le monde. Bassins creusés pour mettre les navires à l'abri des secousses du flot, brise-lames, jetées ou digues pour briser la fureur des vagues, quais pour le débarquement ou l'embarquement, docks pour loger les marchandises, cales de radoub pour restaurer les vaisseaux, Le Havre a tous les aménagements nécessaires à un port chargé des affaires de Paris et d'une partie de la France. De *l'estuaire de la Seine* aux caps orientaux du Cotentin, la côte de Normandie ne s'enlève pas en falaises vertigineuses. Elle laisse passer de petits fleuves : la Touques, à Trouville, lieu de bains très fréquenté, la Dives, l'Orne, la Vire. Quand la falaise recommence, ce n'est plus la craie mais de vieilles roches qui cuirassent la presqu'île trapue du Cotentin.

**4. Le Cotentin.** — Là *Cherbourg* est l'un de nos cinq ports militaires, conquis sur une mer mauvaise par une digue colossale; là *Granville* est port de pêche, en face des îles Anglo-normandes, ainsi nommées depuis que l'Angleterre s'en est emparée au détriment de la France. Peu après, à l'embouchure de trois fleuves petits et courts, Sée, Sélune, Couesnon, la Normandie et la Bretagne se rencontrent au fond de la baie du *Mont-Saint-Michel*. Ce mont n'est qu'un roc de granit*, mais des monuments magnifiques l'enveloppent de sa base à sa cime, merveilles de l'art qui n'ont pas leurs pareilles. C'est ici que la Manche a son ampleur la plus grande : 260 kilomètres jusqu'à la côte anglaise.

**5. Côte bretonne.** — Puissants rochers devant une mer houleuse, estuaires derrière des écueils*, fleuves qui ne sont que des ruisseaux gonflés par la marée, tel se déroule le littoral de la Manche à partir de la fameuse *Saint-Malo*. Cette « mère des corsaires » veille à l'embouchure de l'estuaire de la *Rance*, sur la Côte d'Emeraude, qui doit son nom à la couleur verte de ses flots. Plus à l'ouest, à partir du *golfe de Saint-Brieuc*, c'est une suite de petits ports d'où partent des bateaux de pêche montés par de vaillants matelots; c'est Paimpol, Morlaix, Saint-Pol-de-Léon, la Ceinture d'Or, bande de terrains très fertiles engraissés d'herbes et de vases marines; et enfin « le Pays des païens* », littoral rocheux, très sauvage, entrecoupé d'*aber*. Ce mot breton, le même que notre havre, désigne des estuaires profonds, capables d'abriter des flottes. Nature sombre, tempêtes terribles, brumes épaisses, climat fort adouci par les effluves de la mer; des arbustes méditerranéens y croissent. Ainsi s'avance-t-on jusqu'aux roches angulaires devant lesquelles la Manche devient l'Atlantique.

---

**LEÇON A APPRENDRE.** — 1. *Le littoral français de la Mer du Nord et de la Manche s'étend sur 1.100 km. De la Belgique à la Somme la côte est basse, sablonneuse, bordée de dunes, en face du Pas-de-Calais.* — 2. *De la Somme à la Seine s'élève la falaise crayeuse de Normandie. Sur la Mer du Nord, Dunkerque et Calais, sur la Manche, Boulogne, Dieppe et Fécamp font le commerce et la pêche.* — 3. *A l'estuaire de la Seine s'ouvre le port du Havre, avec Rouen et Paris derrière lui.* — 4. *A partir de la Seine la côte laisse passer de petits fleuves : Touques, Dives, Orne, Vire; la falaise recommence au Cotentin. Là se trouve Cherbourg, port militaire séparé de la mer par une immense digue.* — 5. *Au Mont-Saint-Michel finit la côte normande et commence la côte de la Bretagne, rocheuse, granitique, découpée. Là s'abrite Saint-Malo. Jusqu'à l'Océan se continue la côte bretonne avec ses rochers et ses petits ports.*

---

**Exercices écrits ou oraux.** — Caractères de la côte française: 1º de la frontière belge à la Somme (1); 2º de la Somme à la Seine (2); 3º de la Seine à Cherbourg (3); 4º de Cherbourg à l'extrémité bretonne (4) ? — Les ports de la Manche : avec quels pays et quel commerce exerce chacun d'eux (5) ? = **Questions sur la carte et sur l'image** : Montrez sur la carte les grandes échancrures de la côte de la Manche (Golfes, baies, et caps). — Cours d'eau qui s'y jettent? — Ports de pêche sur la Manche ? Indiquez leur emplacement. — Que remarquez-vous au large du port de Cherbourg? — Dans l'image 5, qu'est-ce qui vous semble être dû à l'art des hommes et à la nature?

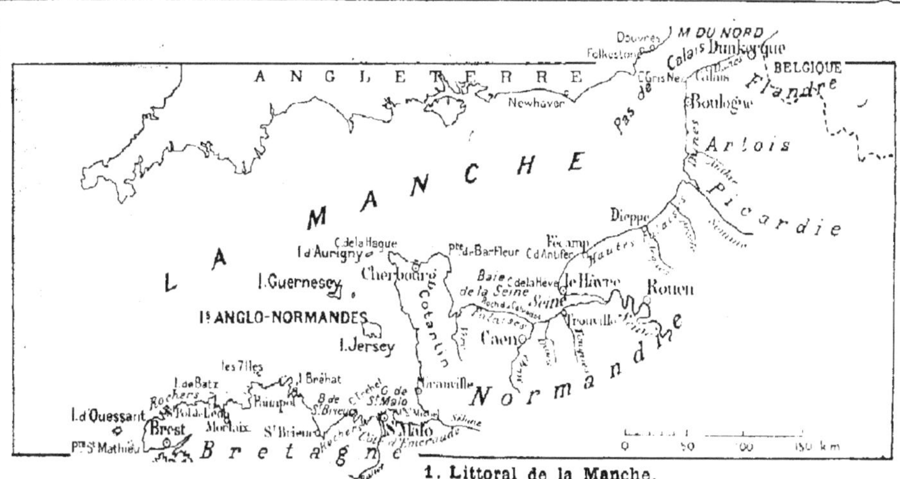


**1. Littoral de la Manche.**

Cette mer, où se rencontre le commerce de la France, de l'Angleterre et de l'Allemagne, est à ce jour la plus animée du globe. Il y passe par an des centaines de milliers de barques et de navires.

**2. Le Havre, port de commerce.** — C'est une belle ville, dans un beau site, à l'embouchure de la Seine, à la fin de la grande falaise de Normandie. On travaille constamment à l'agrandissement, à l'amélioration de son port.

**3. En rade de Cherbourg, port de guerre.** — Ce port qui, dans l'idée de ses fondateurs, devait être le port militaire essentiel de la France, ne vient maintenant qu'en troisième ligne, bien après Brest et Toulon.

**4. Saint-Malo.** — Ce port pittoresque de la Manche garde fièrement l'entrée du grand estuaire de la Rance. Les Malouins arment encore pour la pêche une centaine de petits navires.

**5. Le Mont Saint-Michel.** — Ce site, unique au monde, passe à juste titre comme un des lieux qui réunissent le mieux les merveilles de l'art et de la nature.

# CÔTES DE L'ATLANTIQUE

**1. Aspect général.** — Le littoral français de la Manche résume toutes ses courbes par la direction du nord-nord-est à l'ouest-sud-ouest, celui de l'Atlantique par le sud-est, puis le sud à partir de La Rochelle. Le mouvement tournant du nord au sud se fait autour de la Bretagne, presqu'île la plus allongée de France, terminée à l'occident par les caps du Finistère. La côte de l'Océan, tout près de 1.400 kilomètres, se déroule du Finistère en Espagne, le long de la Bretagne, du Poitou, de l'Aunis et Saintonge, de la Gascogne, du Pays Basque ; sans îles entre l'estuaire* de la Gironde et l'Espagne, avec îles entre la corne de la Bretagne et l'embouchure du fleuve de Bordeaux : *Ouessant, Sein, Groix, Belle-Ile, Noirmoutier, Yeu, Ré, Oléron,* terres qui marquent un ancien rivage.

Aucune de ces îles n'est grande : la plus vaste, *Oléron,* n'a que 17.178 hectares ; mais toutes sont surpeuplées.

**2. Côte bretonne.** — *Ouessant,* dont le nom breton signifie l'île de la Terreur, *Sein,* roche si basse que tel raz de marée* a failli en emporter tous les habitants, nulle part l'Océan n'a tant fouillé notre rivage qu'à ce tournant de la Bretagne. Nulle part aussi nous ne lui devons de plus tranquille asile marin que la rade où la France abrite son grand port de guerre de l'Atlantique, *Brest.*

A la *pointe de Penmarch,* la côte incline vers l'est, à l'abri du nord ; la mer s'apaise : c'est encore la rude Bretagne, mais ce n'est pas la Bretagne la plus rude. Sur l'estuaire du *Blavet,* en face de l'île de *Groix, Lorient,* l'un de nos cinq ports militaires, construit des vaisseaux de guerre plutôt qu'il ne les arme.

**3. De Lorient à la Loire.** — Aussitôt après commence la terre classique des *mégalithes*, dolmens*, menhirs*,* monuments probablement antérieurs aux Gaulois, qui ont rendu célèbres les noms de Carnac, Plouharnel, Locmariaker. Vient ensuite en arrière de *Belle-Isle,* et gardée des tempêtes par le long avancement de la presqu'île de *Quiberon,* le *Morbihan,* dont le nom se traduit en français par Petite Mer.

Le golfe de la Vilaine, *Saint-Nazaire, l'embouchure de la Loire,* le Marais Breton, golfe qui s'est colmaté* à la faveur des brise-lames de l'île de Noirmoutier, ainsi finit le littoral de Bretagne.

**4. Des Sables-d'Olonne à l'Adour.** — Au pays des *Sables d'Olonne,* les roches dures cessent de border le rivage. A l'abri de l'île de *Ré,* de l'île d'*Oléron,* de larges espaces ont été retranchés de la mer par le tassement des alluvions* marines ou fluviales, sur le bas des fleuves Lay, Sèvre Niortaise, Charente et le long de l'estuaire de la *Seudre.* Ces contrées, encore un peu amphibies, se nomment : au nord, Marais Poitevin ; au sud, Marais d'Aunis et Marais de Saintonge. La ville calviniste, *La Rochelle,* est le principal port de commerce de cette côte, riche de ses moules et de ses huîtres ; *Rochefort,* sur la Charente, en est le port de guerre, semblable à Lorient en ce qu'il n'arme pas et ne fait que construire.

Envahie par les dunes*, l'île d'Oléron tient aux dunes d'Arvert, montagnes de sable que, devant Royan, l'embouchure de la Gironde sépare des fameuses dunes des Landes, longues de 240 kil.

Interrompues par le *Bassin d'Arcachon,* où l'on parque les huîtres à millions, les *dunes landaises* sont parmi les plus hautes de l'Europe, les plus belles aussi par leurs pins, leurs étangs, leur silence près du sourd murmure de l'Océan ; en arrière s'étendent les Landes de Gascogne.

De l'embouchure de l'*Adour,* fleuve de Bayonne, à l'Espagne, on ne sait qu'admirer le plus dans le Pays Basque, devant *Biarritz, Saint-Jean-de-Luz, Hendaye.* Qu'y a-t-il de plus noble que les Pyrénées finissantes et que le terrible Océan, au bout des vagues et des vents partis d'Amérique ?

---

LEÇON A APPRENDRE. — *1-2-3. Le littoral français de l'Océan Atlantique s'étend sur 1400 km. environ. La côte, de la Bretagne à l'Espagne, dessine une courbe rentrante. La côte bretonne, granitique jusqu'à Noirmoutier, est bordée par les îles suivantes : Ouessant, Sein, Groix, Belle-Isle, Noirmoutier, qui marquent l'ancien rivage. Elle abrite les ports militaires de Brest et de Lorient, et, dans l'estuaire de la Loire, Nantes et Saint-Nazaire. — 4. A partir des Sables-d'Olonne cessent les rivages rocheux. Les Marais du Poitou, d'Aunis et de Saintonge s'étendent jusqu'à la Gironde, en face des îles d'Yeu, de Ré et d'Oléron. De cette région, La Rochelle-La Palice est le port de commerce, et Rochefort le port militaire. — Dès la rive droite de la Gironde commencent les dunes de sable qui, après l'estuaire et le bassin d'Arcachon, forment la côte basse des Landes, couverte de pins et d'étangs aux eaux douces. Les Landes finissent à l'Adour, d'où le Pays Basque s'étend jusqu'à la frontière espagnole.*

---

**Exercices écrits ou oraux.** — Dites les îles dont est bordé le littoral de l'Océan (1). — Quel caractère a cette côte 1° depuis Brest jusqu'aux Sables-d'Olonne (2-3) ; 2° depuis le Marais Poitevin jusqu'à la Gironde ; 3° de la Gironde à l'Espagne (4) ? — Citer les trois ports de guerre de l'Océan. = Questions sur la carte et sur l'image : Indiquez l'emplacement des principaux ports de commerce : avantages et inconvénients de leurs situations respectives. — Montrez sur la carte les parties marécageuses de la côte. — Indiquez trois ports militaires : quel est le plus important d'après les images 2, 4 et 6. — Faites d'après l'image 5 une description de la côte des Landes.

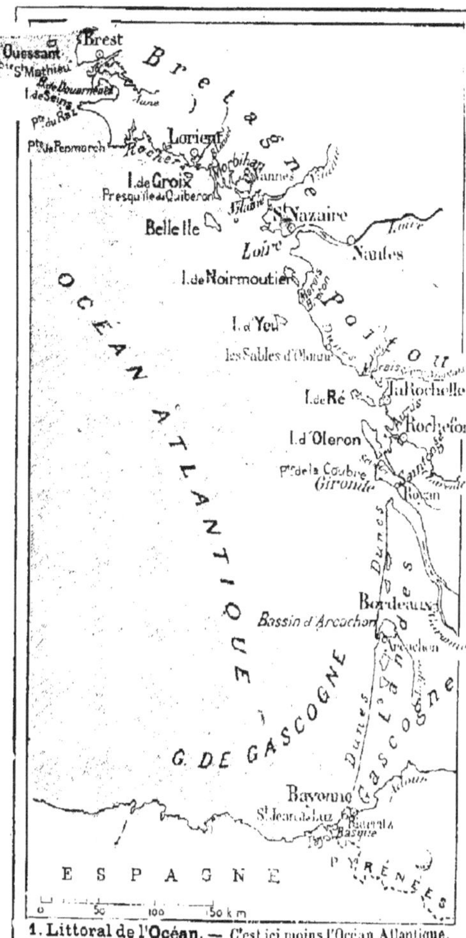

**2. Radé de Brest.** — Elle est admirablement garée de la mer et ne communique avec elle que par un goulet étroit dont les fortifications sont considérées comme inforçables.

**3. Port de La Rochelle.** — Ce très pittoresque port de commerce n'offrant plus les facilités que réclame la navigation, vient de s'adjoindre à petite distance le port tout artificiel de La Pallice.

**1. Littoral de l'Océan.** — C'est ici moins l'Océan Atlantique, dans sa vaste expansion, que le golfe de Gascogne, borné à l'est par les rivages de la France, au sud par les rivages de l'Espagne.

**4. Rochefort, port de guerre.** — A Rochefort, la Charente a toute la profondeur nécessaire, mais elle est si étroite que les navires de guerre n'y évoluent qu'avec peine.

**5. La côte des Landes.**
Sans golfes, sans baies, sans ports, elle est impraticable aux navires.

**6. Lorient, port militaire.** — Lorient doit son existence au flot de mer qui relève très haut le niveau de deux petites rivières : le Blavet et son affluent le Scorff.

# CÔTES DE LA MÉDITERRANÉE

**1. De Port-Vendres au Rhône.** — Les Pyrénées, qui tombent à l'occident sur l'Océan basque, s'abaissent à l'orient, très abruptement, sur la mer du Roussillon, sous un climat très différent, sec ici, là-bas pluvieux. Ce bout des Pyrénées-Orientales a nom : les Albères, autrement dit les Blanches. — *Port-Vendres*, leur meilleur refuge, est le port français le moins éloigné de notre Afrique du Nord.

Les Albères durent peu; bientôt la côte ressemble, sur une courbure de près de 250 kilomètres, à la Côte d'Argent des Landes par ses dunes, ses cordons littoraux, ses étangs. Les embouchures du Tech, de la Tet de Perpignan, de l'Agly, de l'*Aude* de Carcassonne, de l'*Orb* de Béziers, de l'*Hérault* des environs de Montpellier, ni même celles du *Rhône*, n'interrompent ces sables; toujours des dunes basses et toujours des étangs. Au déversoir de l'*étang de Thau*, le plus grand de tous, *Cette* tient un rang très honorable parmi nos ports, qui sont rares sur le pourtour de ce *golfe du Lion* souvent bouleversé par les vents, notamment par le mistral.

**2. Marseille et Toulon.** — A peine le Grand Rhône, branche orientale du delta du fleuve, s'est-il versé dans la Méditerranée, dès le déversoir de l'*étang de Berre* dans le golfe du Fos, que la mer devient profonde et la rive escarpée. Bientôt *Marseille* apparaît. La côte se fait magnifique, aussi grandiose dans le gai, l'éclatant, que la rive bretonne dans les brumes, le ténébreux, le terrible.

*Toulon* (104.000 habitants), le Brest de la Méditerranée, construit, arme, exerce des navires de guerre. Il est plus précieux même que Brest, parce qu'il répond à un autre Toulon de contre-côte, à Bizerte; et les deux ont pour fonction d'unir indissolublement la France d'Europe à la France d'Afrique. Plus loin, *Hyères*, lieu de convalescence, a des palmiers superbes et vis-à-vis d'elle des îles rocheuses d'un pittoresque sauvage.

**3. La Côte d'Azur.** — Au delà de Toulon, sur le littoral, c'était le désert. Là, plongent dans la mer les *Maures*, monts antiques dont on suppose qu'ils firent corps jadis avec ceux de la Corse, de la Sardaigne, peut-être de l'Afrique. Entre ces monts et la mer, pas le moindre espace; aucune ville n'a pu se loger sur la rive marine, le chemin de fer d'Italie a renoncé à s'y frayer un passage et les routes ne s'y hasardent que sur d'audacieuses corniches*. Mais, de plus en plus, des hôtels, des châteaux, des villas s'y mirent dans l'eau des calanques, à la bonne odeur des pins maritimes, des pins parasols, des chênes-lièges, des herbes de senteur capiteuse.

Un charmant fleuve, l'*Argens*, fait de fontaines, dissocie au nord, par sa vallée, les Maures du reste des monts et plateaux de Provence. Il se perd en mer, à côté d'une ville aujourd'hui reculée dans les terres, *Fréjus*, qui fut, sous le nom de *Forum Julii*, l'un des grands ports de la marine militaire des Romains. A l'est ce fleuve sépare aussi les Maures de l'*Estérel*, plus extraordinairement pittoresque encore avec ses caps de porphyre* rouge. Ses forêts, continues comme celles des Maures, ne sont pas moins sujettes à brûler à la moindre étincelle.

L'Estérel s'arrête aux gorges* de la Siagne, autre rivière fontainière. Il a sa fin sur le golfe de la Napoule, à côté de *Cannes*, qui est grande ville d'hiver. Non moins beau peut-être, mais autrement beau, le rivage se continue par les promontoires d'Antibes; par l'embouchure du *Var*, puissant torrent qui déblaie rapidement ses montagnes; par *Nice*, qui l'emporte sur toute autre cité de la *Côte d'Azur*, de par ses 134.000 âmes et le luxe de ses amusements.

*Nice* précède Monaco, enclave de la France, universellement connue comme capitale mondiale des jeux de hasard, et *Menton*, le lieu de la France continentale dont la température est la plus élevée en moyenne. — Le climat de la *Corse* est encore plus bienfaisant.

Ce littoral, décrivant d'Espagne en Italie une sorte de S, se développe sur plus de 600 kilomètres, en Roussillon, en Languedoc, en Provence.

---

**LEÇON A APPRENDRE.** — **1.** *La côte française de la Méditerranée commence aux monts Albères qui abritent Port-Vendres, point le plus rapproché de l'Afrique française. Elle se développe sur 600 km. Jusqu'au Delta du Rhône la côte méditerranéenne, par ses dunes et par ses étangs (ceux-ci salés), rappelle les Landes de Gascogne. Cette est placée au déversoir de l'étang de Thau, le plus grand de tous. — 2. Après le Rhône et l'étang de Berre commence la côte rocheuse escarpée de la Provence, où s'abritent Marseille et Toulon. Toulon est l'arsenal de la Méditerranée du Nord, face à Bizerte, sur la côte tunisienne. Après, c'est la Côte d'Azur; les monts des Maures plongent dans la mer, séparés du massif de l'Estérel par la vallée de l'Argens. — 3. Puis, sur un rivage admirable, se suivent, les stations hivernales de Cannes, Nice, Monaco l'indépendante, et Menton, en face l'île de la Corse, au climat plus doux encore.*

---

**Exercices écrits ou oraux.** — Quel est le caractère du littoral méditerranéen : 1° de la frontière espagnole jusqu'au Rhône (1); 2° du Rhône à la frontière d'Italie (2)? — Dites les ports et les villes qu'abrite la côte méditerranéenne. — Tracer le croquis (3). = **Questions sur la carte et sur l'image :** Quels sont les principaux étangs de la côte méditerranéenne, les montrer sur la carte? — Quelle forme affectent les contours de la côte à l'embouchure du Rhône? — Dites pourquoi. — Dites d'après l'image 2 comment et pourquoi l'étang de Berre pouvait être utilisé? — La Côte d'Azur vous semble-t-elle pittoresquement belle? Pourquoi?

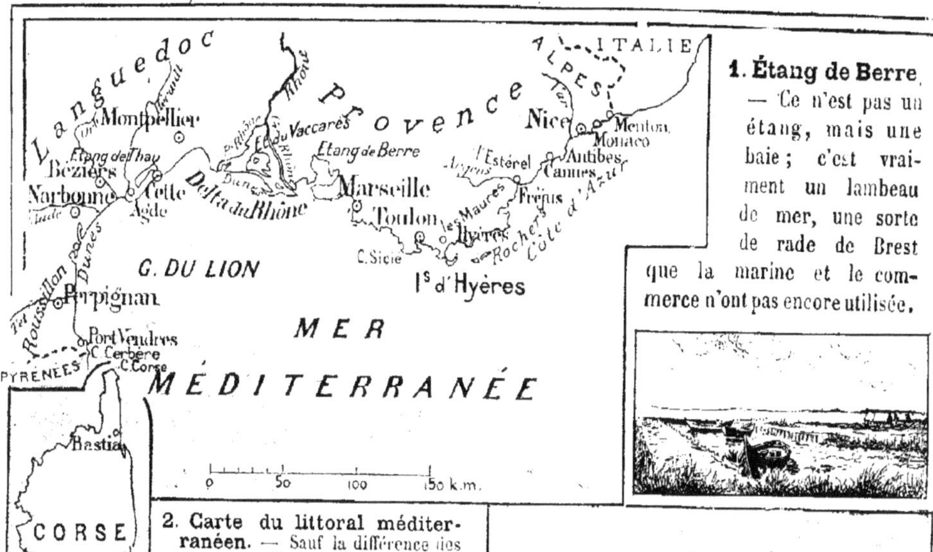


**1. Étang de Berre.** — Ce n'est pas un étang, mais une baie ; c'est vraiment un lambeau de mer, une sorte de rade de Brest que la marine et le commerce n'ont pas encore utilisée.

**2. Carte du littoral méditerranéen.** — Sauf la différence des climats, ce littoral, découpé à l'est de Marseille, ressemble fort en cela au littoral de la Bretagne. Les mêmes causes produisant toujours les mêmes effets, les Provençaux sont, après les Bretons, les plus nombreux et les meilleurs de nos marins.

**3 Port-Vendres.** — C'est le port de France le plus rapproché de notre Afrique, à l'extrémité orientale des Pyrénées, à quelques lieues seulement de l'Espagne.

**4. Marseille.** — On dit « le port de Marseille » mais Marseille a en réalité plusieurs ports. Le *vieux port* est naturel, il a toujours existé ; les autres ports ont été conquis sur la Méditerranée par des digues.

**5. Rade de Toulon.** — Elle est d'accès bien plus facile que sa rivale de Brest : on n'y arrive point par un étroit goulet, mais en naviguant entre des îles, des presqu'îles largement espacées.

**6. Côte rocheuse de Provence.** — Les rochers violemment colorés, les forêts descendant jusqu'au rivage, les anses et les écueils contribuent pour une très grande part à la beauté si vantée de la *Côte d'Azur*.

# MONTAGNES FRANÇAISES

**1. Vieilles et jeunes montagnes. —** Étant donné que tout s'use, des montagnes maintenant très humbles furent beaucoup plus élevées dans un passé lointain. Sous l'influence des *agents cosmiques*[*], et par l'effet du ruissellement, les hauteurs se sont abaissées, les montagnes se sont *régularisées* en ondulations ou transformées en plateaux. On admet que le *Sancy* eut de 2.500 à 3.000 mètres au lieu des 1.886 d'aujourd'hui.

**2. Bretagne, Morvan, Vosges. —** Ces vieux monts, pierres angulaires, sont la **Bretagne**, le **Morvan**, les **Vosges**, le **Plateau Central**. La Bretagne, dans le sens géologique, a pour têtes deux collines de 417 mètres : l'une en Normandie, la Forêt d'Écouves ; l'autre dans le Maine, le Mont des Avaloirs ; en Armorique, la *Montagne d'Arrée* (391 mètres); en Poitou, les Monts de Pouzauges (288 mètres). Le Morvan, le massif vraiment montagneux le moins éloigné de Paris, culmine à 902 mètres. Les Vosges, sombres de sapins, en ont 1.366 chez nous, 1.426 en Alsace.

**3. Le Massif Central. —** Le Massif Central se dénomme également Plateau Central de ce que les météores l'ont, de siècle en siècle, tellement « raboté » qu'il se présente moins comme un massif que comme une haute plaine. De cette plaine surgissent des chaînes au profil très monotone, quand elles sont des roches primordiales, des roches « archéennes[*] », au profil heurté quand elles se composent de roches récentes. La lourdeur de formes, les cimes rondes ou aplaties, et aussi les forêts, les belles pelouses, les torrents sinueux caractérisent la plupart d'entre elles : les *Cévennes* entre les versants de l'Atlantique et de la Méditerranée ; les *Monts du Forez* entre la Loire et l'Allier ; la *Margeride ;* les *Monts du Limousin* et de la *Marche ;* ceux du *Lyonnais*, du *Beaujolais*, du *Charolais* par où le Massif Central se porte à la rencontre du Morvan.

860 à 1.000 mètres, voilà les hauteurs accoutumées du vieux socle de la France intérieure, qui revendique près du cinquième de tout le pays : son étendue approche de dix millions d'hectares, des bords du Rhône au Seuil[*] du Poitou, des sources de l'Indre ou des rives de la Creuse moyenne à la *Montagne Noire*.

**4. Causses et Ségalas. —** Sur ce piédestal froid, les poussées volcaniques ont soulevé des dômes que le temps a détériorés. Pourtant leurs laves, cendres et scories, ont édifié les monts supérieurs du Centre de la France : le *Puy de Sancy* (1.886 mètres), premier père de la Dordogne ; le *Plomb du Cantal* (1.858 mètres), autour duquel rayonnent des vallées d'admirable fraîcheur ; le *Mézenc* (1.753 mètres), d'où l'on voit les pays du Rhône, les pays de la Loire, les Alpes et les monts d'Auvergne ; le *Gerbier de Jonc* (1.554 mètres), à la source même de la Loire ; le *Puy de Dôme* (1.468 mètres), au-dessus de la plantureuse Limagne de Clermont, *Vivarais*, *Velay*, *Monts Dôme*, *Monts Dore*, *Cantal, Aubrac*, etc., voilà les principales exostoses volcaniques. Ailleurs, d'immenses surfaces nues, criblées d'abîmes de noire profondeur, se déposèrent dans des mers jurassiques[*]. On nomme **Causses** ces 500.000 hectares de plateaux très élevés, très froids, assaillis des vents, déjà presque déserts et qui le deviennent de plus en plus, tant la vie est pauvre, rude, insupportable à qui n'est pas né dans ces terribles solitudes du Languedoc, du Rouergue, du Quercy. Dans ces pays, on oppose couramment aux Causses, pays du froment, les **Ségalas**, plateaux où croît péniblement le seigle.

---

**LEÇON A APPRENDRE. —** *1. Les plus anciennes montagnes de la France, le squelette géologique de notre pays, sont aussi celles que les agents atmosphériques ont le plus modifiées. —* *2. Ces montagnes sont la Bretagne, le Morvan, les Vosges et le Plateau Central. Ces massifs ont été si longtemps usés par les eaux, les vents et les rayons solaires, qu'ils ne présentent plus de crêtes ni de hauts sommets. Les Vosges se terminent en ballons arrondis, à 1.300 mètres environ; le Morvan ne dépasse pas 900 mètres. Le massif armoricain atteint à peine 400 mètres d'altitude. —* **3-4.** *Le Massif Central comporte surtout de hautes plaines, d'une altitude moyenne de 1.000 mètres. Les sommets sont tout ce qui reste du revêtement des anciens volcans. Les plus élevés sont le Puy de Sancy (1.886 m.), le Plomb du Cantal (1.858 m.), le Mézenc, le Gerbier de Jonc, et le Puy de Dôme. Les chaînes du Plateau Central sont les Cévennes, le Forez, la Margeride, les Monts du Limousin. On appelle Causses les plateaux sédimentaires et Ségalas les plateaux granitiques du Massif Central.*

---

**Exercices écrits ou oraux. —** Quels sont les quatre plus anciens massifs montagneux de la France (1-2)? — Quelle a été sur eux l'action des agents atmosphériques? — Principaux sommets du Massif Central? altitudes? principales chaînes du Massif Central (3)? — Croquis des principales directions montagneuses du Massif Central (4). = Questions sur la carte et sur l'image : Indiquez sur la carte le chemin le plus facile pour se rendre à pied de Bordeaux à Lyon ; de Marseille à Rouen ; de Bordeaux à Saint-Quentin. — Justifiez le trajet choisi. — Tracez une coupe du pays de Paris au Rhin. — Montrez sur la carte la partie appelée Cévennes. — Les Causses. — Dites d'après la carte la direction de la chaîne des Pyrénées. — Quels sont les principaux massifs de cette chaîne? — Quels sont les plus hauts monts? — Mêmes questions pour les Alpes.

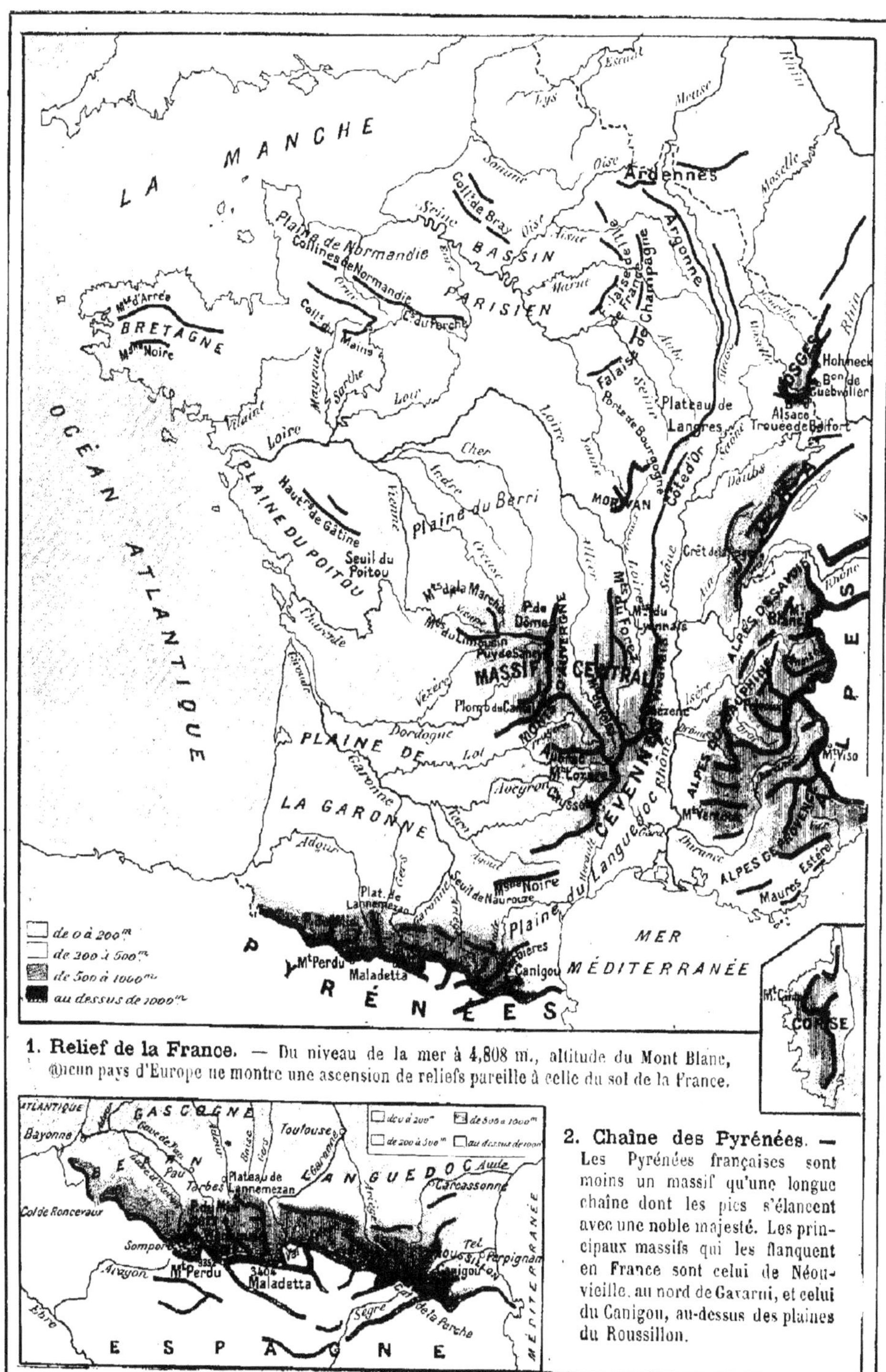


**1. Relief de la France.** — Du niveau de la mer à 4,808 m., altitude du Mont Blanc, aucun pays d'Europe ne montre une ascension de reliefs pareille à celle du sol de la France.



**2. Chaîne des Pyrénées.** — Les Pyrénées françaises sont moins un massif qu'une longue chaîne dont les pics s'élancent avec une noble majesté. Les principaux massifs qui les flanquent en France sont celui de Néouvielle, au nord de Gavarni, et celui du Canigou, au-dessus des plaines du Roussillon.

## MONTAGNES FRANÇAISES *(suite)*

**1. Ardennes.** — Des rangées armoricaines aux Cévennes, les chaînes et massifs sont intérieurs ; comme monts frontières, outre les Vosges, nous avons les Ardennes, le Jura, les Pyrénées, les Alpes.

Les **Ardennes**, sombre massif schisteux, ne nous séparent pas de l'étranger par une frontière naturelle ; elles ne nous appartiennent qu'à moitié, le long des deux rives de la Meuse, et ne montent chez nous qu'à 504 mètres ; elles arrivent à 700 environ chez les Belges et les Allemands. D'immenses forêts les ombragent encore.

**2. Jura.** — De même, le **Jura** n'est français qu'en partie. Il s'étend en Suisse et, par delà le Rhin, jusqu'au centre de l'Allemagne. Moins montagne que haut plateau hérissé de chaînons plus ou moins parallèles, ses roches relèvent de l'oolite* et de la craie*. Ses rivières, passant à chaque instant d'un compartiment dans un autre, y suivent des routes très sinueuses, très saccadées. Tel est le Doubs qui parcourt 430 kilomètres pour 90 en ligne droite. Le crêt* le plus haut de tout le massif, le *Crêt de la Neige* (1.723 mètres), se lève en France, tout à côté de la Suisse.

**3. Pyrénées.** — Les **Pyrénées**, plus espagnoles que françaises, n'ont en France qu'une chute rapide sur les vallées et plaines de la Gascogne, du Languedoc, du Roussillon. En Espagne, elles tombent moins à pic et se prolongent en Aragon et en Catalogne.

Leur versant français ne ressemble point à l'espagnol. Sèches, arides, torrides en Espagne, elles sont chez nous humides, avec pelouses vertes, forêts hélas ! dilapidées, neiges, glaciers*. Moins hautes que les Alpes, elles portent infiniment moins de glace éternelle.

Leurs *handia* (chez les Basques), leurs *gaves* (chez les Béarnais), leurs *nestes* (chez les Bigordans), leurs *torrents*, eaux transparentes épurées par de petits lacs, vont à l'Adour, à la Garonne, à l'Aude, aux courts fleuves roussillonnais. C'est aux sources de la Garonne qu'elles dressent leur pic culminant (3.404 mètres), dans la *Maladetta* ; en France, leur culmen*, le *Vignemale* (3.298 m.), pointe au-dessus des célèbres vallées de *Cauterets* et de *Gavarnie*.

**4. Alpes.** — Les **Alpes**, que nous partageons avec la Suisse, l'Italie, l'Autriche, l'Allemagne, dominent de haut tous les autres massifs de l'Europe. Peu de montagnes au monde peuvent leur être comparées avec avantage pour la noblesse, la grandeur, la beauté, la fraîcheur, la grâce, l'étendue des névés*, des glaciers*, la magnificence des lacs, l'abondance éternelle des torrents.

C'est en France, en Savoie, au-dessus de l'Italie et tout près de la Suisse, qu'elles ont leur dôme culminant, le *Mont-Blanc* (4.810 mètres), dont les vastes glaciers donnent naissance à l'Arve, torrent violent qui atteint le Rhône dans la banlieue de Genève. Un autre grand massif, en Dauphiné celui-ci, le *Pelvoux*, où s'accrochent également de grands glaciers, se hausse à 4.103 mètres ; la *Vanoise*, autre massif dauphinois cuirassé de glace éternelle, monte à 3.861 mètres, et d'autres reliefs atteignent ou dépassent 3.000.

Les Alpes françaises couvrent le pays compris entre la frontière d'Italie, la rive gauche du Rhône et la mer. Elles arrivent, ayant encore plus de 3.000 mètres d'élévation, jusqu'à dominer la Méditerranée. Très variables selon que les gneiss*, les granits*, les schistes*, les calcaires*, les roches tertiaires* les composent ; ici fermes, bien conservées, là ravinées, caduques, mourantes par suite du ruissellement et du déboisement, elles ont pour maîtres torrents l'*Arve*, l'*Isère*, l'*Arc*, le *Drac*, la *Drôme* et l'« extravagante » *Durance*.

---

**LEÇON A APPRENDRE.** — *1-2. Nos montagnes frontières sont les Vosges, les Ardennes, le Jura, les Pyrénées et les Alpes. Les Ardennes couvertes de forêts et les chaînons parallèles du Jura ne sont qu'en partie français. Le Jura culmine au Crêt de la Neige (1.723 m.). — 3. Les Pyrénées étendent leur crête rectiligne de l'Atlantique à la Méditerranée. Le versant français est abrupt, humide, avec des pelouses, des forêts, des glaciers et des torrents. La Garonne y naît à la Maladetta (3.404 m.), en Espagne. En France, les Pyrénées atteignent 3.298 m. au Vignemale, au-dessus des célèbres vallées de Cauterets et de Gavarnie. — 4. Les Alpes françaises ne sont qu'une partie de la chaîne montagneuse qui domine tous les massifs de l'Europe par sa hauteur et par son étendue. Elles culminent en France au Mont-Blanc (4.810 m.). Le massif du Pelvoux, en Dauphiné, dépasse 4.000 m. Les Alpes françaises couvrent le pays compris entre l'Italie, le Rhône et la mer, qu'elles dominent avec des hauteurs de 3.000 m. encore. Les Alpes comme les Pyrénées sont dues à des soulèvements géologiques relativement récents.*

---

**Exercices écrits ou oraux.** — Caractères du massif des Ardennes (1) ? des chaînons du Jura (2) ? — Les Pyrénées : caractère général ; différences du versant espagnol et du versant français. Leurs points culminants (3) ? — Principaux massifs des Alpes en France ? — Le Mont-Blanc : altitude ? — Les massifs dauphinois ? — Croquis des Alpes françaises. — Caractères du pays alpestre (4) ? = **Questions sur la carte et sur l'image** : En vous reportant à la carte, montrez les cols les plus importants des Alpes. — Faites une coupe du pays de Tulle à Lyon, d'Aurillac à Privas. — Indiquez sur la carte la direction du Jura. — Aspect du Dévoluy ? Que lui manque-t-il et comment les hommes pourront-ils le restaurer, le rajeunir ? Pourquoi la pointe du Dru porte-t-elle le nom d'aiguille ? — De quel massif fait-elle partie ?

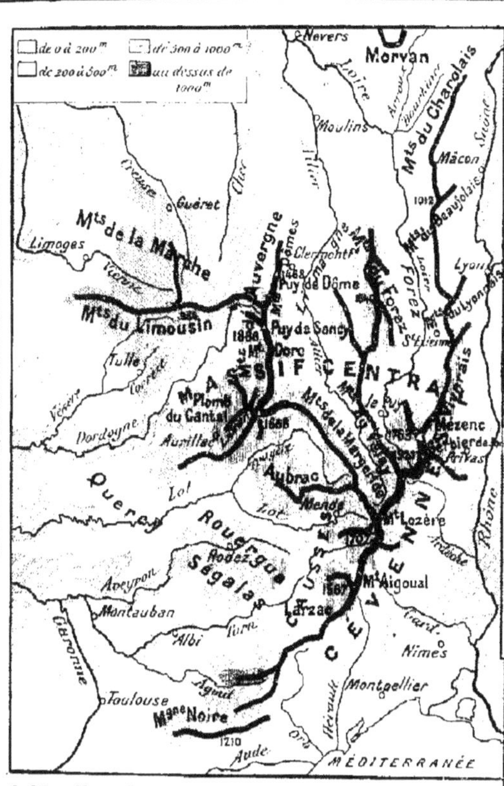


**1. Massif central.** — C'est plutôt comme plateau que comme montagne que se distingue le Massif central. On y fait des lieues et des lieues sans monter ou sans descendre, en vue de pics ou de dômes la plupart sans grandeur à cause de l'élévation du socle dont ils s'élancent.

**4. L'Aiguille du Dru**, près de Chamonix, est un de ces pics très aigus, en vertu de la dureté de leurs roches, que le massif du Mont Blanc lève à 3,000 mètres et plus au-dessus de la vallée de l'Arve.

**2. Le Dévoluy.** — Une des montagnes que le déboisement a malheureusement le plus ruinées.

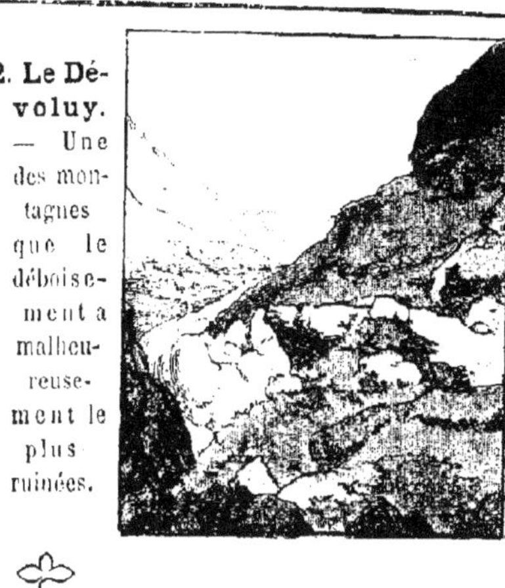

**3. Alpes françaises.** — Comme contraste avec nos Pyrénées, nos Alpes ne sont pas une longue chaîne, mais une suite, un entrecroisement de chaînes et de massifs beaucoup plus chargés de glaciers que notre montagne franco-espagnole.

# HYDROGRAPHIE FRANÇAISE

**1. Circulation des eaux.** — « Les petits ruisseaux font les grandes rivières ». Ce proverbe dit vrai, même dans le cas de la Touvre d'Angoulême, de Vaucluse et de Font-l'Évêque en Provence, de la Vis languedocienne, de la Sorgues du Rouergue et de la Loue franc-comtoise.

D'où vient le flot imprévu de ces énormes fontaines? De la réunion, dans l'ombre souterraine, d'une foule de *rus** engouffrés par les puits naturels, de rivièrettes, parfois assez longues, soutirées par un sol lâche, de gouttelettes tombées des voûtes des cavernes.

**2. Pentes et lignes de faîte.** — Les lois de la nature sont constantes : la pesanteur entraîne les eaux dans le sens de la **pente**.

On remonte une rivière ou on la descend, parce que toute rivière a sa pente, extraordinairement diverse : la Gave de Pau, sorti d'un glacier, tombe dans le Cirque* de Gavarnie par une cascade de 450 mètres; tandis que la Saône, fameuse par son indolence, n'abaisse son niveau que de 23 mètres pendant 253 kilomètres. En vertu de cette pente, toutes les eaux d'en haut, les eaux des faîtes, finissent par arriver en bas.

Quand un versant de mont s'incline vers l'ouest, son eau descend vers l'ouest. Quand une colline penche vers l'est, son ruisselet court vers l'est. Si elle fléchit vers le nord, son ru fuit au nord; si elle dévale vers le midi, ses gouttes d'eau prennent le chemin du sud. Or, un mont, un coteau s'abattent par deux, trois, quatre versants; ils impriment donc deux, trois, quatre directions à leurs rus, à leurs torrents. Qu'on regarde la carte, on voit que, par exemple, les Pyrénées envoient leurs torrents en France au nord, en Espagne au sud; que les Alpes dépêchent les leurs au nord, à l'ouest, au sud dans le Rhône, et à l'est vers le Pô, fleuve italien; que les rivières du Plateau Central se déploient vers toute la rose des vents, pour gagner soit l'Océan par la Loire, soit la Méditerranée par le Rhône et les fleuves côtiers. Les lignes suivant lesquelles les eaux se partagent entre les diverses rivières se nomment les **lignes de faîte** — ce qui veut dire lignes de sommet.

Un seul et même massif, même tout petit, peut confier ses eaux à trois grands fleuves. Nous en avons deux exemples en France, dans la Bourgogne, dans le Languedoc, qui sont, à cause de cela, des provinces « clés de voûte ». En Bourgogne, un coin de terre s'écoule à la fois dans la Seine par l'Armançon, dans la Loire par l'Arroux, dans la Saône par l'Ouche. En Languedoc, des monts de la Lozère partagent leurs torrents entre la Loire, la Garonne, le Rhône.

**3. Bassins.** — On nomme **bassin** l'ensemble des territoires dont toutes les gouttes d'eau gagnent, de ruisseau en ruisseau, le même tributaire de la mer. Ainsi, pour prendre l'exemple de la Loire : qu'on vive au bord de la Loire elle-même; ou de la Vienne, affluent de la Loire; ou de la Creuse, affluent de la Vienne; ou de la Gartempe, tributaire de la Creuse; ou de l'Anglin, tributaire de la Gartempe, ou d'un ru quelconque absorbé par l'Anglin, on est toujours dans le bassin de la Loire.

Quant à la ligne de faîte suivant laquelle les ruisseaux se séparent entre les bassins, elle n'est pas toujours bien visible. Les eaux se séparent souvent les unes des autres par des pentes infimes sur les plateaux à peine ondulés, dans les plaines de niveau à peu près égal. Il y a même en France des étangs dont les eaux se divisent entre deux bassins, mais il n'en est guère. En ce cas, ce n'est pas une montagne, une colline, un tertre, c'est un étang qui marque la ligne de faîte. Ainsi, sur le canal du Centre, l'étang de Longpendu envoie à la fois ses eaux dans la Loire et dans la Saône.

---

**LEÇON A APPRENDRE.** — **1.** *Les cours d'eau proviennent de la réunion des eaux de ruissellement et des sources créées par l'infiltration des eaux dans les terrains perméables.* — **2.** *Des torrents comme le Gave de Pau tombent en cascades, une rivière comme la Saône coule en pente douce : tous les cours d'eau, plus ou moins vite, tendent vers les parties basses.* — *Les eaux d'une même hauteur peuvent s'écouler en différentes directions, ou versants. Les lignes suivant lesquelles les eaux se partagent entre les versants, et par suite entre les rivières, s'appellent les lignes de faîte.* — **3.** *On nomme bassin l'ensemble des territoires dont toutes les eaux gagnent la mer après s'être réunies dans le même fleuve. Il y a souvent un grand nombre d'affluents intermédiaires. Les lignes de faîte qui séparent les bassins ne sont pas toujours des accidents géographiques importants.*

---

**Exercices écrits ou oraux.** — Comment se forment les cours d'eau? — Distinction entre les eaux de ruissellement et les eaux d'infiltration : insister. — Lesquelles donnent naissance aux sources (1)? — Quel rôle joue la nature du terrain? — Qu'est-ce qui constitue un versant? — Qu'appelle-t-on ligne de faîte (2)? — Définir le bassin d'un fleuve? — Les bassins sont-ils nettement séparés dans la nature (3)? **= Questions sur** la carte et sur l'image: Montrez sur la carte les rivières qui prennent leur source dans le Massif Central en indiquant et justifiant leurs directions respectives. — Suivez la ligne de faîte des bassins de la Loire, du Rhône, de la Garonne, là où elle est nettement marquée. — Indiquez les principaux bassins secondaires. — Quelle culture pratique-t-on dans le pays d'Entre-deux-Mers? Comment désigne-t-on le confluent de la Garonne et de la Dordogne?

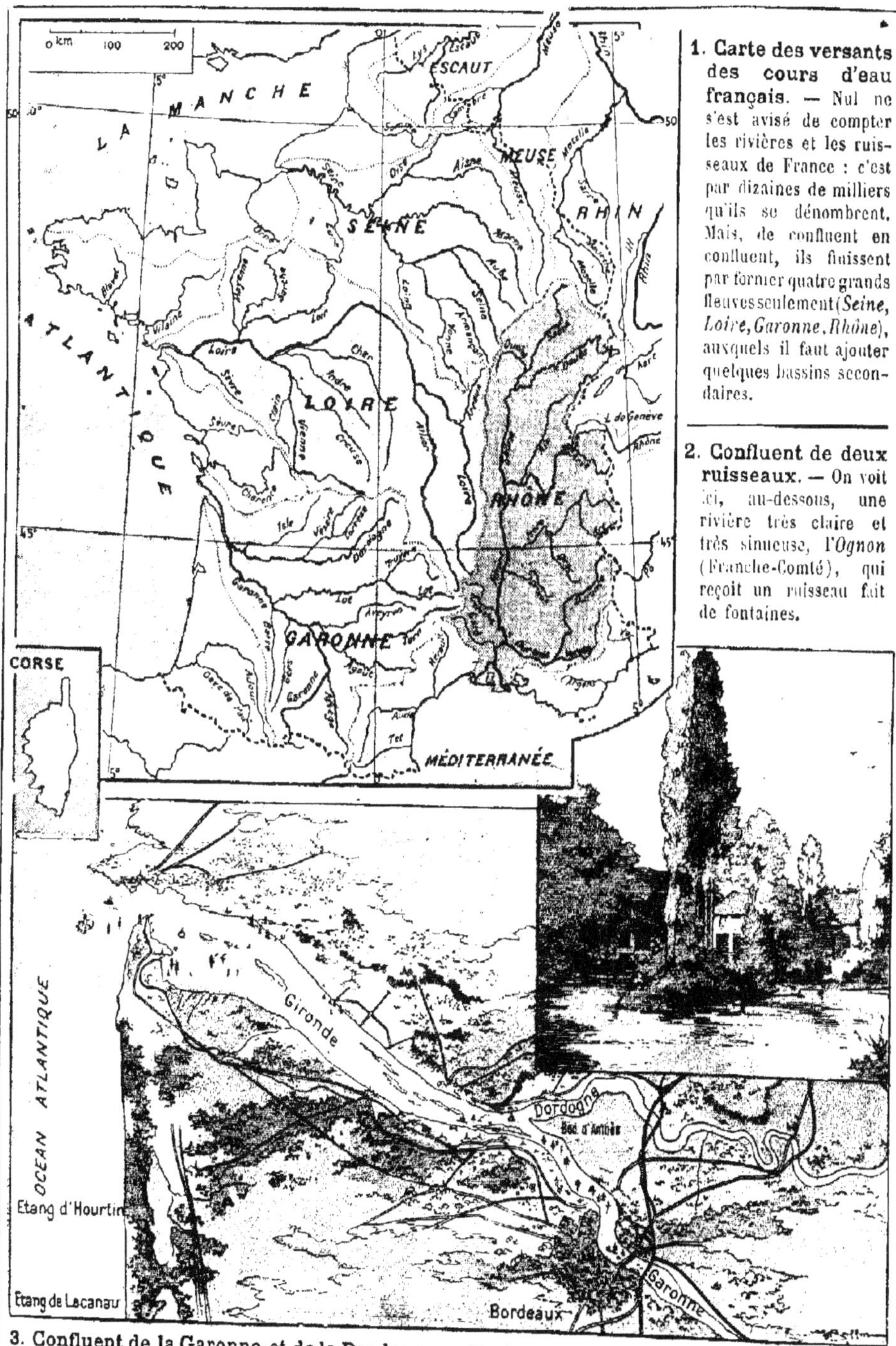


**1. Carte des versants des cours d'eau français.** — Nul ne s'est avisé de compter les rivières et les ruisseaux de France : c'est par dizaines de milliers qu'ils se dénombrent. Mais, de confluent en confluent, ils finissent par former quatre grands fleuves seulement (*Seine, Loire, Garonne, Rhône*), auxquels il faut ajouter quelques bassins secondaires.

**2. Confluent de deux ruisseaux.** — On voit ici, au-dessous, une rivière très claire et très sinueuse, l'*Ognon* (Franche-Comté), qui reçoit un ruisseau fait de fontaines.

**3. Confluent de la Garonne et de la Dordogne.** — C'est ici la rencontre la plus majestueuse de rivières qu'il y ait dans l'Europe occidentale. — Ces deux cours d'eau sont tellement larges que le riche pays de vignes qu'ils séparent a reçu le nom d'*Entre-Deux-Mers*.

# BASSIN DE LA SEINE

**1. Les bassins sont un phénomène passager.** — Les bassins des fleuves représentent ce qui est, nullement ce qui fut. Les changements de plastique du sol, les transformations de climat, l'usure de la Terre, la naissance de certaines montagnes, la disparition de certaines autres, les captures de rivières ont perpétuellement dérangé le relief des contrées et par cela même le cours des eaux, l'étendue et la disposition des bassins. — Pour l'expliquer en quelques mots, une capture de rivière est l'invasion d'une vallée inférieure par le courant d'une vallée supérieure, à la suite de la rupture ou de la lente érosion* d'un faîte. — Ainsi, par exemple, la Meurthe de Nancy s'est emparée de la Moselle, qui se versait auparavant dans la Meuse par un passage encore visible.

Les grands **bassins** de France sont ceux de la **Seine**, de la **Loire**, de la **Garonne**, du **Rhône**. Entre eux, à côté d'eux, des cours d'eau moindres se jettent dans la mer à l'issue de petits bassins : on les appelle des *fleuves côtiers*.

**2. La Seine en amont de Paris.** La *Seine* commence en Bourgogne, à 471 m. d'altitude. En aval de Troyes, elle se double de l'*Aube*; à Montereau lui arrive l'*Yonne*. La Seine est une rivière tranquille, l'Yonne une rivière torrentielle, sujette aux crues : cela parce qu'elle écoule des sols imperméables, où l'eau des orages glisse sur la surface sans l'imprégner, tandis que la Seine égoutte surtout des terres perméables où la pluie s'infiltre pour reparaître plus loin en sources constantes. Aux portes mêmes de Paris, la *Marne* l'augmente de près d'un tiers.

**3. La Seine en aval de Paris.** — La Seine coule entre les quais de Paris sur une longueur de 12.500 mètres ; puis elle s'empare de l'*Oise*, qui vient de la Belgique et qui, reliée par des canaux aux contrées les mieux cultivées, les plus indus-trielles de France, sert au va-et-vient d'une immense batellerie. La branche la plus développée de l'Oise, l'*Aisne*, a dans son bassin Reims (110.000 habitants), grande ville de fabriques ayant de fort beaux monuments.

Extraordinairement sinueuse à l'aval de Paris, et non moins au pays de Rouen, la Seine absorbe l'*Eure* près de l'endroit où la marée commence à la soulever imperceptiblement; tandis qu'à quelque distance en aval, après Rouen, vers Caudebec, le flot de la mer la rebrousse en une vague puissante, dangereuse, terrible, par le *mascaret* qu'on appelle ici : *la barre*.

A Rouen (118.000 h.), ex-capitale de la Normandie, ville de grande industrie, fameuse par ses superbes monuments et la beauté de ses campagnes, la Seine est étroite encore. Sa vallée devient splendide, entre des coteaux d'où descendent de grandes et belles forêts. Subitement, les collines s'écartent, le fleuve entre dans un estuaire* où les alluvions* empiètent de plus en plus sur l'eau salée. Enfin la Seine s'engloutit dans la Manche, entre Le Havre et Honfleur, par une embouchure de 7 à 8 km. de largeur, au bout de la falaise de Normandie.

**4. Caractéristiques de la Seine.** — Elle a 776 km. de longueur, développée dans un bassin de 7.777.000 hectares, soit environ le septième de la France. Elle est accessible aux vaisseaux jusqu'à Rouen, et, grâce à de grands travaux, aux petits navires jusqu'à Paris.

Ce n'est pas seulement par son passage dans la grande ville que la Seine mérite d'être nommée à côté de fleuves beaucoup plus puissants, mais aussi pour l'heureux équilibre qu'elle doit à la nature de son bassin en grande partie perméable. Jamais de crues* dévastatrices, étiage* soutenu, voilà certes des faits rares, même dans notre Europe Occidentale si favorisée par ses climats, ses pluies, ses saisons.

---

**LEÇON A APPRENDRE.** — 1. *Les bassins des fleuves actuels représentent l'état du sol tel qu'il est, mais non tel qu'il a toujours été : ils se sont modifiés au cours des âges. On compte en France quatre grands bassins, Seine, Loire, Garonne, Rhône, outre les petits fleuves côtiers. — 2. La Seine naît à 471 mètres d'altitude, en Bourgogne, dans des terrains perméables dont elle recueille les sources ; elle se double de l'Aube, qu'elle reçoit après Troyes. L'Yonne, rivière torrentielle, ramasse le ruissellement d'une région imperméable. Avant et après Paris, la Seine reçoit la Marne et l'Oise, cette dernière reliée par des canaux à la Belgique et à la France industrielle du Nord. L'Oise est grossie de l'Aisne, qui passe près de Reims. — 3. La Seine, doublement sinueuse après Paris, ressent la marée à Caudebec, en aval de Rouen. Elle se jette dans la mer par un estuaire qu'elle comble elle-même, entre Le Havre et Honfleur. — 4. La Seine, longue de 776 kilomètres, rassemble les eaux du septième de la France. Son bassin, presque entier perméable, n'est jamais dévasté par les crues : c'est une région privilégiée par la nature.*

---

## 1. Carte du bassin de la Seine.

La célébrité mondiale de la Seine ressemble à celle du Tibre et de la Tamise. Le Tibre est glorieux parce qu'il traverse Rome, la plus grande cité du monde antique ; la Tamise, parce qu'elle frôle les quais de Londres, la plus grande cité du monde moderne ; la Seine, parce qu'elle passe dans Paris.

Ajoutez qu'elle baigne *Rouen*, superbe ville historique et monumentale, et que tout près de son embouchure se trouve *Le Havre*.

A part quoi son origine est beaucoup plus humble que celle du Rhône, de la Garonne et de la Loire.

**2. Confluent de la Seine et de l'Yonne.** — La rencontre de ces deux rivières est fort instructive ; elle montre à quel point les rivières dépendent de leur bassin : la Seine (bassin perméable) est pure, transparente ; l'Yonne (bassin imperméable) est sombre, opaque.

**5. Embouchure de la Seine.** — Large de plusieurs kilomètres, l'estuaire de la Seine, naturellement encombré de vase, verserait facilement dans la Manche un fleuve dix et vingt fois plus abondant que la rivière de Paris.

**3. La Marne dans la banlieue de Paris.** — Cette rivière se signale par les replis de son cours inférieur : ainsi en arrivant à Paris, la célèbre boucle de la Marne (13 kilomètres de courbure), pour un isthme d'un peu plus de 1100 mètres de largeur.

**4. La Seine à Rouen.** — Bien que très étroite encore, la Seine convoie, de la Manche à Rouen, de gros navires de mer. Cette jolie ville, admirablement située, devient de plus en plus un port fluvial et maritime.

# BASSIN DE LA LOIRE

**1. Loire supérieure et Allier.** — Destinée à mourir au loin dans l'Atlantique, la *Loire* naît à moins de 150 kilomètres de la Méditerranée. Elle a son origine sur la carapace de laves où se confondent Vivarais et Velay, au pied du Gerbier de Jonc (1.551 mètres).

Elle reste longtemps torrent dans la montagne; elle ne quitte les *basaltes** et autres roches volcaniques sur socle de granit* qu'après avoir coulé dans le bassin du Puy-en-Velay, ville étrange qu'elle laisse à 4 kilomètres à gauche.

Dans les gorges* de granit dites *gorges de Saint-Victor*, elle passe à quelques kilomètres de la puissante ville industrielle de Saint-Étienne (147.000 habitants). Ces défilés* la transmettent à la plaine du Forez, ovale de campagnes brumeuses avec étangs, fonds mouillés, torrents descendus à droite des monts du Lyonnais, à gauche des monts du Forez, noirs de sapins. Elle frôle Roanne, elle coule devant Nevers et se heurte à l'*Allier*, torrent d'au delà de cent lieues qui est plus ou moins son égal en longueur, en bassin, en volume, en crues désordonnées, en inconstance, en ridicule faiblesse estivale. Cet Allier naît encore plus près de la Méditerranée que la Loire, à 125 kilomètres environ. La Margeride, les Dore, les Dôme le commandent à gauche; les monts du Devès et les monts du Forez à droite. Il a, lui aussi, ses gorges entre basaltes, sa plaine de la Limagne merveilleusement plantureuse et, à quelque distance à l'ouest, sa ville de Clermont-Ferrand, capitale de l'Auvergne.

**2. Loire moyenne.** — Désormais très large rivière de plaine, la Loire quitte la direction sud-nord; elle s'incline au nord-ouest; puis, à partir d'Orléans, c'est le sud-ouest, puis l'ouest qu'elle recherche, jusqu'à la mer. Sur un lit sablonneux elle passe sous des ponts de pierre de dix, douze, quinze arches, sous des ponts suspendus de cinq, six longues travées; elle rencontre des villes aimables : Orléans, Blois, Tours; de beaux châteaux historiques. Elle confisque coup sur coup : le *Cher* de Montluçon; l'*Indre* de Châteauroux et de Loches, vieille ville aux précieux monuments; la *Vienne* de Limoges; la *Maine* d'Angers, faite de la *Mayenne*, de la *Sarthe* et du *Loir*. Ces rivières lui donnent beaucoup plus de consistance.

**3. Basse-Loire.** — Soumise enfin à la marée, elle borde Nantes (133.000 habitants), port qui a beaucoup perdu par l'ensablement du fleuve. Élargie en un estuaire* d'une lieue de large, elle se confond avec l'Océan devant Saint-Nazaire.

**4. Caractéristiques de la Loire.** — La Loire se déroule sur un peu plus de 1.000 kilomètres; son bassin dépasse 12 millions d'hectares, mais son volume ne répond pas à l'étendue du pays qu'elle délivre des eaux surabondantes. C'est une victime de la nature étanche* du sol de son domaine, surtout le long de ses deux branches mères, la Loire supérieure et l'Allier. Une victime aussi du déboisement qui a partout pour suite nécessaire la mise à nu des roches, l'assèchement des fontaines, la violence des crues*. Enfin, la faiblesse insigne du fleuve en été tient également à ce qu'il pleut moins sur son bassin que sur ceux de la plupart des autres cours d'eau français.

Rien donc d'étonnant si la Loire offre pendant plus de la moitié de l'année le lamentable spectacle d'un large fleuve où ce qui manque le plus c'est l'eau, et où les bancs de sable sont ce qui manque le moins. Tandis que d'énormes crues menacent souvent, et parfois crèvent les levées* entre lesquelles on a tenté de l'incarcérer. C'est un fleuve à refaire; on y travaille et l'on y peut réussir.

---

**LEÇON A APPRENDRE. — 1.** *La Loire naît dans les Cévennes, au pied du Gerbier de Jonc. Dans son bassin supérieur, tout en laves et granits, elle passe près du Puy, non loin de Saint-Étienne; après avoir arrosé Roanne et Nevers, elle se double au confluent de l'Allier. L'Allier, lui aussi torrent des roches volcaniques, a baigné la plantureuse Limagne, au bas des puys de Clermont-Ferrand. — 2-3. La Loire, devenue large rivière de plaine, se dirige vers l'ouest à partir d'Orléans. Elle étend son lit sablonneux entre les levées à Orléans, à Blois, à Tours. Elle reçoit à gauche le Cher, l'Indre, la Vienne; à droite, la Maine, faite de la Mayenne, de la Sarthe et du Loir. Elle borde Nantes, subit là l'influence de la marée, et son estuaire se confond avec l'Océan devant Saint-Nazaire. — 4. La Loire, longue de plus de 1.000 km., recueille les eaux de plus de 12 millions d'hectares. Mais son bassin supérieur est imperméable, déboisé, à pluies médiocrement abondantes : ce qui explique son volume relativement réduit, mais favorise ses crues dévastatrices.*

---

**Exercices écrits ou oraux.** — Décrire le haut bassin de la Loire et de l'Allier (1). — La Loire moyenne : comment est-elle retenue dans son lit? — Ses affluents (2). — La Basse Loire : ses deux ports. — Croquis sommaire (3). — Régime de la Loire. — Décrire et expliquer les crues (4). = **Questions sur la carte et sur l'image** : Les diverses directions que prend le cours de la Loire? Les montrer sur la carte en les expliquant. — De tous les affluents importants de la Loire, quel est le plus court? Montrez-le en indiquant par quoi il est formé. — Montrez les villes arrosées par la Loire. — Quelles sont celles qui vous semblent le plus heureusement situées? — Dire d'après l'image 4 pourquoi la Loire est peu navigable? — Que pensez-vous des paysages représentés par les images 5 et 6? — Justifiez votre opinion.

---

* Voy. p. 124, *Leçons de revision* 1, 2 et 3.

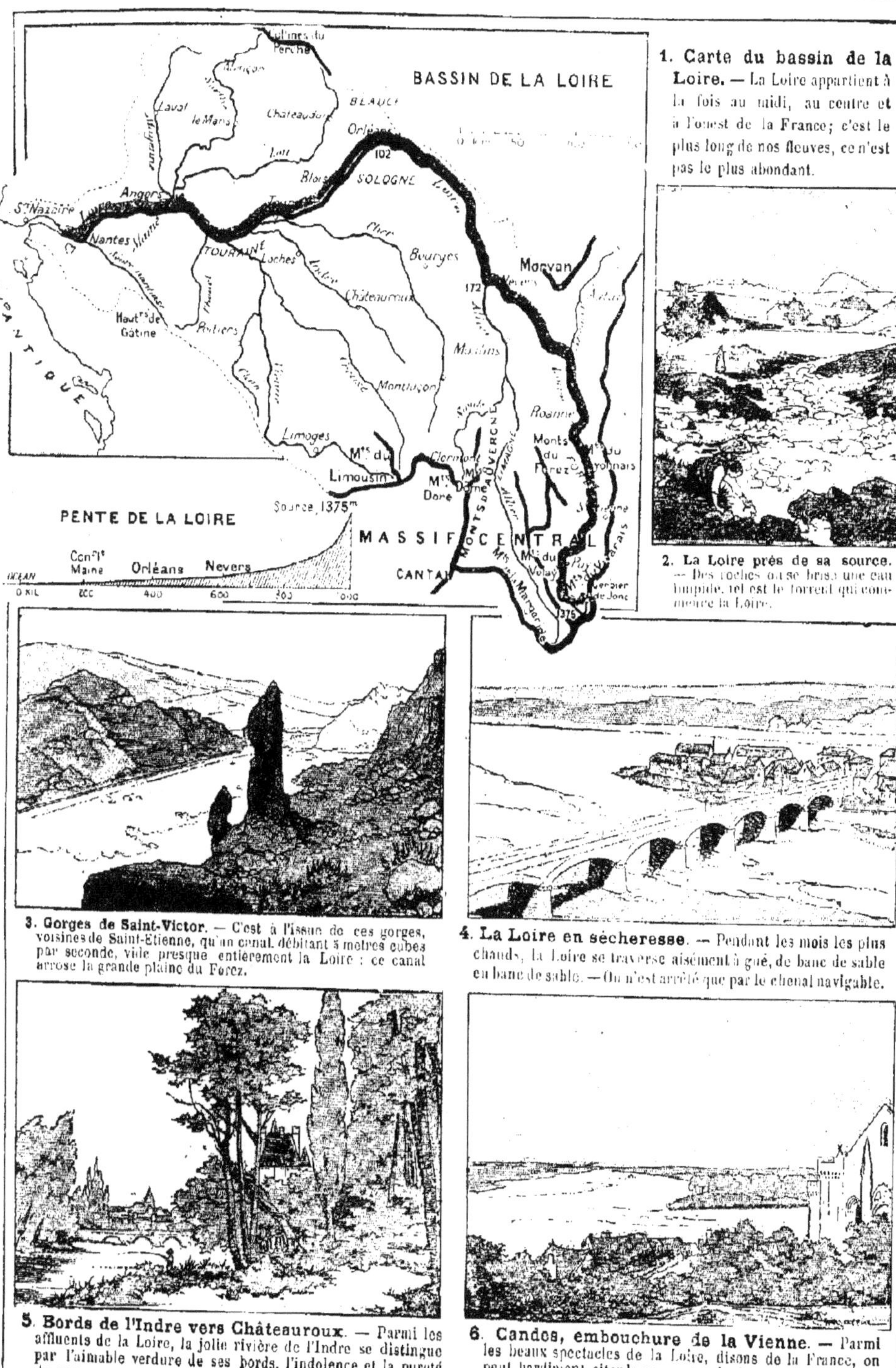



**1. Carte du bassin de la Loire.** — La Loire appartient à la fois au midi, au centre et à l'ouest de la France ; c'est le plus long de nos fleuves, ce n'est pas le plus abondant.

**2. La Loire près de sa source.** — Des roches où se brise une eau limpide, tel est le torrent qui commence la Loire.

**3. Gorges de Saint-Victor.** — C'est à l'issue de ces gorges, voisines de Saint-Étienne, qu'un canal, débitant 5 mètres cubes par seconde, vide presque entièrement la Loire : ce canal arrose la grande plaine du Forez.

**4. La Loire en sécheresse.** — Pendant les mois les plus chauds, la Loire se traverse aisément à gué, de banc de sable en banc de sable. — On n'est arrêté que par le chenal navigable.

**5. Bords de l'Indre vers Châteauroux.** — Parmi les affluents de la Loire, la jolie rivière de l'Indre se distingue par l'aimable verdure de ses bords, l'indolence et la pureté de ses eaux.

**6. Candes, embouchure de la Vienne.** — Parmi les beaux spectacles de la Loire, disons de la France, on peut hardiment citer la rencontre du fleuve et de la *Vienne*, la grande rivière limousine.

# BASSIN DE LA GARONNE

**1. La Gironde.** — L'estuaire de la *Gironde*, long de 73 kilomètres, large de 2 et 4 à 10, s'envase visiblement, mais il porte encore les grands navires de mer. Il dirige vers l'Océan les eaux unies de la Garonne et de la Dordogne, et les flots envoyés par l'Atlantique à la conquête des deux rivières qui s'unissent au Bec-d'Ambès.

A ce grand confluent on a l'illusion de deux immenses courants égaux en apparence, entre des berges séparées par plus de 1.000 mètres d'écart ; mais ces deux eaux jaunâtres ne se valent pas : la Garonne (575 kilomètres), plus longue que la Dordogne de 100 kilomètres, draine un bassin deux à trois fois supérieur ; elle ne donne pas seulement rendez-vous à des torrents du Massif Central, mais aussi aux torrents de ces Pyrénées dont elle procède elle-même.

**2. La Garonne.** — La *Garonne* part des plus hauts sommets du Val d'Aran, terre espagnole bien qu'elle s'ouvre sur la France, au nord de la ligne de faîte. Le concours de la *Neste*, du *Salat*, de l'*Ariège* en fait dès Toulouse une puissante rivière. Arrivée à ce lieu décisif, elle coule vers le nord-est, direction qui la mènerait au Rhône, à Lyon exactement, si elle ne tournait aussitôt au nord-ouest.

Désormais elle ne reçoit plus d'eaux pyrénéennes, mais s'accroît de deux grands courants issus du Massif Central. Elle sinue à grands replis dans une vallée très large, très soleilleuse, des plus profondes, l'un des meilleurs « jardins de la France ». Le *Tarn*, d'Albi, de Montauban, lui amène, cachées dans les eaux rouges envoyées par les terres si bien appelées *Rougiers*, les ondes transparentes puisées aux fonts vives du pied des Causses, dans les étroitures du *Grand-Cagnon*. Le *Lot* concentre des torrents de la Lozère, de la Margeride, du Cantal, de l'Aubrac, du Rougier, des Causses. En amont de Cahors, de splendides créneaux de rocs le commandent ; en aval, il s'enroule et se déroule en cingles, c'est-à-dire en replis extraordinaires. Sur un de ses affluents, la sombre et sauvage *Truyère*, le viaduc de Garabit porte un chemin de fer par-dessus un précipice, de Cantal à Margeride, d'Auvergne en Languedoc, à 123 mètres au-dessus des eaux du torrent.

A plus de 150 kilomètres de l'Océan commence, toute petite d'abord, l'émotion de la marée. A 100 kilomètres de ce même Atlantique, à Bordeaux, la Garonne est grandiose : le flux l'y soulève très haut sans lui assurer comme auparavant l'arrivée facile des grands navires, par suite de l'envasement qu'accélère la déforestation.

**3. La Dordogne.** — La *Dordogne* hérite d'eaux des Monts Dore, du Cantal, du Quercy, du Limousin, du Périgord. Née sur le Sancy, mont culminant du Centre, elle reste superbement claire, de gorges en gorges, entre parois volcaniques, puis granitiques, puis oolithiques*, puis crétacées*, et ne se souille qu'à partir du contact avec la marée, à plus de 150 kilomètres de l'Atlantique. Sous les *deux ponts de Cubzac* elle a 500 à 600 mètres de rive à rive ; 1.000 à 1.200 à la rencontre de la Garonne.

**4. Caractéristiques de la Gironde.** — L'estuaire* compris entre les célèbres vignes du Médoc à gauche, la falaise de Saintonge à droite, est navigable pour les bateaux à quille sur toute la longueur soumise à la marée. Le bassin de ce fleuve comprend environ 9 millions d'hectares, soit presque le sixième de la France. Bassin très fécond, moins certains Causses et Ségalas, le plateau de Lannemezan et les Landes. Mais malgré cette fertilité, la beauté du climat, la suffisance des pluies, ce riche Sud-Ouest voit son fleuve dépérir tous les jours ; la Garonne est de plus en plus médiocre en saison sèche. Elle est à restaurer comme la Loire.

---

**LEÇON A APPRENDRE.** — **1.** *La Gironde, estuaire de 73 km., gonflé par la marée, est formée par la Garonne et la Dordogne unies au Bec-d'Ambès. L'apport de la Garonne est deux ou trois fois supérieur.* — **2.** *La Garonne, torrent pyrénéen, naît au Val d'Aran. Grossie de l'Ariège, elle est dès Toulouse une puissante rivière. Là elle prend sa direction définitive vers le nord-ouest. Du Massif Central, elle reçoit le Tarn et le Lot, ce dernier doublé par la sauvage Truyère que franchit le viaduc de Garabit.* — **3.** *La Dordogne, née sur le Sancy, reçoit les eaux occidentales du Massif Central, et s'écoule claire, entre les roches du Plateau.* **4.** *La Gironde, entre les vignes du Médoc et la falaise de Saintonge, est navigable grâce à la marée. Son bassin représente le sixième de la France. Le déboisement a diminué son débit en saison sèche et rendu ses crues redoutables.*

---

**Exercices écrits ou oraux.** — La Gironde : comment est-elle formée (1) ? — Le cours supérieur de la Garonne. Quelles eaux apportent ses affluents de droite ; leur régime (2) ? — Différence entre les cours d'eau venant du Massif Central et la Garonne pyrénéenne. — Conséquence quant aux crues (3). — Croquis sommaire du bassin (4). = **Questions sur la carte et sur l'image :** Montrez sur la carte le plus long des affluents de la Garonne. Leur confluent. — Que forment-ils ensemble ? — Indiquez sur la carte les affluents pyrénéens de la Garonne. — Après observation de leurs sources, dites s'ils peuvent être abondants. — Dites la forme des vallées supérieures du Lot et du Tarn d'après les images. — Justifiez cette forme par un examen de la constitution géologique des pays traversés en amont par ces deux grands tributaires de droite.

**1. Bassin de la Garonne.** — Les rivières qui forment la Garonne toulousaine vont en moyenne du Sud au Nord. — Les affluents descendus des Cévennes et du Massif Central vont en moyenne à l'Ouest; les affluents limousins, au Sud-Ouest.

**2. Le Lot à Saint-Cirq-la-Popie.** — Le Lot inférieur, non moins sinueux que la basse Seine, coule superbement entre de hauts créneaux de rochers.

**3.** (*à droite*) **Gorges du Tarn** (le **Détroit**). — Le *Cagnon du Tarn*, le plus célèbre, sinon le plus beau de France, a 32 kil. de long, entre des rochers de *causses*, qui le dominent de 500 mètres et parfois davantage.

**4. Vallée du Lys, près Luchon.**
Ce torrent, fils des glaciers, s'abat par des cascades formidables, dans une vallée célèbre par sa beauté.

**5. Lac d'Oo, près Luchon.**
Ce lac sombre, profond, reçoit le torrent de la cascade de *Séculejo*, haute de 273 mètres.

# BASSIN DU RHÔNE

**1. Le Rhône supérieur.** — Le *Rhône* dépasse peu 800 kilomètres, mais on ne connaît pas en Europe, ni même dans le monde entier, un fleuve d'une longueur de 200 lieues seulement qui ait un cours si extraordinairement varié dans d'aussi beaux pays ennoblis par vingt-cinq siècles d'histoire.

Il n'est pas français d'un bout à l'autre; il commence en Suisse, chez des montagnards de patois allemand; au bout de douze à quinze lieues il arrive en pays de langue française. Il part des Alpes Centrales, lieu de divorce des eaux entre la Méditerranée, la Mer du Nord et l'Adriatique. Il a pour val supérieur le Valais, entre monts de 3.500 à 4.638 mètres. Il y reçoit les eaux troubles d'une centaine de glaciers* et se perd dans le *lac de Genève* ou *Léman*, le plus grand de l'Europe Occidentale (57.000 hect.), profond de 312 m. Suisse par sa rive nord, ce lac est français par sa rive sud. Entré très jaune dans cette mer d'eau douce, le Rhône en ressort merveilleusement pur à Genève, s'unit aussitôt à la fille des glaciers du Mont-Blanc, à l'*Arve*, et passe en France.

**2. De Genève à Lyon.** — Il perce le Jura par des gorges très sauvages où il n'a parfois que quelques mètres de largeur, où même il disparaît momentanément au fond d'une rainure, à la fameuse *Perte du Rhône*. Dégagé des étreintes de la montagne, il s'étend sur d'amples grèves jusqu'à Lyon. Là il s'adapte à la rivière avec laquelle il forme le contraste classique : « le Rhône fougueux, la Saône indolente ».

La *Saône*, la superbe rivière de la Bourgogne, a près de 500 kilomètres de cours, plus de 600 quand on lui attribue le *Doubs* pour branche mère. Elle coule du nord au sud, heureuse direction qui en fait le chemin du Nord, du Nord-Est, du Nord-Ouest pour qui vient du Sud et choisit à son gré pour but la Mer du Nord, les plaines de l'Allemagne ou la Manche.

**3. De Lyon à la mer.** — Le Rhône hérite de cette direction : dès lors, il descend droit au midi, dans une vallée qui devient méridionale d'aspect, de climat, d'histoire; bientôt se montrent les premiers oliviers, arbres représentatifs du climat méditerranéen.

A droite, dès après Lyon, il court au pied des Cévennes du Vivarais; à gauche s'avancent des contreforts des Alpes. C'est un enchantement, sous la lumière gaie. Il frôle des villes au passé romain, Vienne, Valence, voisine du confluent de la puissante *Isère*, des bourgs, des châteaux féodaux et des ruines superbes.

Ses eaux ne coulent pas, elles courent; c'est le plus prompt de nos fleuves et par cela même le moins navigable. Un dernier défilé* le conduit à la large campagne conquise par l'alluvion* sur les flots; c'est dans ces plaines qu'il laisse au loin, à gauche, Orange, la ville romaine, qu'il effleure Avignon, la ville papale, et qu'il reçoit l'ultra-capricieuse *Durance*.

Il ne lui reste plus qu'à border la *Crau*, plaine de cailloux stérile que fertilisent de plus en plus les canaux d'arrosage tirés de la Durance, et qu'à limiter la *Camargue*, son delta*, entre le Grand-Rhône et le Petit-Rhône. La séparation de ces deux branches se fait tout près d'Arles, la cité qui fut un moment la capitale de l'empire d'Occident. Le Grand-Rhône emporte les 86 centièmes du fleuve; le Petit-Rhône, les 14 centièmes.

**4. Puissance du Rhône.** — Le Rhône égoutte de 9 à 10 millions d'hectares; plus des dix-sept centièmes de la France. Ses crues sont atténuées par les grands lacs de son bassin (Léman, Bourget, Annecy); par la non-concordance des trop-pleins de la Saône, qui déborde aux pluies d'hiver, et du Rhône, qui s'épanche à la fonte des neiges; et aussi par la non-coïncidence des terribles apports des torrents cévenols que gonflent des ouragans formidables.

---

**LEÇON A APPRENDRE.** — **1.** *Le Rhône, long de 800 km., naît en Suisse, au mont Furka, coule dans le Valais, se perd dans le lac de Genève (57.000 hectares, profondeur 312 m.), entre la Savoie et la Suisse. Il y clarifie ses eaux avant de recevoir l'Arve, née du Mont-Blanc.* — **2.** *Après avoir franchi les gorges du Jura, où il disparaît à la* Perte du Rhône, *il se grossit de l'Ain, et arrive à Lyon où il reçoit la Saône, longue de plus de 600 km., par son affluent le Doubs. La vallée de la Saône que continue celle du Rhône est la grande voie européenne de la Manche à la Méditerranée.* — **3.** *De Lyon à la mer, le Rhône borde les Cévennes. Il arrose Vienne, Valence près du confluent de l'Isère. Près d'Orange, il atteint le Midi méditerranéen, baigne Avignon, reçoit la Durance, borde la Crau et sépare près d'Arles les deux branches de son Delta, le Grand et le Petit-Rhône.* — **4.** *Le bassin du Rhône couvre les 17/100es de la France. Ses crues sont atténuées : par les lacs alpestres, par leur non-concordance avec celles de la Saône et des torrents des Cévennes.*

---

**Exercices écrits ou oraux.** — Le cours du Rhône en Suisse. — Le lac traversé (1)? — Son cours de Genève à la mer? Villes arrosées? - Les affluents alpestres de gauche; les affluents cévenols de droite? — La Saône : importance de la vallée Saône-Rhône (2-3-4). — Croquis sommaire du bassin. = **Questions sur la carte et sur l'image :** Indiquez sur la carte les points où le Rhône change de direction. — Expliquez ces changements brusques. — Montrez Marseille sur la carte; pourquoi n'est-elle pas à l'embouchure du Rhône? Quel serait l'aspect de la perte (image 2) à basses eaux? — Les vallées des images 3, 4 ont-elles le même aspect? — Expliquez leurs ressemblances et leurs différences.

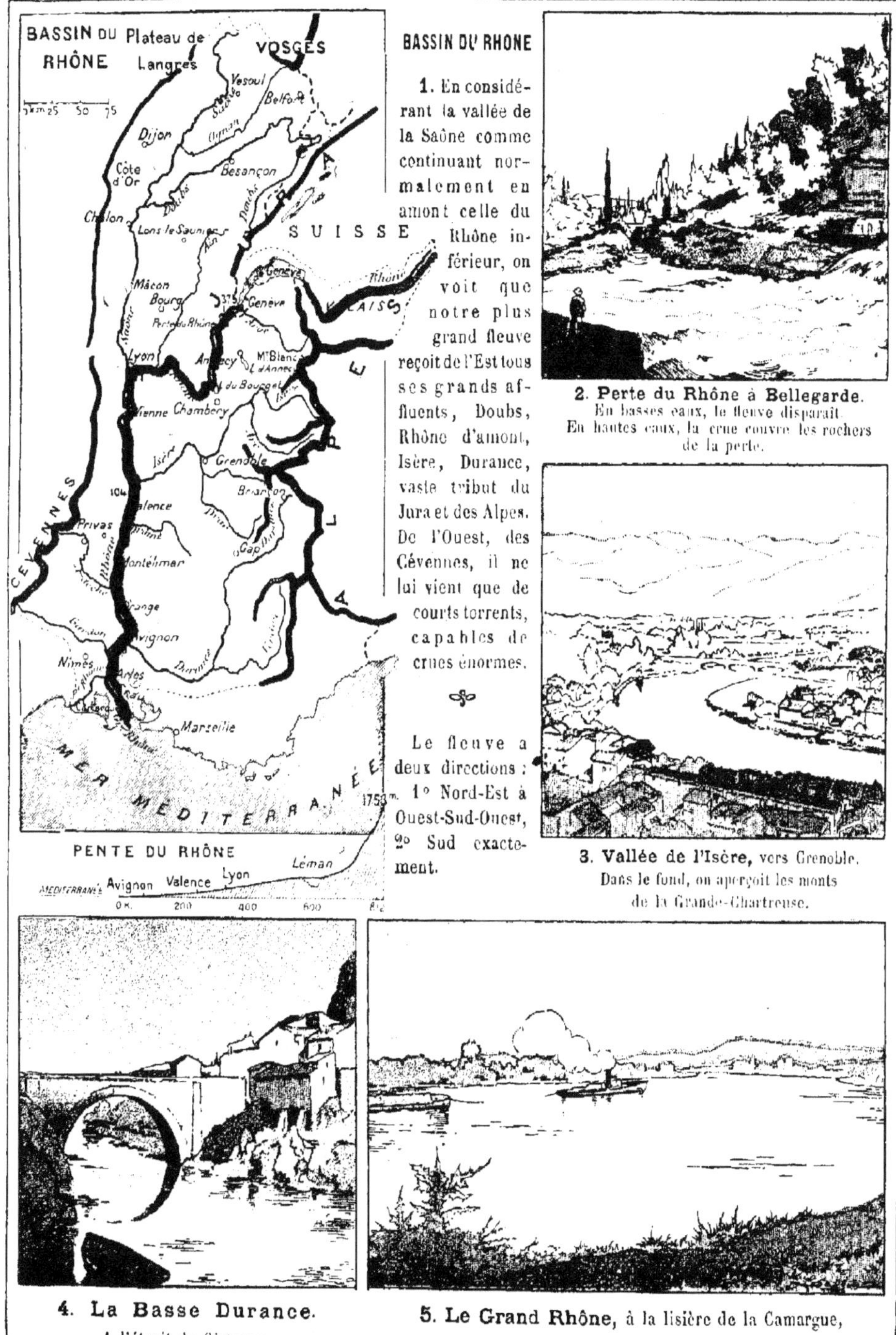



BASSIN DU RHONE

**1.** En considérant la vallée de la Saône comme continuant normalement en amont celle du Rhône inférieur, on voit que notre plus grand fleuve reçoit de l'Est tous ses grands affluents, Doubs, Rhône d'amont, Isère, Durance, vaste tribut du Jura et des Alpes. De l'Ouest, des Cévennes, il ne lui vient que de courts torrents, capables de crues énormes.

Le fleuve a deux directions : 1° Nord-Est à Ouest-Sud-Ouest, 2° Sud exactement.

**2. Perte du Rhône à Bellegarde.**
En basses eaux, le fleuve disparaît.
En hautes eaux, la crue couvre les rochers de la perte.

**3. Vallée de l'Isère,** vers Grenoble.
Dans le fond, on aperçoit les monts de la Grande-Chartreuse.

**4. La Basse Durance.**
A l'étroit de Sisteron.

**5. Le Grand Rhône,** à la lisière de la Camargue, en approchant de la mer.

# BASSINS SECONDAIRES

**1. Bassins côtiers de la mer du Nord.** — Seine, Loire, Garonne, Rhône, les quatre grands bassins réunis ne comprennent pas 40 millions d'hectares, sur les 53 à 54 du territoire : d'où près de 15 millions pour les bassins secondaires : — Bassin de la Mer du Nord par le *Rhin*, la *Meuse* et l'*Escaut;* bassins côtiers de la Manche, de l'Atlantique, de la Méditerranée; bassins de la Corse, l' « île de beauté ». En somme, moins des trois quarts du pays reviennent aux grands bassins, un peu plus du quart aux petits.

La France contribue au Rhin par la brillante *Moselle* qui a son berceau dans la sapinière des Vosges et qui passe près de Nancy (111.000 habitants), que nous avons gardée, dans Metz, que nous avons perdue. — Nous possédons la Meuse jusqu'aux lieux où, l'Ardenne enfin sciée en deux, ce fleuve entre chez les Belges. — L'Escaut supérieur nous appartient, mais ce n'est encore qu'une étroite rivière quand il quitte la grande plaine flamande française pour la plaine belge.

**2. Bassins côtiers de la Manche.** — Des fleuves côtiers de la Manche, tant flamands que picards, normands et bretons, un seul, la *Somme*, vaut d'être nommé. Cette rivière de Saint-Quentin et d'Amiens est des plus tranquilles : nulle ne baisse si peu dans la saison sèche nulle ne monte si peu dans la saison mouillée'.

**3. Bassins côtiers de l'Atlantique.** — Des fleuves côtiers de l'Atlantique, trois ont leur petite grandeur. La *Vilaine* suit le fond d'une dépression qui coupe la Bretagne en deux. — La *Charente* doit beaucoup aux merveilleuses fontaines de la *Touvre;* c'est elle qui porte les navires de guerre de Rochefort. — L'*Adour* unit dans son lit l'eau bleue ou verte des gaves effrénés des Pyrénées, les paisibles rivières des Landes, les torrents du Pays Basque : c'est le fleuve de Bayonne.

**4. Bassins côtiers de la Méditerranée.** — Les courants côtiers de la Méditerranée diffèrent au possible de ceux de la Manche et de l'Atlantique. La rivière du monde à laquelle ils ressemblent le moins est précisément la Somme, à la constance de laquelle ils opposent leur inconstance, leurs foucades, leur extraordinaire irascibilité. Qu'ils tombent des Pyrénées comme *Tech, Tet, Agly, Aude;* qu'ils tombent des Cévennes, comme *Orb, Hérault, Vidourle;* qu'ils tombent des Alpes de la Côte d'Azur comme le *Var*, c'est tout un. Ils passent avec une extrême aisance de un, deux, trois, quatre, cinq mètres cubes à mille, deux, trois, quatre, cinq mille mètres par seconde. Le moindre de leurs affluents peut ruiner une ville entre midi et minuit : un des tributaires de l'Orb, presque à sec avant la tombée du jour, avait quelques heures après noyé ou broyé plus de cent personnes sous les quartiers écroulés de Saint-Chinian.

**5. Bassins côtiers de la Corse.** — Les fleuves de la Corse, issus de hautes montagnes granitiques, ne sont pas moins excessifs que ceux du Roussillon, du Languedoc, de la Provence; mais aucun ne dépasse vingt lieues de long, et beaucoup n'en ont même pas dix. Cette île superbe n'est qu'un empilement de roches sauvages qui montent jusqu'à 2.710 mètres, une forêt, un maquis, c'est-à-dire une brousse*, et des gorges* étroites, horriblement profondes : le tout sur 872.200 hectares, à peu près le soixantième de la France. Des golfes d'une incomparable beauté découpent son rivage à l'ouest, au nord, au sud, tandis qu'à l'est, du côté où elle regarde l'Italie, la côte est droite, basse, sablonneuse, alluvionnaire, fiévreuse; à part cela très féconde.

A un peu plus de 160 kilomètres de moindre distance de la Provence, à 450 environ de l'Afrique française, cette terre de Bastia et d'Ajaccio nous est extrêmement précieuse, parce qu'elle rapproche la vieille France de la nouvelle.

---

**LEÇON A APPRENDRE.** — 1. *Trois quarts de la France reviennent aux quatre grands bassins; l'autre quart au bassin de la Mer du Nord et aux bassins côtiers de la Manche, de l'Atlantique et de la Méditerranée. La Mer du Nord recueille les eaux françaises : de la Moselle, affluent du Rhin grossi de la Meurthe, rivière qui arrose Nancy; de la Meuse et de l'Escaut supérieur. — 2-3. Dans la Manche se jette la Somme, au débit régulier en toutes saisons; dans l'Atlantique, la Vilaine, rivière bretonne qui passe à Rennes, la Charente avec le port militaire de Rochefort, l'Adour grossi du Gave de Pau. — 4. Les fleuves côtiers de la Méditerranée : tels l'Aude, l'Hérault, le Var, sont des torrents, pendant les trois quarts de l'année sans eau, mais aux inondations soudaines et dévastatrices. — 5. L'île de Corse comprend à l'ouest et au centre un massif découpé dans le granit, sa partie est est basse et marécageuse. L'île est sillonnée de courts et violents torrents et forme le trait d'union entre la France continentale et l'Afrique française du Nord.*

---

**Exercices écrits ou oraux.** — Les affluents français du Rhin. — Croquis de la Meuse et de la Moselle en France (1). — Les bassins côtiers de la Manche (2,; de l'Atlantique : leurs caractères (3). — Les cours d'eau côtiers de la Méditerranée : leurs différences avec les précédents (4). — La Corse: montagnes et cours d'eau. — Climats différents des deux versants est et ouest. Son rôle dans la Méditerranée. — Croquis succinct de la Corse (5). ═ Questions sur la carte et sur l'image : Montrez sur les cartes précédentes le cours de la Somme; après examen de l'altitude de sa source, déterminez son allure. — Suivez le cours de la Charente sur les cartes précédentes : quelles particularités offre-t-il ? — Décrire d'après l'image les environs d'Amiens. — Faites d'après les images une courte description de la Corse (côtes et intérieur).

**1. Les Dames de la Meuse**. — La Meuse traverse ici, de Mézières à son passage en Belgique, des gorges schisteuses de 250 mètres de profondeur.

**2. La Somme, à Amiens.** — Les nombreux bras indolents de la Somme et de l'Avre séparent des jardins d'alluvions d'une extraordinaire fécondité. — C'est ce qu'on appelle les *hortillonages*.

**3. La Charente à Angoulême** — Angoulême est une ville des plus fièrement situées qu'il y ait en France. Elle domine de 72 mètres le miroir des eaux claires de la Charente, qui reçoit ici la fameuse Touvre.

**4. Embouchure de l'Adour.** — Ce fleuve s'engloutit dans l'Atlantique à 6,500 mètres en aval de Bayonne, entre des dunes de sable.

**5. Ajaccio.** — Cette jeune capitale de la Corse (l'ancienne était Bastia) borde un golfe magnifique ; son climat, très doux, en a fait une ville d'hiver.

**6. Dans l'intérieur de la Corse.** — Cette île n'est qu'une montagne : villes, bourgs, hameaux, couronnent le plus souvent des rochers presque inaccessibles.

# FRANCE POLITIQUE ET ADMINISTRATIVE

**1. Situation de la France.** La France est traversée par le 45e degré de latitude ; cela signifie qu'elle se trouve à distance égale de l'Équateur et du Pôle, séparés par 90 degrés. Elle appartient donc essentiellement à la zone tempérée, et c'est là un de ses privilèges. Seulement l'équidistance ne concerne que cette ligne idéale du 45e qui part de la dune landaise au nord du Bassin d'Arcachon, passe presque exactement au Bec-d'Ambés, coupe les monts d'Auvergne, les Alpes dauphinoises et arrive en Italie dans les plaines de Turin. Or, cette ligne est relativement méridionale par rapport à la France : elle laisse au nord entre les deux tiers et les trois quarts du pays, dont le lieu le plus au midi, la Corse à part, est à 42°20′, le lieu le plus septentrional à 51°5. Dans le sens contraire, le territoire va de 5°10′ de longitude Est de Paris à 7°11′ de longitude Ouest : quand il est midi à Paris, il est à peu près midi 21 minutes à Menton, 11 heures 26 minutes à la pointe de la Bretagne.

**2. Climat et sous-climats français.** — L'équidistance approximative entre le Pôle et l'Equateur, la présence de trois mers (quatre avec le court rivage de la Mer du Nord), la prédominance des vents de nord-ouest, d'ouest, de sud-ouest, souffles marins humides et tièdes, sur les vents du nord et de l'est, souffles froids, secs, continentaux, ces causes et d'autres moins puissantes valent en moyenne à la France un **climat** relativement doux, avec trois grands **sous-climats** :

1° Le **sous-climat océanique**, qu'on peut subdiviser en parisien, breton, girondin, de Dunkerque à Bayonne, et de toute cette côte en remontant vers les avancées du Massif Central; il se caractérise par une grande inconstance, des pluies, peu de grands froids, de neiges, de gelées ;

2° Le **sous-climat méditerranéen**, de Port-Vendres à Menton et jusque dans les Cévennes, les Alpes, et en remontant le Rhône jusqu'entre Montélimar et Valence : il a pour caractéristiques un ciel brillant, un soleil ardent, des vents impétueux qu'on comprend sous le nom de *mistral*. Résultat général : la sécheresse ;

3° Le **sous-climat continental**, subdivisé en auvergnat, en rhodanien, en vosgien : il se manifeste par des froids dus à l'éloignement de la mer, aux vents arrivés d'Allemagne, de Russie, de Sibérie, et surtout à l'altitude des sites, au haut des Cévennes, dans les Alpes, sur le Massif Central, le Jura, les Vosges, les Ardennes.

**3. Frontières politiques de la France.** — C'est sous le sous-climat continental que sinue, Pyrénées à part, la **frontière** qui nous sépare des pays étrangers. A prendre cette frontière au lieu le plus septentrional de France, à l'est de Dunkerque, sur le rivage de la mer du Nord, nous confinons d'abord avec la Belgique suivant une ligne tracée au petit bonheur, sans aucun égard aux circonstances du sol. D'ailleurs, des deux côtés de cette ligne absurde, on parle également le français. Après quoi, pendant quelques lieues, une ligne non moins fictive nous sépare du Luxembourg, petit pays de patois allemand.

Vient ensuite la frontière imposée, la ligne au delà de laquelle nous possédions *Metz, Strasbourg Mulhouse*, et les Vosges, et des terres lorraines, et l'Alsace, et notre part du Rhin : nous avons ici perdu 1.450.000 hectares, c'est-à-dire le trente-septième de la France d'alors.

Un tracé fantaisiste, qui ne respecte ni monts, ni rivières, marque ensuite, sur le dos du Jura, notre séparation d'avec la Suisse ; comme sur la frontière belge, notre idiome va plus loin que notre territoire, jusqu'à Fribourg et au delà de Sion. Plus loin, sur le dos des Alpes, une ligne le plus souvent imposée par la nature, parfois contraire à ses exigences, nous sépare de l'Italie, comme, de la Méditerranée à l'Atlantique, les Pyrénées nous séparent de l'Espagne.

Ainsi nous longeons la mer ou nous touchons aux Belges, aux Allemands, aux Suisses, aux Italiens, aux Espagnols.

---

**LEÇON A APPRENDRE. — 1.** *La France, traversée par le 45° de latitude Nord, à égale distance du Pôle et de l'Équateur, appartient essentiellement à la zone tempérée. Grâce à sa latitude, au voisinage de la mer, à la prédominance des vents marins et humides, elle jouit d'un climat exceptionnellement doux. Sous le même parallèle, la mer gèle au Japon et l'Amérique subit des froids rigoureux. —* **2.** *On distingue en France trois sous-climats principaux : 1° le climat océanique, de Dunkerque à Bayonne, doux, pluvieux, sans grands écarts de température ; 2° le climat méditerranéen, sec, très chaud en été, balayé par le vent ; 3° le climat continental, froid l'hiver, chaud l'été, aux vents violents d'est et du nord. —* **3.** *La France n'est séparée de la Belgique, puis de l'Allemagne, que par une frontière conventionnelle. Au contraire, le Jura avec la Suisse, les Alpes avec l'Italie, les Pyrénées avec l'Espagne forment presque partout une frontière imposée par la nature.*

---

**Exercices écrits ou oraux.** — Position de la France sur le Globe, par rapport au Pôle et à l'Equateur (1). — Caractère général du climat français : distinguer trois sous-climats principaux (2). — Frontières continentales de la France. — Tracer le croquis de la frontière de Dunkerque à Nice (3). = **Questions sur la carte et sur l'image :** Montrez sur la carte nos frontières naturelles et nos frontières artificielles. — Indiquez sur la carte les régions à la fois très froides en hiver, très chaudes en été. — Montrez les régions françaises où la moyenne des pluies est la plus élevée. — A quoi reconnaissez-vous dans l'image 3 une frontière artificielle ? dans l'image 5 une frontière naturelle ?

**1. Cartes des climats et des frontières.** — Quand on dit que la France est un pays tempéré, on fait abstraction des différences notables de climat dues à l'altitude des terrains, à la nature des roches, à la distance de la mer. — On peut presque dire qu'il y a dans notre pays de petites Sibéries et de petits Saharas. En tout cas, les Vosges montrent avec orgueil leurs sapins, et la Provence, ses palmiers.

**2. Frontière allemande dans les Vosges.** — Les Allemands vainqueurs nous ayant dicté la paix, ont tracé la frontière à leur avantage, sans égard pour les formes du relief; il a donc fallu la signaler par des poteaux indicateurs.

**3. Aspect de la frontière belge,** absolument artificielle.

**4. Condé,** dont le nom celtique signifie *confluent*, est une de ces villes du Nord bâties sur une rivière transformée en canal. Ici, la rivière est l'Escaut.

**5. Frontière franco-espagnole au-dessus de Luchon.** — Bien différente des frontières de la Belgique et de l'Allemagne, notre frontière pyrénéenne, ainsi que notre frontière alpestre, est presque partout infranchissable : pics ardus, crêtes aiguës, neiges, névés, glaciers, séparent ici les Français des Espagnols, et le climat tempéré du climat brûlant.

# LES ANCIENNES PROVINCES FRANÇAISES

**1. Les quatre-vingts peuples d'autrefois.** — Lors de l'intervention des Romains dans les destinées de la Gaule, ce pays, plus grand que la France d'aujourd'hui, comprenait environ 80 petites nations. Le plus grand nombre parlait des dialectes celtiques; d'autres, au sud-ouest, appartenaient aux Ibériens; d'autres encore, au sud-est et un peu au centre, se réclamaient du nom de Ligures. Ce qu'étaient réellement ces ancêtres, leurs origines, leur histoire, leurs langues : de tout cela, nous ne savons presque rien.

**2. Ils subsistent sous la domination romaine.** — Rome policia ces sauvages, elle leur donna sa langue, elle leur imposa ses collecteurs d'impôts, qui avaient la main lourde. Mais à part les exigences du fisc, elle ne semble pas les avoir tourmentés dans leurs idées, leurs traditions, leurs coutumes. Elle leur laissa leurs modestes autonomies de territoire, de peuplades, de clans; en un mot, leurs petites patries.

La persistance jusqu'au xx<sup>e</sup> siècle du nom de presque toutes ces nations n'est pas un fait indifférent. Si Paris rappelle sa peuplade, son antique tribu des *Parisii*, Tours ses vieux *Turones*, Poitiers ses *Pictavi*, Rodez ses *Ruthènes;* si *Tolosa* c'est Toulouse, si Lyon représente assez bien *Lugdunum*, et Bordeaux *Burdigala*, c'est que le passé revit plus ou moins dans le présent.

**3. L'œuvre de la féodalité.** — Après l'invasion des Barbares, l'ère féodale brouilla tout. Il y eut des milliers de seigneurs derrière des murs de dix à vingt pieds d'épaisseur : temps de prodigieuse anarchie. Mais peu à peu les plus forts, les plus rusés, les plus heureux devinrent des comtes, des marquis, des ducs, des rois.

A la longue surgit un royaume de France divisé en **provinces**, c'est-à-dire un amalgame de pays parfois très différents les uns des autres, courbés sous une même domination, royale, ducale ou comtale, le roi de Paris ayant d'ailleurs sur elles autorité souveraine.

Bourgogne, Bretagne, Normandie, Lorraine, etc. finirent par perdre leurs ducs; d'autres moindres « dominations », leurs comtes; le Roi de Paris hérita de tous ces lambeaux, qui continuèrent à vivre sous le nom de provinces avec un certain nombre de libertés, et de plus en plus gênés dans leur respiration normale par l'étroit justaucorps* de la centralisation.

**4. Vices de la division par provinces.** — A quel degré ces provinces étaient inégales, la comparaison de la Guyenne-Gascogne avec l'Aunis le montre : celle-ci, simple banlieue de La Rochelle, n'avait que 2.000 kilomètres carrés, le deux cent soixante-neuvième de la France; et celle-là 67.500, soit à peu près le huitième.

Et combien variées et même hostiles dans leurs parties composantes, les grandes provinces naturellement beaucoup plus que les menues! Ainsi la Guyenne-et-Gascogne réunissait des Causses oolithiques*, des Ségalas granitiques, des collines tertiaires*, de splendides vallées d'alluvions*, des landes si longues et larges qu'on désespère d'en voir jamais la fin. On y trouvait des Cévennes et des Pyrénées, des plateaux stériles comme le Lannemezan et des vergers et vignobles comme l'Entre-deux-Mers; et certes, l'homme du Rouergue n'y ressemblait guère à celui de l'Agenais; ni l'homme de Coutras ou de Blaye parlant le français du Nord au Périgourdin du Périgord Noir qui ne comprenait que son patois d'oc.

Cinq de ces provinces, Guyenne-et-Gascogne, Languedoc, Bretagne, Champagne, Normandie, avaient plus de 3 millions d'hectares; six, de 2 à 3 millions, Bourgogne, Lorraine, Provence, Orléanais, Dauphiné, Poitou; une douzaine n'atteignaient pas le million. On en comptait trente-trois.

Avec leurs disproportions, leurs enclaves, leurs diversités naturelles et administratives, les provinces, tout bien pesé, ne valaient guère; les départements ne valent pas mieux : la seule vraie division serait par pays naturels, mais il y en a des centaines : c'est trop.

---

*LEÇON A APPRENDRE. — 1-2. La Gaule, plus vaste que la France actuelle, comprenait, avant la conquête romaine, quatre-vingts peuples, en majorité de race celtique. Rome laissa leur autonomie à ces peuples, dont les noms ont subsisté jusqu'à nous, dans Paris, Tours, Toulouse, etc. — 3. Après la migration des peuples barbares venus de l'Est, le régime féodal morcela à nouveau la Gaule et il fallut de longs siècles au pouvoir royal pour reconstituer une France unie. Les anciens fiefs perdirent peu à peu leur quasi-indépendance et ne furent plus que des provinces, parties intégrantes du domaine royal. — 4. Avant 1789, les provinces, division militaire, ou les généralités, division administrative, étaient de grandeur très inégale : les plus étendues réunissaient des régions tout à fait disparates. C'étaient des divisions artificielles comme d'ailleurs les départements actuels : la division naturelle de la France serait la division en pays. Mais ces pays (Vexin, Beauce, Brie, etc.) correspondant à peu près à nos arrondissements, sont malheureusement beaucoup trop nombreux.*

---

**Exercices écrits ou oraux.** — Que savez-vous de la Gaule avant la conquête romaine (1)? sous la domination de Rome (2)? — Quel effet produisit le régime féodal (3)? — Quel rôle joua la royauté dans la constitution de l'unité territoriale de la France? — Comment avant 1789 la France était-elle divisée, au point de vue administratif? militaire (4)? — Difficulté d'une division rationnelle.

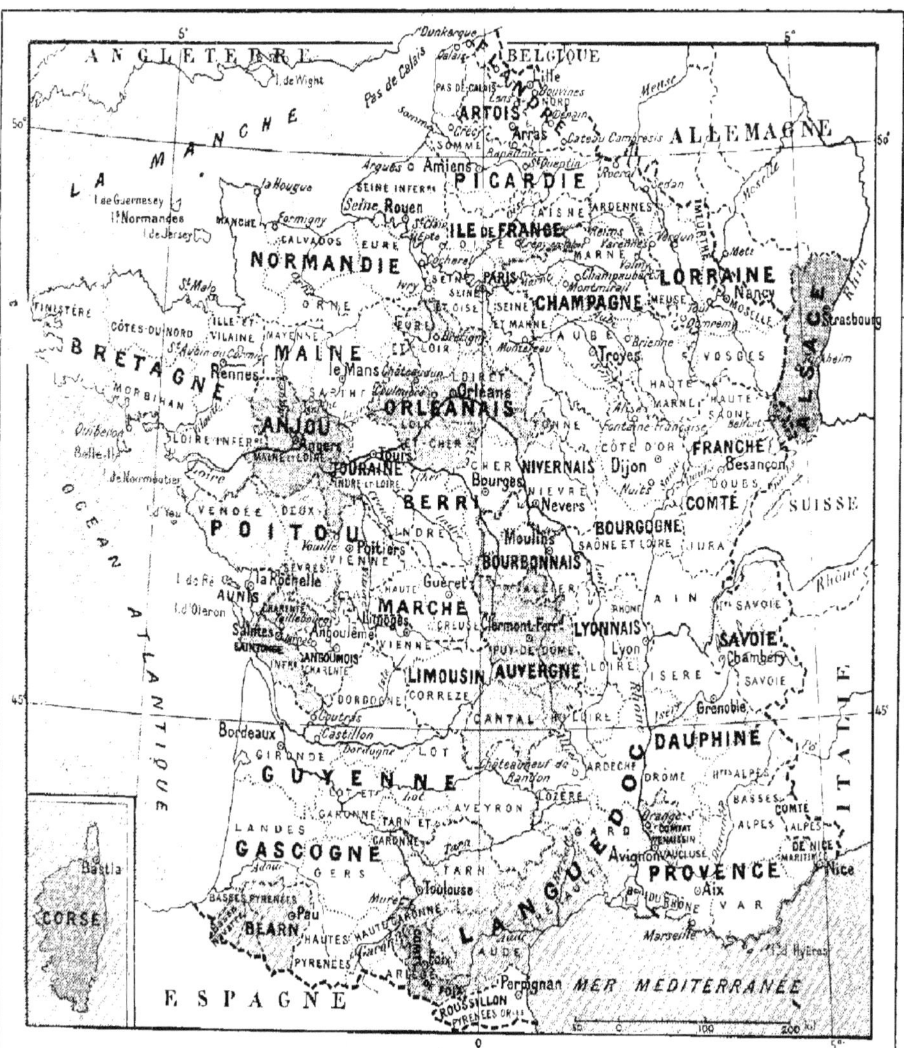


## CARTE DES ANCIENNES PROVINCES

**Questions sur la carte** (1). — Montrez sur la carte les provinces qui bordaient la mer de la Manche. Quels départements en ont été formés? — Montrez celles qui bordaient la frontière du Nord-Est en 1789; quelles provinces avons-nous perdues? — Montrez la plus grande province de l'ancienne monarchie française et dites les départements qui en ont été tirés. — Mêmes questions pour la plus petite province. — Indiquez sur la carte la première province possédée par les rois capétiens. Vous paraît-elle bien située? — Montrez les provinces qui tiraient leur nom d'une ville importante. Départements qu'elles ont formés. Indiquez sur la carte les provinces qui tiraient leur nom d'un nom de peuple; de leur aspect géographique.

1. Voy. p. 118 le tableau des départements formés par chaque province.

# DIVISIONS ADMINISTRATIVES

**1. Défauts des départements.** — Les départements succédèrent aux provinces en 1790; les voilà, donc plus que centenaires et il semble bien qu'ils sont caducs. Des territoires de 616.000 hectares — c'est la moyenne du département — avaient leur raison d'être il y a cent dix-neuf ans, quand on n'allait qu'en voiture, au pas plus qu'au trot du cheval, sur de mauvaises routes, là où des routes sillonnaient tant bien que mal le pays. A présent qu'on va d'un bout de la France à l'autre en un jour, que les messages la traversent en une minute et qu'on se parle amicalement de Paris à Marseille, ces départements sont d'une petitesse ridicule.

En dehors de cette exiguïté, leurs défauts sont grands : d'abord leur inégalité; le plus vaste, la Gironde, est vingt-deux à vingt-trois fois supérieur au plus petit, la Seine.

Faits de pièces et de morceaux, dans leurs dimensions restreintes, ils associent mal des régions inharmoniques entre elles, des versants opposés, des intérêts contraires.

**2. Inutilité des arrondissements.** — Le *préfet* qui gouverne un département a sous ses ordres les *sous-préfets* des **arrondissements**.

**3. Le canton.** — Le sous-préfet règne sur quelques-uns de nos **cantons** seulement. Le canton est un rouage judiciaire autant qu'administratif. A côté de ses fonctionnaires, son *juge de paix* a pour fonction de juger les différends, d'empêcher les procès.

**4. L'organisation judiciaire.** — Les litiges que le juge de paix tranche, les intérêts qu'il concilie sont malheureusement de bien petits intérêts et litiges. Il a au-dessus de lui les juges des *tribunaux de première instance*, justes aussi nombreux que les arrondissements. On les dit : de première instance parce que les plaideurs mécontents de leurs décisions peuvent reporter la cause devant les juges de la *Cour d'appel* dont dépend le tribunal qui les a condamnés. Ces cours d'appel sont interdépartementales, sauf celle de Bastia, qui ne répond qu'à la Corse; à l'autre extrême, celle de Paris a pouvoir sur sept départements. Si la partie condamnée en Cour d'appel croit à des vices de forme dans le jugement rendu, elle a le droit d'en appeler à la cour suprême, à la *Cour de cassation*, qui siège à Paris, et qui casse ou ne casse pas.

Tout cela ne concerne que les affaires; les crimes ne sont pas jugés par des professionnels; des *jurés* tirés au sort parmi les citoyens dits notables absolvent ou condamnent à la majorité des voix du *jury* départemental. Au cas où la conduite des débats a péché par l'omission ou le viol de quelque formalité, on en réfère à la Cour de cassation : celle-ci maintient la sentence ou renvoie l'accusé devant le jury d'un autre département.

**5. La commune.** — Au-dessous du canton, la **commune**, l'organisme le plus humble, est pourtant le plus vital; il représente l'élément primordial, la *cellule*.

Mais les Français ne l'ont pas compris ainsi; chez nous le poids des administrations hiérarchisées écrase la commune. Une ville comme Paris, d'ailleurs divisée en vingt arrondissements, en quatre-vingts quartiers, peut encore défendre ses droits, ses intérêts. Que peut faire pour vivre une communauté de 50, de 20, même de 4 hectares, de 100, de 50, de 25, même de 13 habitants, comme il en est un trop grand nombre?

Car la France est ainsi divisée : à côté d'une commune de près de trois millions d'âmes, de quatorze qui en ont plus de cent mille, nous en avons dont on fait le tour en quelques minutes et dont deux, trois maisons suffisent à tout le peuple.

Sur nos 36.000 communes et plus, 140 n'ont pas 50 habitants.

---

**LEÇON A APPRENDRE.** — 1. *En 1790, la Révolution remplaça les provinces par les départements. On compte actuellement 87 départements. Trop nombreux, arbitrairement découpés, ils associent parfois des régions opposées ayant des intérêts contraires.* — 2-3-4. *Le département est une* unité administrative : *il possède un budget, dressé par le Conseil Général, sous l'autorité du préfet. Le département est divisé en arrondissements, administrés par les sous-préfets assistés du Conseil d'Arrondissement : sous-préfets et conseils sans grande utilité, ne disposant d'aucun budget. L'arrondissement est partagé en cantons. Dans chaque canton, le juge de paix juge les petits litiges. Dans chaque arrondissement, il y a un tribunal de première instance. Les départements sont groupés pour former les ressorts de Cours d'appel. Les affaires criminelles sont jugées par le jury qui siège à la Cour d'Assises départementale. La Cour de cassation est le tribunal suprême, tant au civil qu'au criminel.* — 5. *La commune est la plus petite unité administrative. Gérée par un Conseil municipal qui élit son maire, elle a ses ressources, ses dépenses : un budget. La Commune, le Département, l'Etat sont, grâce aux budgets dont ils disposent, trois organismes essentiels.*

---

**Exercices écrits ou oraux.** — La division en départements, ses défauts (1) ? — Divisions administratives des départements : autorités y préposées (2-3). — L'organisation judiciaire : sa hiérarchie, à partir du juge de paix (4). — Le rôle de la commune dans l'organisation de l'Etat (5).

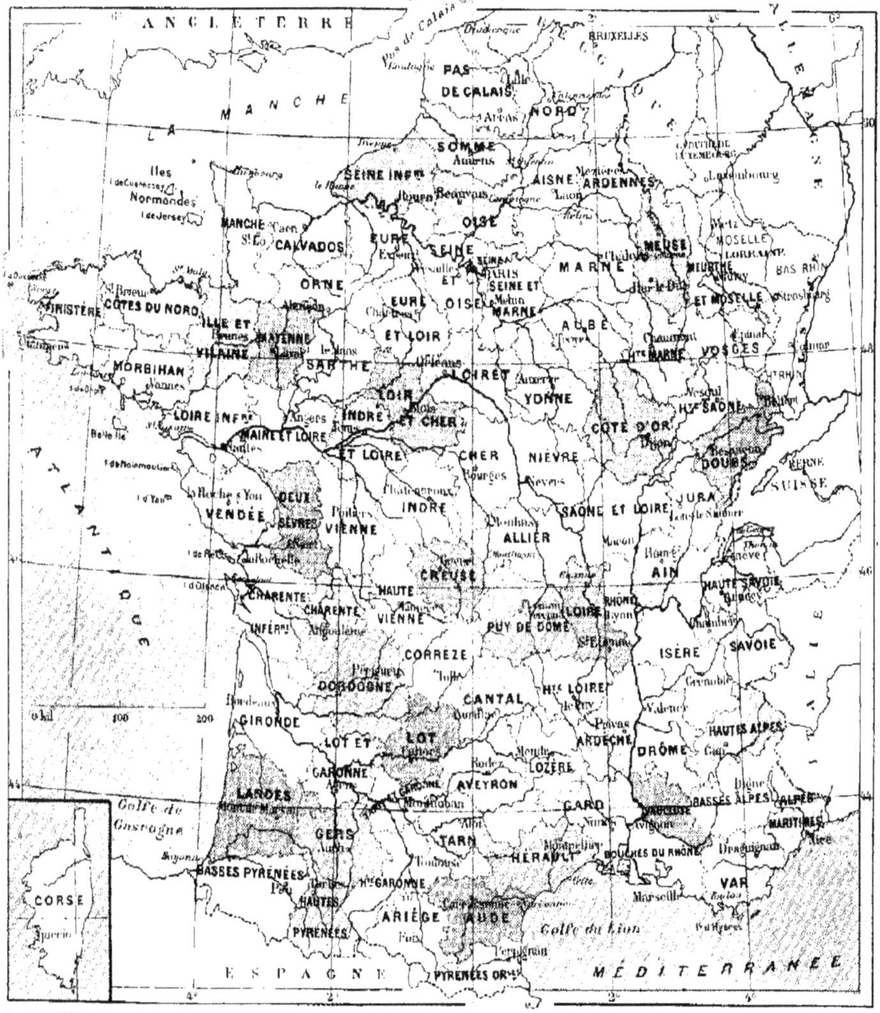

## 1. CARTE DES DÉPARTEMENTS. — 2. CARTE JUDICIAIRE.

**Questions sur les deux cartes.** — Quel est le plus petit département? le plus grand? Indiquez-les sur la carte. — Montrez les départements qui tirent leur nom : 1° d'une montagne; 2° d'une chaîne de montagnes. — Dire ce que signifie l'expression « haute » précédant un nom de rivière, par l'examen de la situation géographique des départements ainsi désignés. Même question pour le terme « inférieure » précédant un nom de fleuve. — Indiquez sur la carte les départements dont le nom est formé par celui de deux cours d'eau et justifiez leurs appellations. — Montrez sur la carte les départements bordant l'océan Atlantique, la Méditerranée, la Suisse, l'Espagne, etc... — Indiquez ceux traversés par nos quatre grands fleuves. — Indiquez sur la carte les cours d'appel qui ne siègent pas dans un chef-lieu de département.

# LE GOUVERNEMENT DE LA FRANCE

**1. Les anciens gouvernements.** — Voici la suite de nos gouvernements depuis l'aube de l'histoire : tout d'abord un chaos de tribus sauvages ; puis de nombreuses peuplades gauloises, ligures, ibériennes ou celtibériennes ; ensuite cinq cents ans d'empire romain, de paix romaine, de fusion romaine ; après quoi un brouillamini de seigneuries et principautés militaires, désordre d'un millier d'années d'où sortit, puissante, obéie, la suprématie des rois ; enfin, à partir de 1789, six changements à vue : la république, le premier empire, un regain de royauté, la seconde république, le second empire, la troisième république, née en 1870, donc âgée de trente-neuf ans.

**2. Le suffrage universel.** — En France, tout pouvoir procède du suffrage universel, qui n'est universel que de nom, puisque les femmes, les soldats ne votent pas.

**3. Députés.** — Le suffrage universel nomme, à la majorité d'au moins une voix : dans la commune, les *conseillers municipaux* ; dans le canton, les *conseillers d'arrondissement* et les *conseillers généraux* ; dans l'arrondissement, les **députés** : un par circonscription, deux si l'arrondissement a plus de cent mille âmes ; trois s'il en a plus de deux cent mille, et ainsi de suite. Voilà comment se recrute la Chambre des députés, qui sont près de 600 et siègent à Paris, au Palais-Bourbon.

**4. Sénateurs.** — Le Sénat, qui siège aussi à Paris, au Luxembourg, se recrute par le suffrage à deux degrés. Les **sénateurs** sont nommés par les délégués des conseils municipaux de tout le département, les conseillers d'arrondissement, les conseillers généraux et les députés.

**5. Les Chambres.** — La *Chambre des députés* et le *Sénat* votent les lois ; ils votent aussi tous les ans notre énorme budget de *quatre milliards.*

Les députés sont nommés pour quatre ans ; les sénateurs pour neuf ans, en trois séries rangées suivant l'ordre alphabétique, avec renouvellement d'une série tous les trois ans. Plus âgés en moyenne que les députés et censés expérimentés et prudents, les sénateurs doivent, théoriquement, retenir la Chambre sur les sentiers périlleux des expériences politiques, des innovations financières et des dépenses immodérées.

**6. Le Président de la République.** — La Chambre et le Sénat, réunis en Congrès, nomment le **Président de la République** pour sept ans.

Le Président signe les décrets qui, sans cela, n'auraient pas force de loi. Il a, comme jadis les rois, le droit de grâce ; il reçoit les monarques, les ambassadeurs ; il est chef officiel de l'armée et de la marine ; il est tenu de se montrer en toute grande cérémonie, en tant que premier magistrat de la République française.

**7. Valeur de la Constitution.** — Dans un pays aussi grand, aussi divers, aussi multiple que la France, il est presque impossible de concilier les contraires. Les intérêts régionaux luttent entre eux, et souvent contre l'intérêt général. Les betteraviers du Nord s'accommodent mal avec les vignerons du Midi, les céréaliers avec les herbagers, les paysans avec les ouvriers, les ruraux avec les urbains, Paris avec la province dont il absorbe la substance. Les cultivateurs sont *protectionnistes*, les négociants des grandes villes sont partisans du *libre-échange.*

Après bien des essais dans le monde entier, on a reconnu que les institutions valent ce que valent les hommes qui les appliquent : il faut donc avant tout préparer dès l'enfance l'intelligence, la virilité, la volonté des futurs citoyens. C'est la tâche de l'école.

---

**LEÇON A APPRENDRE.** — **1.** *La France a subi de nombreux gouvernements : après le morcellement gaulois, l'unité romaine, la hiérarchie féodale, la royauté qui fit l'union de la France. A la Révolution fut proclamée la République qui fut confisquée de 1804 à 1815 par l'Empire, de 1815 à 1848 par les Monarchies, de 1852 à 1870 par le second Empire.* — **2.** *Tout pouvoir dans la République vient du suffrage universel.* — **3.** *Sont nommés au suffrage universel dans les communes les conseils municipaux, dans les cantons les conseillers généraux et d'arrondissement, dans les circonscriptions d'arrondissement les Députés. La* Chambre des députés *compte environ six cents membres, élus pour quatre ans.* — **4.** *Le Sénat est nommé, pour neuf ans, par le suffrage à deux degrés, par les délégués des conseils municipaux unis aux députés, conseillers généraux et d'arrondissement.* — **5-6.** *Réunis en Congrès, le Sénat et la Chambre élisent pour sept ans le* Président de la République. *Le Président de la République est le chef du pouvoir exécutif qu'il exerce par l'intermédiaire des ministres responsables devant les Chambres.* — **7.** *La Constitution de 1875 qui nous régit, sans être parfaite, a déjà trente-quatre ans d'existence.*

---

**Exercices écrits ou oraux.** — Dites la série des gouvernements qui ont régi la France (1). — D'où procède tout pouvoir sous la République (2) ? — Quelles sont les assemblées nommées au suffrage universel (3) ? — Comment est élu le Sénat (4-5) ? — Qui nomme le Président de la République (6) ? — Ses pouvoirs (6). — La Constitution qui nous régit (7) (Petit devoir écrit : la Constitution de 1875). — **Questions sur l'image :** Que représentent l'image 2, l'image 3 ? Quelles ressemblances remarquez-vous dans les actes accomplis au Palais-Bourbon et au Luxembourg ? — Décrivez la scène que représente l'image 5. — Qui habite dans le lieu représenté par l'image 1, l'image 4 ? — Pourquoi faut-il garder le souvenir de Ledru-Rollin ?

**1. L'Élysée.** — Résidence du Président de la République. Les présidents de la République ont été : Thiers, Mac-Mahon, Jules Grévy, Sadi Carnot, Casimir Perier, Félix Faure, Loubet, Fallières.

**2. Palais du Sénat.** — Les sénateurs sont élus au suffrage restreint ; le Sénat exerce le pouvoir législatif conjointement avec la Chambre des députés.

**3. La Chambre des députés.** — Les députés sont élus par le suffrage universel. La Chambre exerce le pouvoir législatif conjointement avec le Sénat.

**4. Préfecture d'Annecy.** — Le préfet est le premier représentant du Gouvernement dans le département.

~~~~~~~~

**5.** Le suffrage universel existe en France depuis 1848. C'est surtout à Ledru-Rollin qu'on doit cette institution. — Pour être *électeur*, il suffit d'avoir vingt et un ans, de résider depuis six mois au moins dans la commune où l'on vote et de n'avoir pas été privé par jugement de ses droits civils et politiques.

Tout *député* doit être âgé de vingt-cinq ans au moins ; tout sénateur d'au moins quarante. — *Voter est un devoir civique.*

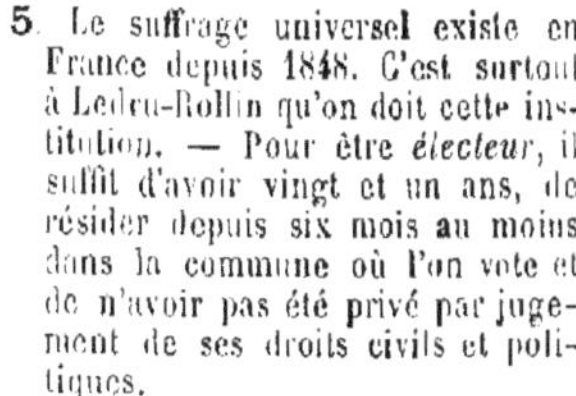

~~~~~~~~

# INSTRUCTION PUBLIQUE ET DÉFENSE NATIONALE

**1. L'instruction obligatoire.** — La loi décide que tous les enfants de France, garçons et filles, sont tenus de passer par l'école primaire. L'instruction est donc *obligatoire;* elle est *gratuite;* elle est *laïque,* sans aucun enseignement de religion.

L'obligation n'a pas triomphé partout de la nonchalance des parents, de l'intérêt qu'ils ont d'employer leurs enfants aux petits travaux. Certains départements, notamment en Bretagne, en Limousin, en Guyenne, comprennent encore nombre de gens ne sachant ni lire, ni écrire. C'est dans l'Est, en Savoie, en Franche-Comté qu'il y a le moins de ces ignorants.

**2. Nombre des élèves des écoles primaires.** — En 1829 on ne comptait encore que 1.358.000 enfants sur les bancs de l'école. Grâce à des ministres tels que Guizot, Duruy, l'on en relevait déjà plus de 3.500.000 en 1847, plus de 4.500.000 en 1886; aujourd'hui l'on arrive à 5.500.000.

Maintenant la moindre commune a son école. Tous les petits Français ont donc à côté d'eux la bienveillante demeure où ils pourront bénéficier de l'*enseignement primaire :* lire, écrire, compter, connaître un peu son pays et comprendre, au premier coup d'œil jeté sur la carte, que, si puissant et si beau soit-il, ce pays n'est qu'un menu fragment du monde.

**3. L'instruction publique.** — Ce minimum de science est enseigné aux enfants par des instituteurs sortis des *écoles normales* dont chaque département a la sienne.

Au-dessus des écoles primaires, il y a les collèges communaux, les lycées de l'Etat, tout l'appareil de l'*instruction secondaire* à laquelle participent plus de cent mille élèves, sous la direction de professeurs *agrégés,* ou tout au moins *licenciés.*

Plus haut encore, 30.000 étudiants, dont plus de 12.000 à Paris, reçoivent l'*enseignement supérieur* dans des *facultés :* sciences, lettres, droit, médecine et pharmacie, ainsi qu'à la Sorbonne, au Collège de France, et aux grandes écoles : Normale, Centrale, des Hautes-Etudes, etc.

16 recteurs, à la tête des 16 universités, occupent le sommet de la hiérarchie universitaire.

**4. L'armée.** — Si tous les petits Français doivent passer par l'école, tous les adultes doivent passer par le régiment. Tout homme âgé de vingt ans devient soldat pour deux années, dans l'infanterie ou la cavalerie, l'artillerie, le génie, le train des équipages, les services auxiliaires. Le moyen le plus prompt d'arriver aux grades élevés, c'est d'entrer dans les écoles militaires : Polytechnique, Saint-Cyr, Saint-Maixent.

Il y a dix-neuf corps d'armée, y compris l'Algérie et la Tunisie qui forment le dix-neuvième corps: ici, une partie de la troupe, turcos, spahis, méharistes, se compose d'indigènes; et la légion étrangère est faite d'Alsaciens-Lorrains, d'Allemands, Belges, Suisses, Italiens, Espagnols, etc.

L'infanterie coloniale sert dans les colonies, à Madagascar, en Indo-Chine, un peu partout. — En tout, l'armée française comprend près de 600.000 hommes astreints à deux ans de service.

**5. La marine.** — La marine, jadis la seconde du monde, après l'anglaise, est en train de perdre ce second rang, d'autres nations armant plus que nous. Les officiers, enseignes, lieutenants, capitaines, amiraux, ont passé par l'Ecole navale de Brest ou l'Ecole polytechnique. Il y a cinq ports militaires : Cherbourg, Brest, Lorient, Rochefort, Toulon. En cas de guerre, nous disposerions de 500 bâtiments et de 44.000 marins.

---

**LEÇON A APPRENDRE.** — *1-2. L'instruction primaire en France est obligatoire, laïque et gratuite : c'est la loi, depuis 1882. S'il y a encore des illettrés, c'est que l'obligation scolaire n'est pas partout respectée, car la République, parachevant l'œuvre de Guizot et de Duruy, a donné son école à toute commune. — 3. Dans les écoles primaires enseignent les instituteurs formés par les écoles normales. L'instruction secondaire est donnée, tant aux garçons qu'aux filles, dans les lycées et les collèges. L'enseignement supérieur est répandu par les Universités. L'administration de l'Instruction publique, sous l'autorité du Ministre, est confiée à seize Recteurs d'Académie. — 4. Tout Français doit à la patrie, pour apprendre à la défendre, deux années de service militaire. L'armée, commandée par des officiers instruits dans des écoles spéciales, est divisée en dix-neuf corps ; le dix-neuvième réside en Algérie et l'armée coloniale aux colonies et dans les ports militaires. — 5. La marine de guerre, la seconde après l'anglaise, menace de perdre son rang. Il y a cinq ports militaires : Cherbourg, Brest, Lorient, Rochefort et Toulon, sans compter Bizerte.*

---

**Exercices écrits ou oraux.** - Quel est le régime légal de l'instruction primaire en France ? — Les fondateurs de cette instruction primaire (1-2) ? — Les différents organes de l'instruction publique (3) ? — Quelles sont les obligations militaires de tous les citoyens français (4) ? l'organisation de l'armée de terre et de la marine de guerre (4-5). = **Questions sur la carte et sur l'image :** Quelles sont les régions où l'instruction est le plus répandue ? celles qui renferment le plus d'illettrés ? Montrez-les sur la carte. — Montrez sur la carte les principales places fortes. — Quelle est la frontière qui renferme le plus grand nombre de places fortes, celle qui en comprend le moins? Pourquoi ? — Indiquez sur la carte les villes où l'on peut rencontrer des soldats de l'infanterie coloniale. — Sous quels régimes Guizot et Duruy ont-ils développé l'instruction?

GUIZOT
(1787-1874)

VICTOR DURUY
(1811-1894)

JULES SIMON
(1814-1896)

Tous trois contribuèrent au développement de l'enseignement primaire.

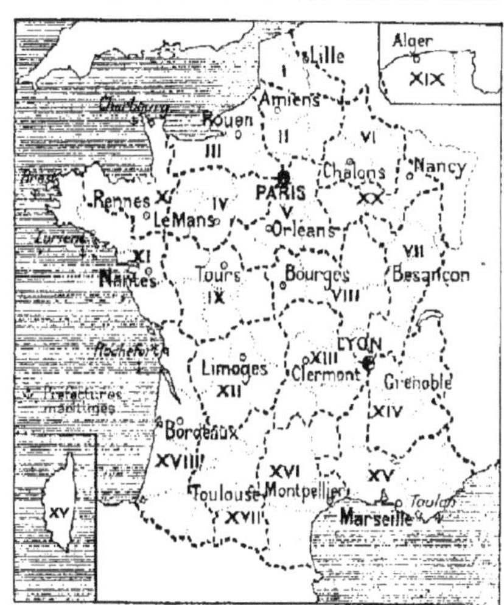

CARTE MILITAIRE

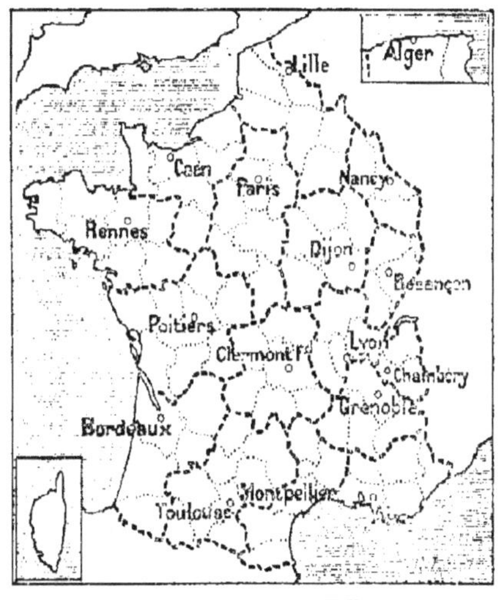

CARTE UNIVERSITAIRE

C'est à ces deux
ministres républicains
que nous devons
l'organisation
de l'école communale
gratuite, obligatoire
et laïque.

PAUL BERT
(1833-1886)

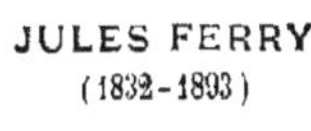

JULES FERRY
(1832-1893)

# LA GÉOLOGIE FRANÇAISE

**1. Variété des terrains de la France.** — La France tient un rang très élevé comme pays agricole. C'est une contrée où il y a plus de ruraux que de bûcherons, de pêcheurs et marins, de mineurs, de métallurgistes, d'industriels. Sa supériorité en cela lui vient de l'étonnante variété de ses terrains.

Elle possède à peu près toute la série des formations géologiques, jusqu'aux plus neuves, et, parmi ces formations, elle dispose des terrains les plus naturellement féconds sous des cieux dispensant libéralement la chaleur et les pluies.

**2. Roches anciennes, terres médiocres.** — Les roches qui se cristallisèrent les premières, celles qui, plus tard, sortirent par éruption du sein de la Terre, *gneiss**, *schistes cristallins**, *granits**, *porphyres**, constituent le Plateau Central, Morvan compris. Il n'y a qu'elles des sources de la Charente à la rive droite du Rhône en aval de Lyon, et des terrasses d'Avallon aux Cévennes d'où l'on voit la Méditerranée. Elles composent aussi pour une bonne part le pays d'entre Alençon et Brest, d'entre Cherbourg et les Sables-d'Olonne, en Normandie, en Bretagne, en Poitou; et les Hautes Vosges; et des Alpes telles que le Mont-Blanc; et la masse des Pyrénées; et la Corse.

Nous avons en elles nos sols les plus ingrats, caractérisés par la dureté, l'imperméabilité, l'absence des grandes fontaines, l'instabilité des rivières, l'incapacité de récolter du froment en abondance. Là où les moissons réjouissent le laboureur, c'est en Auvergne, en Languedoc, dans les régions que la poussée de l'intérieur à l'extérieur a revêtues de laves : les basaltes* et autres substances volcaniques se décomposent aisément, et forment une terre chaude et féconde.

En Armorique, dans les Ardennes, ailleurs encore, les vieux schistes* sont des terres de peu de libéralité.

**3. Le Grand 8, vallées quaternaires.** — Heureusement, nous avons, et plus vastes dans leur ensemble que les *roches anciennes,* des terrains de choix : des *oolithes**, des *craies**, la plupart des *dépôts tertiaires**, les *vallées quaternaires**, les *dépôts marins* qui sous nos yeux accroissent lentement l'étendue de la France.

Les oolithes, les craies, roches qui absorbent le soleil et qui boivent la pluie, décrivent chez nous une sorte de 8. Périgord, Quercy, Grands Causses, Bas-Languedoc, Alpes Occidentales, Jura, Plateau de Langres, Bourgogne, Nivernais, Berry, Poitou, c'est-à-dire la boucle d'en bas, entourent le Massif Central. Bourgogne, Champagne, Artois, Picardie, Pays de Caux, « Campagnes » ou Champagnes normandes, mancelles, angevines, tourangelles, c'est-à-dire la boucle d'en haut, enveloppent les plaines tertiaires du bassin de Paris : Valois, Brie, Beauce, Gâtinais, Sologne. Beauce et Sologne, ces deux noms exposent à eux seuls que les plaines tertiaires sont ou favorables ou défavorables à la culture intensive.

Restent les dépôts fluviaux, lacustres, marins, les admirables vallées dont nous avons profusion : le Val de Seine, le Val de Loire, les Vaux d'Anjou, les Vaux d'Aquitaine sur Garonne, Tarn, Lot, Dordogne, la plaine de Bigorre, celle du Toulousain, le Bas-Roussillon, le pied méridional des Cévennes, la vallée du Rhône, la plaine de la Basse-Bourgogne aux deux rives de la Saône; et d'autres moindres.

A ces campagnes magnifiques, à son *Grand 8,* la France doit d'être un pays agricole d'une rare fortune, apte à toutes les récoltes de la zone tempérée. A ses roches antiques, notamment à son puissant Massif Central, elle devra quelque jour d'être, en son milieu, une forêt « sans bornes » avec clairières, prés, bois et gazons.

---

**LEÇON A APPRENDRE.** — **1.** *La France est avant tout un pays agricole. Elle doit la prospérité de son agriculture à l'excellence et à la diversité de ses terrains.* — **2.** *Les terrains primitifs, granits, schistes, etc., constituent le Plateau Central avec le Morvan, le Massif Armoricain de Cherbourg au Poitou, une partie des Vosges, des Alpes, des Pyrénées et de la Corse. Ce sont des sols imperméables, peu fertiles, sauf aux endroits recouverts par les éruptions volcaniques : sous l'influence du temps, les laves forment une terre féconde.* — **3.** *Les oolithes et les craies, de formation secondaire, dessinent une sorte de 8 immense, dont la boucle inférieure enserre le Massif Central, la boucle supérieure étant remplie par les plaines tertiaires du Bassin parisien. La plaine de la Garonne est aussi de l'époque tertiaire. Avec les dépôts fluviaux ou marins de l'époque plus récente, ces terrains sédimentaires constituent la fortune agricole de la France.*

---

**Exercices écrits ou oraux.** — D'où vient la richesse agricole de la France (1) ? — Dites les principales régions constituées par les terrains primitifs ? — Comment les éruptions volcaniques ont-elles transformé la valeur agricole du sol (2) ? — Comment se répartissent les terrains secondaires autour du Massif Central ? — Dites les deux grands bassins tertiaires ? — Quelle nature de terrain constitue les vallées (3) ? — Tracer un croquis sommaire de la France géologique. ==

**Questions sur la carte et sur l'image :** Montrez sur la carte le 8 formé par les terrains perméables. — Quelles sont les régions qui renferment en France des terrains imperméables? Les montrer. — Indiquez les parties formées par les alluvions des fleuves. — Pourquoi les laves de Bort ont-elles reçu le nom d'orgues ? — Justifiez par un examen de l'image 4 les appellations de cirque et d'oule. — Pourquoi a-t-on pu croire que les rochers de Plougastel-Daoulas étaient ternes, tristes et sévères?

### 1. France géologique.

On a dit que la France résumait le monde tempéré. La chose est vraie quant aux climats; elle ne l'est pas moins comme natures du sol. Ses roches, son relief, ses quatre mers expliquent toute son histoire.

### 2. Les orgues de Bort.

Ces orgues, c'est-à-dire ces colonnades basaltiques, appartiennent au Limousin par un caprice administratif, mais c'est un grand volcan auvergnat, le Cantal, qui les a vomies. La *Dordogne*, que leur fronton domine de 120 mètres, les a séparées de l'Auvergne.

❧

### 3. Rochers de Plougastel-Daoulas.

— Ces roches avoisinent la rade de Brest, l'un des plus grands rentrants de la mer dans le continent de France. — Comme toutes les roches du vieux pays de Bretagne, elles sont ternes, tristes et sévères.

❧

### 4. Cirque de Gavarnie.

— Creusé dans des roches tendres, au milieu d'un massif calcaire commandé par le *Mont-Perdu* (Espagne), le cirque de Gavarnie est l'*oule* la plus grandiose des Pyrénées françaises. — Le *Gave de Pau*, né de glaciers, à la corniche même du Cirque, en tombe par une cascade de 450 mètres. — Les Pyrénéens nomment leurs formidables cirques, des *oules*, c'est-à-dire des marmites.

# CULTURES FRANÇAISES

**1. Blé, vin.** — Le soleil provençal ne suffit pas à mûrir les dattes des beaux palmiers de la Côte d'Azur. De cet arbre algérien aux mousses polaires, qui grelottent dans la région des neiges sur nos plus hautes montagnes, la France produit toutes les plantes de la zone tempérée et de la zone froide.

Nos deux grands produits agricoles se nomment le blé et le vin. A côté du blé se placent les autres céréales. La récolte du blé varie suivant les années entre 100 et 130 millions d'hectolitres; rare fortune pour le paysan, quand ce plus nécessaire des aliments se vend au-dessus de 20, 25 francs l'hectolitre; rare misère quand il se vend aux environs de 15. Le vignoble donne annuellement 40, 50, 60 millions d'hectolitres, et il en a produit jusqu'à 80 millions : c'était l'opulence quand l'hectolitre valait 30 et 40 francs; c'est la pauvreté depuis qu'il ne vaut que 15, 10, moins encore.

**2. Le Nord.** — Le Nord de la France, sous son climat océanique, humide, frais, allie heureusement l'industrie à la culture. Il moissonne beaucoup de blé, il produit des plantes industrielles, il travaille en grand la betterave. La plantureuse Normandie est la mère des beaux chevaux dans les beaux herbages, la terre du lait, du beurre, des œufs; le pommier à cidre y est roi.

**3. Le Nord-Ouest.** — Le Nord-Ouest, sous son doux mais très brumeux et très mouillé climat breton, ne travaille encore qu'une partie de son domaine, les landes y occupent toujours de vastes étendues. Il se nourrit surtout de blé noir ou sarrasin, il presse la pomme et boit du cidre.

**4. L'Ouest.** — L'Ouest presse la vendange et boit du vin; il élève de beau bétail, il est suffisamment céréalier et fruitier, les arbres viennent à souhait sous le ciel pluvieux, qui peu à peu passe de la mélancolie armoricaine à la gaîté gasconne et béarnaise.

**5. Le Sud-Ouest.** — Le Sud-Ouest a son très riche bassin de Bordeaux, sa plantureuse Aquitaine; son énorme vignoble des Charentes et son eau-de-vie, la plus chère qu'il y ait au monde; ses vins du Médoc et autres lieux justement célèbres; ses vergers superbes; ses prunes d'Agen; sa truffe, qui maintenant se cultive; son maïs; et, dans sa région déshéritée en apparence, dans les Landes, sa résine qui est une grande richesse.

**6. Le Midi.** — Le Sud n'a pas d'unité comme climat, comme produits; tout au long des Pyrénées jusque vers Carcassonne, il est, sous ce rapport, Sud-Ouest tout simplement. A l'est de Carcassonne, dès qu'apparaît l'olivier, il est Sud-Est avec tous les caractères méditerranéens, soleil éclatant, sécheresse de l'air, violence du mistral. Orangers, citronniers, oliviers, des fruits, des amandes, des huiles, des plantes odoriférantes, des essences, la vigne, toute-puissante, et en nombre de lieux exclusive de toute autre culture, par exemple dans la plaine du Bas-Languedoc : voilà comment ces beaux pays contribuent à la fortune de la France. La Corse fait naturellement partie de cette zone de productions.

**7. L'Est.** — Là où l'olivier cesse en remontant le Rhône, on se trouve jusqu'à Lyon dans une région indécise entre le Midi, le Centre et l'Est. En amont de Lyon jusqu'au relief des Ardennes, on est dans l'Est, zone continentale, rude sur ses plateaux, ses monts, et qui mêle à ses cultures beaucoup de pâtures et surtout de forêts.

**8. Le Centre.** — Enfin, entre ces zones de pourtour, le Centre est pauvre, en dehors de sa Limagne et de quelques amples vallées. Ses terrains, son climat, très dur dans les « hauts », s'accommodent bien à l'excellence des herbes, à la belle venue des bois; il y croît plus de seigle que de blé et des centaines de milliers d'hommes y vivent de châtaignes.

---

**LEÇON A APPRENDRE.** — 1. *La diversité des cultures est très grande en France : les deux plus répandues sont le blé et la vigne. Notre pays produit annuellement de 100 à 130 millions d'hectolitres de blé et de 40 à 60 millions d'hectolitres de vin.* — 2. *Le Nord, sous son ciel humide et froid, pratique industriellement la culture du blé et de la betterave sucrière. La Normandie est le pays des herbages et des pommes à cidre.* — 3. *Le Nord-Ouest breton se nourrit en partie de sarrasin.* — 4. *L'Ouest pluvieux et doux fait du vin, des fruits et du bétail.* - 5. *Au Sud-Ouest, on trouve : l'eau-de-vie des Charentes, le vignoble du Médoc, la résine des Landes, les riches cultures de la vallée garonnaise.* — 6. *Le Sud-Est méditerranéen produit l'huile de l'olivier. Le Bas-Languedoc est le domaine exclusif de la vigne : il donne plus du quart de la production du vin français.* — 7. *La vallée du Rhône relie les cultures du Midi à celles du Centre et de l'Est. Au delà de Lyon, vers l'Est, abondent pâtures et forêts.* — 8. *Enfin au Centre, les régions granitiques restent pauvres, à côté des gras herbages des vallées volcaniques, enrichies par les fromages de leurs vaches laitières.*

---

**Exercices écrits ou oraux.** — L'agriculture est-elle variée en France (1)? — Quelles sont les deux principales cultures (1)? — Énumérez les différentes régions agricoles avec leurs productions, en les expliquant par le climat et la nature du sol (2-3-4-5-6-7-8). — Devoir écrit : les productions agricoles de la France par régions. = **Questions sur la carte et sur l'image :** Indiquez sur la carte les régions françaises productrices de blé, de vin, riches en pâturages. — Montrez celles où l'on élève le cheval, le bœuf, en indiquant l'utilité des différentes espèces produites. — Trouvez sur la carte les régions qui fournissent du tabac. — Suivez la limite de la culture de la vigne et dites ensuite les provinces qui consomment du cidre, de la bière. — Quelles sont les productions communes aux pays montagneux? — Quels animaux y vivent? — Décrire la vendange d'après l'image 2.

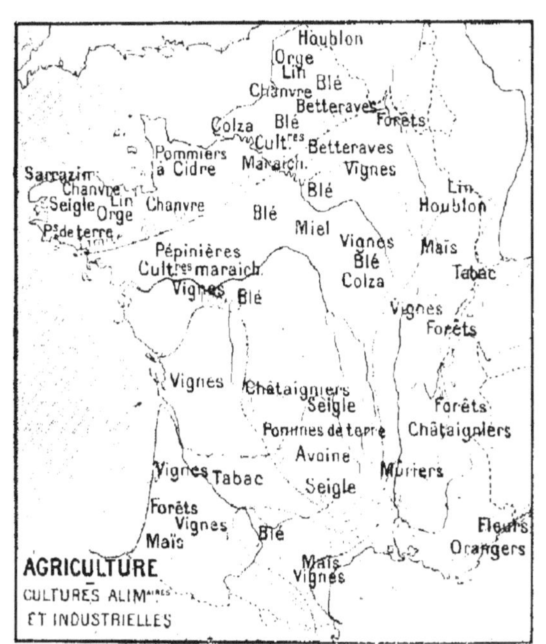



## 1. Cartes agricoles de la France.

Les produits de la zone tempérée fraîche occupent en France un espace infiniment supérieur à celui que réclament les productions agricoles de la zone tempérée chaude : une partie du Roussillon, du Bas-Languedoc, le Comtat, la Provence, la Corse, à cela se borne chez nous le domaine des plantes véritablement méridionales.

En général, le Nord donne surtout des grains et des herbes; les forêts dominent dans l'Est, et l'Ouest possède toutes les cultures françaises, moins l'olivier et l'oranger.

De toutes nos plantes, c'est la vigne qui occupe actuellement le plus grand domaine, dix-sept à dix-huit cent mille hectares. Aux milliers d'hectares occupés par les céréales, les vignes, les plantes industrielles, le pâturage oppose d'autres milliers. Il en occupe même trop, car beaucoup de plateaux et de coteaux qui ne donnent que de mauvaises herbes, seraient bien plus utiles à la communauté si l'on y replantait les forêts disparues.

**2. La Vendange.** — Les vignes dont on tire le plus de vin sont celles du Bas-Languedoc, mais les vins les plus réputés proviennent du Bordelais et de la Bourgogne.

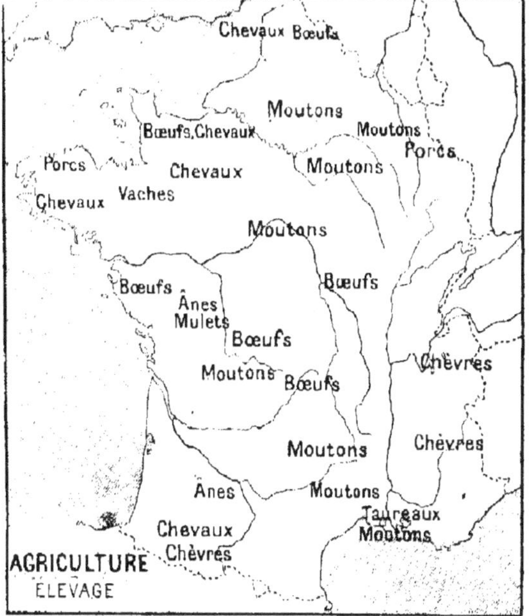

# PRODUCTIONS DU SOUS-SOL FRANÇAIS

**1. Infériorité de la France en tant que sous-sol.** — Le sous-sol de la France ne vaut pas son sol. Au premier rang pour la fertilité des terres, notre pays cache beaucoup moins de trésors souterrains que maintes régions d'Europe, notamment que trois contrées de son voisinage, l'Espagne, l'Angleterre, l'Allemagne.

L'Espagne fut la Californie, le Mexique, le Pérou du monde ancien. Les conquérants se la disputaient pour ses mines; encore aujourd'hui nulle région d'Europe ne peut se comparer à elle pour l'argent, le cuivre, le plomb, le mercure. L'Angleterre a fondé sa suprématie sur le fer et la houille : plus petite que la France, elle extrait trois fois plus de fer que nous et sept fois plus de charbon. Les Allemands tirent de leur sol, à peu près égal au nôtre en grandeur, trois fois plus de fer, quatre fois plus de houille.

**2. Or, argent.** — Il y a de l'or en France (mais à quelles profondeurs?), puisque parmi nos roches nous possédons à profusion les quartz* qui enveloppent les gangues du métal précieux. Mais les orpailleurs de quelques-uns de nos torrents des Cévennes, des Pyrénées, en recueillent très peu.

De l'argent nous ne manquons pas non plus; la France en produit annuellement de 14 à 15 tonnes, soit pour 2 millions de francs : c'est 75 fois moins que le Mexique ou les États-Unis.

**3. Fer, houille.** — Le fer se trouve un peu partout dans notre domaine. Avant 1860, nos rivières lavaient assidûment des minerais; une foule de forges, dites à la catalane, fondaient au feu de bois un métal excellent. Aujourd'hui la fonte, la forge se concentrent à proximité de la houille, dont nous extrayons annuellement de 30 à 35 millions de tonnes.

Le principal bassin houiller français est celui du Nord, qui s'étend chez nous sur une soixantaine de milliers d'hectares, dans les départements du Pas-de-Calais et du Nord, de Béthune à la frontière de la Belgique. Là il se prolonge jusqu'au delà de Liège. Viennent ensuite, dans les monts, coteaux et plateaux du Centre et du Sud, ceux de Saint-Étienne, du Creusot, de Montluçon, d'Alais et de Graissessac; ceux de Carmaux, de Decazeville dans le Sud-Ouest.

**4. Forces hydrauliques.** — L'infériorité « houillère » de la France est à la veille d'être amplement rachetée par sa supériorité « électrique ». La force développée par les chutes d'eau va nous élever industriellement fort au-dessus de l'Angleterre, de l'Allemagne, de l'Espagne. L'Angleterre a moins de hauts monts, donc moins de pente que la France; l'Allemagne, moins de pente et moins d'eau, sous un climat de moins de pluie; l'Espagne, plus de pente, mais beaucoup moins d'eau courante. France, Suisse, Autriche, Carpathes, presqu'île des Balkans, Italie septentrionale, voilà les contrées qui devront quelque jour beaucoup plus à leurs rivières que d'autres pays ne doivent aujourd'hui à leurs mines de houille.

**5. Carrières.** — Comme carrières nous n'avons rien à envier aux autres nations. Le bassin de Paris, le pays d'Angoulême et d'autres donnent de splendide pierre à bâtir, et les granits* ne nous manquent pas pour élever des murs durables; les schistes* ardennais, angevins, bretons, cévenols sont inépuisables; le Limousin fournit, autour de Saint-Yrieix, la matière des porcelaines de Limoges.

**6. Sel et sources thermales.** — Au sel marin de Bretagne, Poitou, Saintonge, Languedoc, Provence, s'ajoutent d'abondantes sources salées, et les mines de *sel gemme* du pays qui en a reçu le nom de Saunois. Enfin nous sommes admirablement pourvus de sources thermales.

---

**LEÇON A APPRENDRE. — 1.** *Le sous-sol de la France ne vaut pas son sol. Notre pays n'a pas le cuivre de l'Espagne, ni en égale quantité le fer et la houille dont abondent Anglais et Allemands. —* **2-3.** *La France produit un peu d'or et d'argent : sa principale richesse minérale, outre le fer, est constituée par la houille dont on extrait annuellement de 30 à 35 millions de tonnes. Les bassins houillers français sont d'abord le bassin du Nord, qui s'étend sur 60.000 hectares du Pas-de-Calais et du Nord : Lens est le principal centre d'extraction. Ensuite viennent les bassins de Saint-Étienne, du Creusot, de Montluçon, d'Alais, de Carmaux et de Decazeville. —* **4.** *La France rachète son infériorité houillère par l'abondance de ses forces hydrauliques. Les chutes d'eau y sont très nombreuses : elles donnent ou donneront à l'industrie une force électrique inépuisable. —* **5-6.** *La France est très riche en carrières : de pierre à bâtir dans le bassin de Paris, de granit en Bretagne et dans les Vosges. Ses côtes produisent du sel marin et ses mines du sel gemme. Elle possède les plus fréquentées des sources thermales : Vichy et Aix-les-Bains.*

---

**Exercices écrits ou oraux.** — Du sous-sol de la France qu'extrait-on le plus (1-2)? — Dites les principaux bassins houillers (3). — Qu'appelle-t-on forces hydrauliques? La France est-elle riche (4)? — Citer les carrières, les mines de sel gemme, les sources thermales (5-6). — Tracer le croquis de la France avec ses gisements miniers. = **Questions sur la carte et sur l'image :** Indiquez sur la carte nos principaux bassins houillers français. — Pouvez-vous, en ce qui concerne ceux du Massif Central, faire une remarque sur leur disposition? — Montrez les régions françaises fournissant du fer. — Indiquez une région où les matériaux de construction sont particulièrement abondants. — Quelles différences et quelles ressemblances observez-vous entre les images 2 et 4? — Que représente l'image 5? — Pourquoi appelle-t-on l'eau du torrent « houille blanche »?

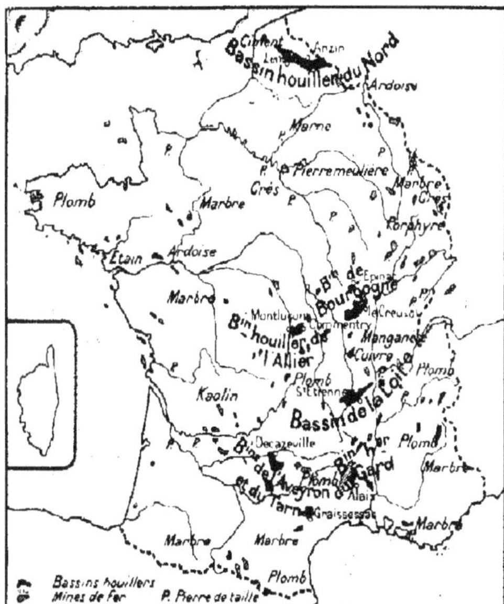

## 1. Carte des mines et carrières.

A la seule inspection de la carte, on voit du premier coup d'œil que le Nord-Ouest et l'Ouest n'ont que faible part à l'exploitation de la houille, qui est, jusqu'à ce jour, l'élément le plus précieux des richesses du sous-sol. Par fortune, les pays de la *houille noire* seront remplacés avant peu par les pays de la *houille blanche*. Cependant, les contrées classiques de cette houille blanche (Alpes, Pyrénées, Jura, Vosges) sont très pauvres en charbon de terre.

**2. A l'intérieur d'une mine de houille.** — Les mines à ciel ouvert demandent à l'ouvrier moins d'efforts que les mines en profondeur. Dans les mines de houille, le mineur travaille à demi nu, dans une atmosphère lourde, chaude, souvent dangereuse.

**3. L'industrie de la porcelaine et de la faïence.**

Elle est fort intéressante en ce sens qu'elle est à la fois artistique et minutieuse (Limoges, Sèvres, Gien, Rouen, Quimper, etc.).

**4. Carrière de Cesancey (Franche-Comté).** — Il est peu de pays qui n'aient leurs carrières : ici, du *granit*, du *porphyre*; là, du *calcaire*, des *craies*, etc. — Une des supériorités de Paris, c'est d'avoir dans ses environs d'admirables assises d'une pierre à la fois facilement ouvrable et durablement monumentale.

**5. La houille blanche** (cascade pyrénéenne). — Vu leur altitude, vu l'étendue de leurs névés et de leurs glaces, ce sont les Alpes qui nous fournissent le plus de houille blanche; ensuite ce sera la chaîne des Pyrénées; après quoi viendront le Massif Central et le Jura.

# L'INDUSTRIE FRANÇAISE

**1. L'industrie d'autrefois et l'industrie moderne.** — Avant que s'ouvrît l'ère de la grande industrie, qui coïncide plus ou moins avec celle des chemins de fer, la France était déjà un pays très industriel en ce sens que chaque ville y avait ses petites fabriques de drap, de serge, de droguet, ses tanneries, ses ferronneries ; partout les moindres ruisseaux faisaient tourner les meules à farine, et sur les collines viraient les ailes des moulins à vent.

La grande industrie naquit dès que commença la marche à la centralisation par la diminution des distances, devenue aujourd'hui suppression pure et simple grâce au télégraphe et au téléphone. D'ailleurs, chaque jour, les inventions de la science, le perfectionnement des machines font qu'avec moins d'ouvriers on produit davantage au prix de moins d'argent.

**2. Transformation des matières minérales.** — Comme on l'a dit précédemment, les industries du fer se sont groupées autour des puits de houille : dans le bassin du Nord, aux pays de Lille, Anzin, Maubeuge ; à Imphy, Guérigny, Fourchambault, dans le Nivernais où elles usent à la fois du charbon de terre et du bois des forêts ; à Saint-Étienne, au Creusot, dans les régions d'Alais, de Decazeville.

Matières brutes, arrachées des entrailles de la terre, la *glaise* informe et le *kaolin** sont l'âme d'une industrie très vivante ; l'*argile** se cuit dans des tuileries, dont quelques-unes très puissantes — telles celles de Montchanin et de Roumazières. Nevers, Gien, etc., ont leurs faïenceries ; Limoges et Sèvres leurs porcelaines.

Le sable, extrait principalement du pays de Fontainebleau, se transforme en verre à Anzin, en glaces à Saint-Gobain, en cristallerie à Baccarat.

**3. Industries textiles.** — Avec des fibres textiles venant un peu de la France (chanvre et lin), beaucoup de l'étranger — le coton surtout — nous fabriquons pour un milliard d'étoffes par an, dont 600 millions de cotonnades et près de 400 millions de linge. C'est dans la région rouennaise, en arrière du Havre, le grand port cotonnier de France, qu'on tisse le plus de coton. — De la laine de nos moutons, plus encore de celle des ovins* de l'Argentine et de l'Australie, nous obtenons en moyenne l'énorme valeur de 1.500 millions de draps par an, fabriqués à Roubaix, Fourmies, Sedan, Reims, Elbeuf, Mazamet, etc.

Les tapis, l'une des gloires de la France, se font à Paris, à Tourcoing, à Beauvais, à Aubusson.

Les soieries, une autre gloire de la France, se traduisent annuellement par une valeur de 500 millions. Saint-Étienne, Lyon surtout, en sont les ateliers principaux.

**4. Industries diverses.** — Une industrie gracieuse, qui ne pouvait s'installer qu'au plus beau de notre ciel, sur la Côte d'Azur, la parfumerie use des plantes odoriférantes de la Provence et de l'Algérie ; elle a ses deux centres à Paris et à Grasse.

Les huiles, les savons se travaillent surtout à Marseille, grand port d'arrivée des arachides et autres plantes oléagineuses.

L'horlogerie fait vivre des milliers de familles dans les monts du Jura ; sa capitale est Besançon.

La papeterie a ses deux chefs-lieux à Angoulême et à Annonay.

La minoterie dispose d'une quantité de grands moulins ; les plus puissants sont celui du Bazacle, à Toulouse, et ceux de Corbeil.

Enfin Paris triomphe par sa lingerie, ses modes, ses « articles de Paris », jouets, babioles, etc.

---

**LEÇON A APPRENDRE.** — **1.** *Autrefois les petites bourgades avaient leur industrie, mue par l'eau des ruisseaux ou les moulins à vent. Aujourd'hui la grande industrie s'est centralisée dans les villes qui, grâce à elle, se sont accrues aux dépens des campagnes.* — **2.** *Les industries du fer se sont groupées autour des puits de houille, dans le bassin du Nord, à Lille, Anzin ; dans le Centre, au Creusot, à Montluçon, à Saint-Étienne. Avec l'argile cuite Montchanin et Roumazières font des tuiles. Nevers a ses faïences et Limoges ses porcelaines. Le sable du pays de Fontainebleau alimente les verreries d'Anzin, les glaceries de Saint-Gobain, les cristalleries de Baccarat.* — **3.** *La France tisse par an pour 600 millions de cotonnades (régions de Rouen et du Nord) et pour 400 millions de toiles (région d'Armentières). La laine sert à fabriquer pour 1.500 millions de draps à Roubaix, Sedan, Elbeuf. Le travail de la soie, pour 500 millions, est centralisé à Lyon et à Saint-Étienne.* — **4.** *La parfumerie est localisée à Grasse, la savonnerie à Marseille, l'horlogerie à Besançon, la papeterie à Annonay et à Angoulême. Enfin dans le monde entier sont célèbres les « articles de Paris ».*

---

**Exercices écrits ou oraux.** — Comment en France l'industrie s'est-elle transformée (**1**) ? — Citer les principaux centres de l'industrie métallurgique ; les régions des tissages : toiles, cotonnades, lainages (**2-3**). Énumérer rapidement les autres industries françaises (**4**). — Faire un tableau des principales industries de la France. = Questions sur la carte et sur l'image : Montrez les villes françaises où l'on fabrique du drap, de la dentelle, de la toile, des soieries, des faïences et porcelaines, des armes, de la coutellerie. — Dans quelles régions fabrique-t-on ou raffine-t-on le sucre ? Les montrer sur la carte, en justifiant l'emplacement de ces industries. — Quelles régions françaises possèdent des papeteries ? Les montrer en donnant les raisons de leur établissement en cet endroit. — Dites d'après l'image 3 l'usage du marteau-pilon. — Définissez d'après l'image 2 l'opération du rouissage. — Dans quelles régions se pratique-t-elle ?

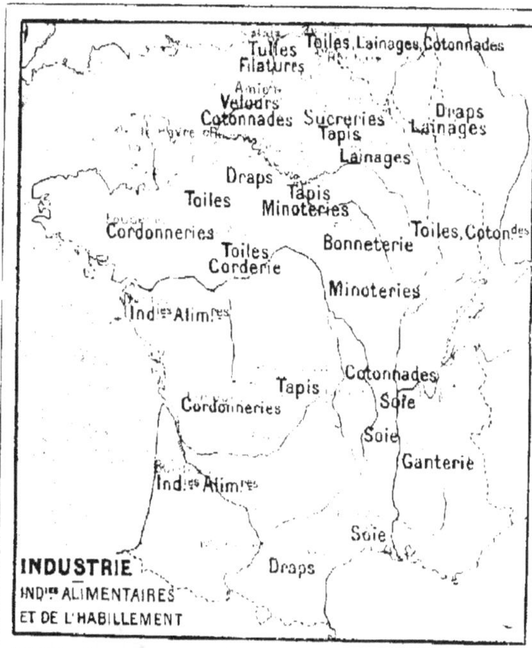



## 1. CARTES DE L'INDUSTRIE FRANÇAISE

Ces cartes montrent que la France se partage réellement en deux, au point de vue de la grande industrie.

Celle-ci anime spécialement le Nord et l'Est.

L'autre moitié est plus spécialement agricole.

**2. Le rouissage du chanvre.** — La culture du chanvre, qui reste l'une des principales cultures de la Russie, diminue constamment en France; c'est à croire malheureusement qu'elle disparaîtra de notre pays.

**3. Marteau-pilon.** — C'est une machine industrielle d'un poids, d'une puissance et d'une précision extraordinaires.

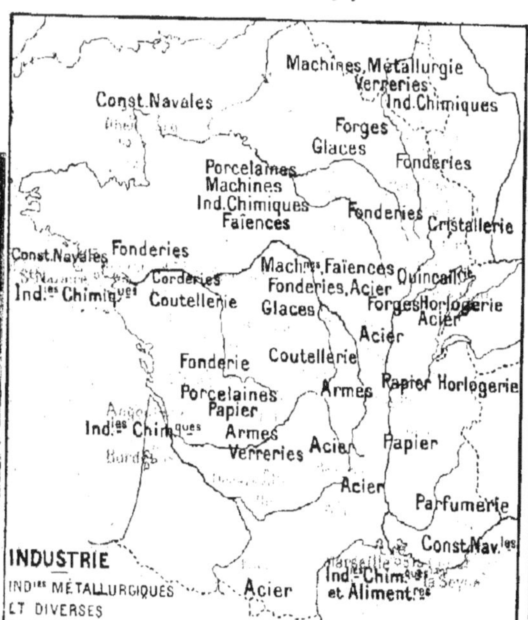

# COMMERCE FRANÇAIS

**1. Commerce général et spécial.** — Tout ce qui sort de France n'est pas né du sol français ou de l'industrie française; tout ce qui lui arrive ne lui est pas destiné. Quand donc on totalise les entrées et les sorties et qu'on arrive à une *douzaine de milliards* par an, on dépasse la vérité de tout le chiffre obtenu par le passage, à travers le pays, des marchandises en *transit**. Ce grand total supérieur à la réalité, c'est celui du *commerce général*.

Le *commerce spécial* ne tient aucun compte du transit; seul il répond à la vérité : il se résume par *huit* à *neuf milliards* seulement.

**3. Exportation.** — Nous *exportons* des produits de notre sol et de notre industrie : des primeurs, des œufs, de la volaille, des grains, des vins et eaux-de-vie; des draps et cotonnades, des modes; des fers, des aciers, des machines.

**4. Commerce avec l'étranger.** — Avec l'Angleterre notre commerce flotte entre 1.500 millions et 2 milliards; les *exportations* doublent presque les *importations*. Viennent ensuite : la petite Belgique pour près d'un milliard; puis l'Allemagne avec 800 millions; les Etats-Unis avec plus de 700 millions; et, les uns avant ou après

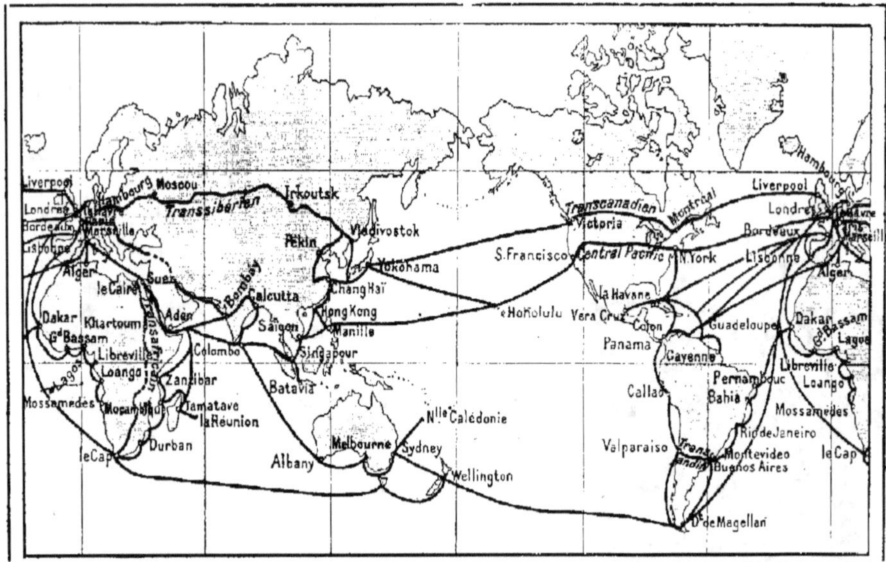


**2. Importation.** — Nous *importons* ce que notre sol ne produit pas du tout et ce dont il ne produit pas assez : des primeurs d'Algérie; du blé; du bétail; des bois du Nord; du coton des Etats-Unis; des cafés du Brésil; des sucres des pays tropicaux; des laines de l'Australie, de la Plata, du Cap; des peaux; des gommes; du caoutchouc; beaucoup de houille, etc.

les autres suivant les années, la Suisse, l'Espagne, l'Italie, l'Argentine, le Brésil.

**5. Commerce avec les colonies.** — Si l'on additionne nos colonies, Algérie, Tunisie, Afrique Occidentale, Congo, Madagascar, Indo-Chine, etc., on obtient une somme d'échanges qui tend à dépasser le milliard.

**LEÇON A APPRENDRE.** — *1. Le commerce général de la France atteint 12 milliards par an, le commerce spécial se réduit à 8 ou 9 milliards. — 2. La France importe : blé et bétail; mais surtout ce qu'elle ne peut produire, les primeurs d'Algérie, les bois du Nord, le coton d'Amérique, la laine d'Australie; le caoutchouc des Tropiques, le café du Brésil; énormément de houille. — 3. La France exporte les produits de son sol et de son industrie : primeurs, volailles, vins, eaux-de-vie, articles de mode, fers et machines. — 4-5. La France fait avec l'Angleterre un commerce de deux milliards environ, avec la Belgique d'un milliard, avec l'Allemagne de 800 millions, avec les Etats-Unis de 700 millions. Viennent ensuite la Suisse, l'Espagne et l'Italie. Les échanges avec nos colonies s'élèvent à environ un milliard.*

**Exercices écrits ou oraux.** — A combien s'élève le commerce de la France (1) ? — Quelles sont les principales marchandises : 1° d'importation (2); 2° d'exportation (3) ? — Les nations les meilleures clientes de la France (4-5)? — Avec quels pays commercent nos principaux ports (*carte*)? = **Questions sur le graphique:** Dites quelle fraction du commerce du monde représente le commerce français. — A quel rang vient la France au point de vue commercial? — Quelle est la nation dont le commerce depuis 1870 a le plus progressé?

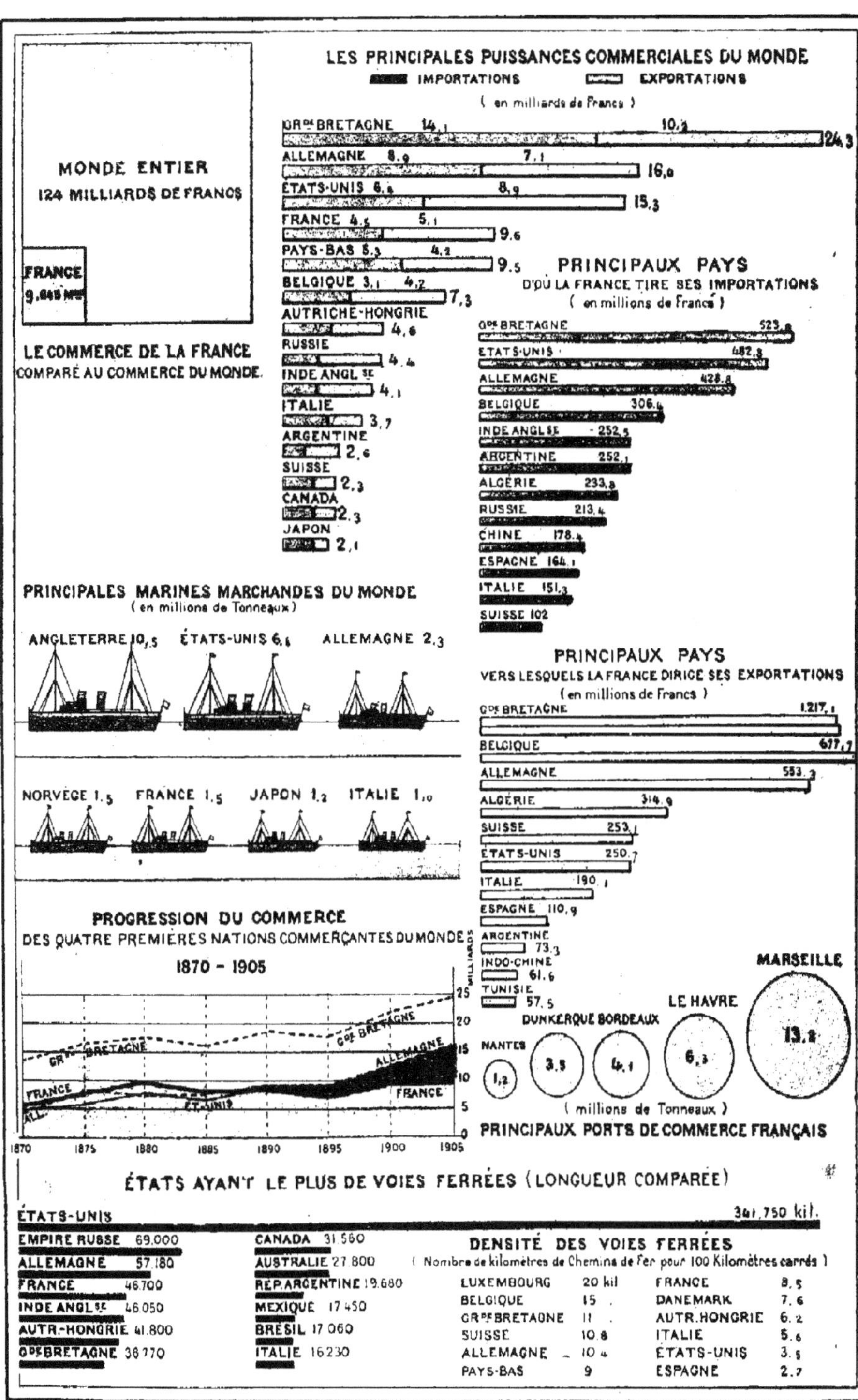
MONDE ENTIER
124 MILLIARDS DE FRANCS
FRANCE
9.845 MF
LE COMMERCE DE LA FRANCE
COMPARÉ AU COMMERCE DU MONDE.
LES PRINCIPALES PUISSANCES COMMERCIALES DU MONDE
IMPORTATIONS
EXPORTATIONS
( en milliards de Francs )
GRᵈᵉ BRETAGNE 14,1 10,2 24,3
ALLEMAGNE 8,9 7,1 16,0
ÉTATS-UNIS 6,4 8,9 15,3
FRANCE 4,5 5,1 9,6
PAYS-BAS 5,3 4,2 9,5
BELGIQUE 3,1 4,2 7,3
AUTRICHE-HONGRIE 4,6
RUSSIE 4,4
INDE ANGLᵉ 4,1
ITALIE 3,7
ARGENTINE 2,6
SUISSE 2,3
CANADA 2,3
JAPON 2,1
PRINCIPAUX PAYS
D'OÙ LA FRANCE TIRE SES IMPORTATIONS
( en millions de Francs )
Gᵈᵉ BRETAGNE 523,8
ÉTATS-UNIS 482,3
ALLEMAGNE 428,8
BELGIQUE 306,4
INDE ANGLᵉ 252,5
ARGENTINE 252,1
ALGÉRIE 233,8
RUSSIE 213,4
CHINE 178,4
ESPAGNE 164,1
ITALIE 151,3
SUISSE 102
PRINCIPALES MARINES MARCHANDES DU MONDE
( en millions de Tonneaux )
ANGLETERRE 10,5 ÉTATS-UNIS 6,4 ALLEMAGNE 2,3
NORVÈGE 1,5 FRANCE 1,5 JAPON 1,2 ITALIE 1,0
PRINCIPAUX PAYS
VERS LESQUELS LA FRANCE DIRIGE SES EXPORTATIONS
( en millions de Francs )
Gᵈᵉ BRETAGNE 1.217,1
BELGIQUE 677,7
ALLEMAGNE 553,3
ALGÉRIE 314,9
SUISSE 253,1
ÉTATS-UNIS 250,7
ITALIE 190,1
ESPAGNE 110,9
ARGENTINE 73,3
INDO-CHINE 61,6
TUNISIE 57,5
PROGRESSION DU COMMERCE
DES QUATRE PREMIÈRES NATIONS COMMERÇANTES DU MONDE
1870 - 1905
GRᵈᵉ BRETAGNE
ALLEMAGNE
FRANCE
ÉTATS-UNIS
MILLIARDS
25 20 15 10 5 0
1870 1875 1880 1885 1890 1895 1900 1905
NANTES 1,2 DUNKERQUE 3,5 BORDEAUX 4,1 LE HAVRE 6,3 MARSEILLE 13,2
( millions de Tonneaux )
PRINCIPAUX PORTS DE COMMERCE FRANÇAIS
ÉTATS AYANT LE PLUS DE VOIES FERRÉES ( LONGUEUR COMPARÉE )
ÉTATS-UNIS 341,750 kil.
EMPIRE RUSSE 69.000
ALLEMAGNE 57.180
FRANCE 46.700
INDE ANGLᵉ 46.050
AUTR.-HONGRIE 41.800
Gᵈᵉ BRETAGNE 36.770
CANADA 31.560
AUSTRALIE 27.800
RÉP. ARGENTINE 19.680
MEXIQUE 17.450
BRÉSIL 17.060
ITALIE 16.230
DENSITÉ DES VOIES FERRÉES
( Nombre de kilomètres de Chemins de Fer pour 100 Kilomètres carrés )
LUXEMBOURG 20 kil
BELGIQUE 15
Gᵈᵉ BRETAGNE 11
SUISSE 10,8
ALLEMAGNE 10,4
PAYS-BAS 9
FRANCE 8,5
DANEMARK 7,6
AUTR. HONGRIE 6,2
ITALIE 5,6
ÉTATS-UNIS 3,5
ESPAGNE 2,7

# COMMUNICATIONS : ROUTES ET VOIES FERRÉES

**1.** La France est le pays le mieux « percé » de l'univers ; autrement dit : celui que sillonne le réseau le plus complet de bonnes routes.

**2. Routes romaines et royales.** — Cette supériorité date de loin. Les Romains avaient pourvu les Gaules de chemins impériaux allant autant que possible droit devant eux. Durant l'anarchique moyen âge, le réseau ne s'améliora guère. Mais dès que le royaume se centralisa, des *routes royales* se tracèrent entre Paris et les grandes villes du tour de France, vers la Bretagne, la Belgique, l'Allemagne, Lyon et la frontière d'Italie, Toulouse, Bordeaux et la frontière d'Espagne ; routes bien ordonnées, pavées de grès, très larges ; à toutes les mille toises, une haute borne marquait les distances.

Malgré l'ascendant qu'ont pris les *chemins de fer*, les mailles du réseau des routes n'ont cessé de se resserrer depuis 1789. Aujourd'hui, routes nationales, routes départementales, routes ordinaires, chemins de grande communication, de grande et de petite vicinalité, toutes nos voies mises bout à bout (566.000 kil.) feraient plus de quatorze fois le tour de la Terre.

**3. Chemins de fer.** — Ce n'est pas de Paris, comme on le croirait naturellement, que partirent les premiers chemins de fer construits chez nous vers 1830, mais bien du centre de la France, de Saint-Etienne à Andrézieux, bourg riverain de la Loire ; et quand à son tour Paris se décida pour les communications rapides, il débuta par des lignes de banlieue, vers Saint-Germain-en-Laye et vers Versailles.

Arriva le moment où, devant l'exemple victorieux de l'Angleterre, on résolut de faire grand.

On opta pour la division de la France en réseaux construits, exploités par des Compagnies, avec subvention et sous la surveillance de l'Etat.

**4. Les sept Compagnies.** — Ainsi se constituèrent les Compagnies de chemins de fer du *Nord*, de l'*Est*, de l'*Ouest*, de *Paris-Lyon-Méditerranée*, d'*Orléans*, du *Midi*. Nord, Est, Ouest (1), Paris-Lyon-Méditerranée, ces noms s'expliquent d'eux-mêmes ; mais le nom de Midi peut ici induire en erreur ; la Compagnie qui s'appelle ainsi ne dessert pas notre vrai Sud ; Montpellier, Nîmes, Marseille, Toulon, Nice appartiennent au réseau dit, par abréviation : reseau de Lyon. Quant au nom de réseau d'Orléans, il est vraiment trop elliptique pour un ensemble de lignes allant de Paris à Toulouse, à Bordeaux, à Nantes et presque jusqu'à Brest.

Un septième *réseau*, celui *de l'État*, s'est adjugé un ensemble de voies ferrées allant de Paris à Bordeaux, à La Rochelle, à Nantes.

**5. Construction et Fonctionnement des réseaux.** — La France a sa bonne part des 95 milliards qu'a coûtés l'établissement des chemins de fer européens ; elle y a dépensé de 16 à 17 milliards pour 46.000 kilomètres : somme énorme qu'expliquent la construction des lignes, les achats de terrains, notamment à la traversée des villes, les grands ponts, les hauts remblais, les tranchées profondes, les tunnels de 2.000, 5.000, et même 13.000 mètres de longueur.

Le réseau des chemins français transporte annuellement environ 420 *millions* de voyageurs et 123 *millions* de tonnes de marchandises.

On ne peut prévoir quel retentissement aura sur les chemins de fer l'automobile, qui va sur toutes les routes et se rit de toutes les pentes.

---

**LEÇON A APPRENDRE.** — **1-2.** *De tous les pays du monde la France possède le meilleur réseau de routes. Créées par les Romains, améliorées par l'ancienne monarchie, complétées au* XIXᵉ *siècle, les routes françaises s'étendent sur* 566.000 *kilomètres et feraient* 14 *fois le tour de la Terre.* — **3.** *Le chemin de fer naquit humblement, vers* 1830, *de Saint-Etienne à Andrézieux, puis dans la banlieue parisienne.* — **4.** *Plus tard se sont constituées les six grandes Compagnies, Nord, Paris-Lyon-Méditerranée, Paris-Orléans, Est, Ouest, Midi. Le plus grand réseau est le P.-L.-M.* qui dessert tout le Midi méditerranéen ; le plus riche est celui du Nord, dans la région où l'industrie et l'agriculture sont le plus intenses. L'Etat exploite un septième réseau, situé dans l'Ouest et de médiocre importance.* — **5.** *La France a dépensé près de* 17 *milliards pour construire environ* 46.000 *kilomètres de chemins de fer. Ces voies ferrées transportent annuellement* 420 *millions de voyageurs et* 123 *millions de tonnes de marchandises. Leur trafic, en prospérité croissante, ne semble nullement menacé, pour le moment, par l'extraordinaire succès de la locomotion automobile.*

---

**Exercices écrits ou oraux.** — Quelle est l'étendue et la valeur des routes de France (1 et 2) ? — Nommez les grandes Compagnies de chemins de fer ; distinguez leurs réseaux (3-4). — Pour chacune d'elles citez les lignes principales (deux, trois au plus) et tracez-les. — Quelle est la longueur totale des voies ferrées, le nombre annuel de voyageurs et de tonnes de marchandises transportés (5) ? = **Questions sur la carte et sur l'image** : Quelles vallées de cours d'eau emprunteriez-vous dans les trajets suivants : Maubeuge-Bayonne ; Rouen-Marseille ; Lyon-Bordeaux ; Orléans-Nîmes ; Rouen-Strasbourg ? - Quelles parties montagneuses franchiriez-vous dans les trajets suivants : Paris-Lausanne ; Paris-Turin ; Genève-Bordeaux ; Marseille-Barcelone ? — Indiquez, en suivant sur la carte, les principales villes traversées. — D'après l'image 3, définissez le viaduc. — Dites, après examen de l'image 4, pourquoi la construction de la ligne de La Mure vous paraît très hardie.

---

(1) Le réseau de l'Ouest est exploité par l'Etat, depuis 1909.

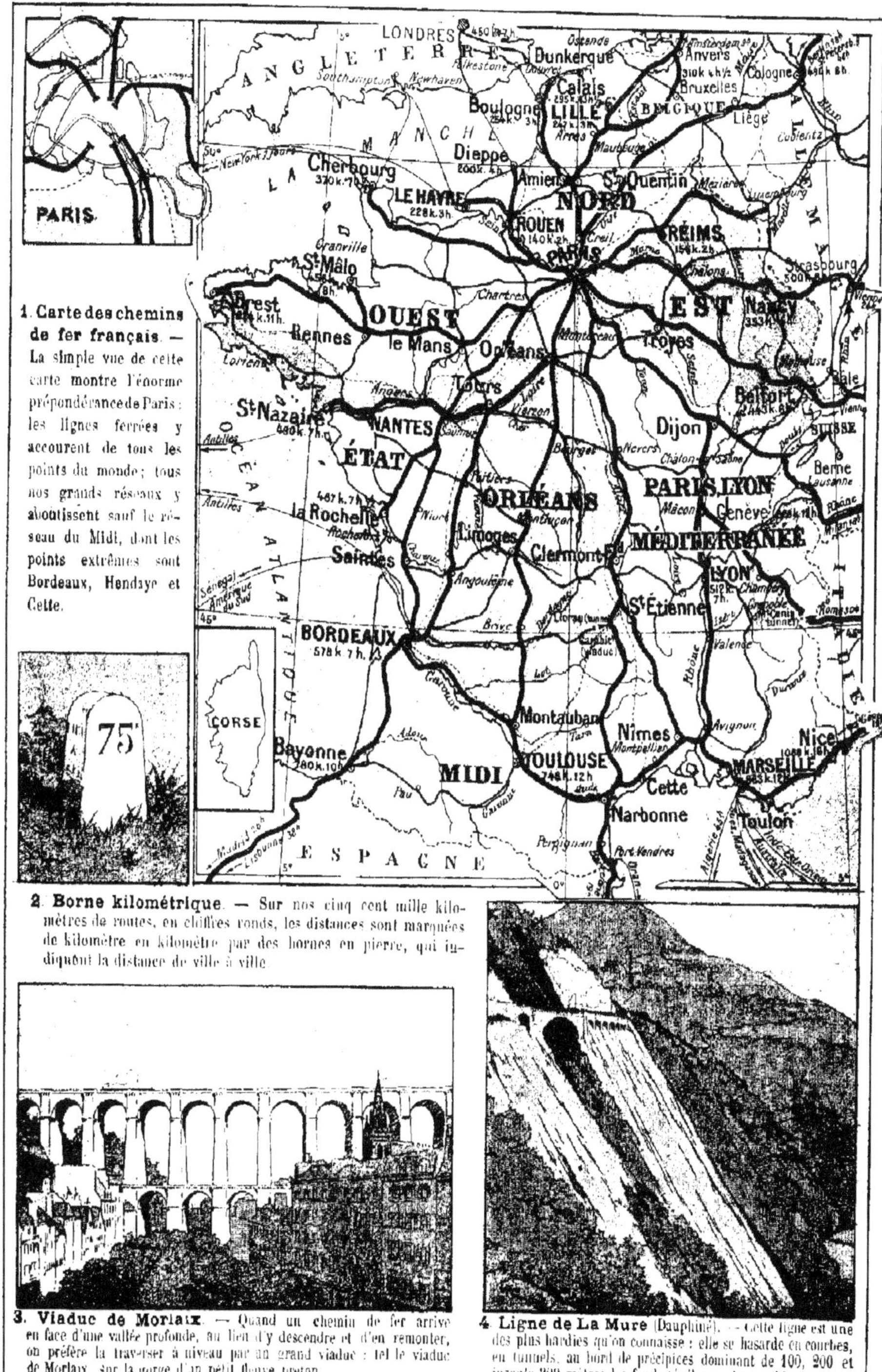



**1. Carte des chemins de fer français.** — La simple vue de cette carte montre l'énorme prépondérance de Paris : les lignes ferrées y accourent de tous les points du monde ; tous nos grands réseaux y aboutissent sauf le réseau du Midi, dont les points extrêmes sont Bordeaux, Hendaye et Cette.

**2. Borne kilométrique.** — Sur nos cinq cent mille kilomètres de routes, en chiffres ronds, les distances sont marquées de kilomètre en kilomètre par des bornes en pierre, qui indiquent la distance de ville à ville.

**3. Viaduc de Morlaix.** — Quand un chemin de fer arrive en face d'une vallée profonde, au lieu d'y descendre et d'en remonter, on préfère la traverser à niveau par un grand viaduc : tel le viaduc de Morlaix, sur la gorge d'un petit fleuve breton.

**4. Ligne de La Mure** (Dauphiné). — Cette ligne est une des plus hardies qu'on connaisse : elle se hasarde en courbes, en tunnels, au bord de précipices dominant de 100, 200 et jusqu'à 300 mètres les fonds ténébreux du terrible *Drac*.

# COMMUNICATIONS : VOIES NAVIGABLES

**1. Défaveur passagère des voies navigables**. — Lorsque les chemins de fer eurent accaparé les voyageurs, les marchandises, détruit les diligences, les messageries, les grands charrois, on crut que les voies navigables avaient fait leur temps, sauf la mer et les grands estuaires.

**2. Leur utilité.** — On se trompait du tout au tout. Les voies ferrées ont le grand mérite de la rapidité et celui de l'exactitude; mais elles ont le défaut de la cherté des transports. Faites pour mener en un jour le voyageur, les lettres, les valeurs, les objets légers d'un bout de la France à l'autre bout, elles ne le sont pas pour le transport des poids lourds encombrants, houille, minerais, matériaux de construction, blés, etc.

Les rivières, qu'on a si bien surnommées « les chemins qui marchent », les rivières, les fleuves, les canaux possèdent le défaut et la qualité contraires: ils vont lentement, péniblement, mais les services qu'ils rendent sont à très bon marché.

La France se prête merveilleusement à la navigation intérieure par l'heureuse disposition de ses bassins, la facilité des cols* bas menant des uns aux autres, et par la plénitude, l'abondance de ses rivières, si malheureusement dégradées, surtout au dernier siècle, par le déboisement.

Mais les conditions de relief restant les mêmes, il suffira de restaurer nos forêts pour remplir de nouveau nos rivières; elles porteront alors des bateaux comme autrefois, même beaucoup mieux, grâce aux progrès incessants de la traction.

**3. Mauvais état de ces voies**. — S'il y avait lieu de se fier aux chiffres officiels, nous posséderions près de 17.000 kilomètres de voies navigables, rivières ou canaux; mais bien des cours d'eau ne sont pas accessibles à la batellerie; la barque du pêcheur elle-même s'y ensable; comment de vraies embarcations y flotteraient-elles?

D'autre part, beaucoup de canaux n'ont pas la profondeur nécessaire pour une navigation capable de concurrencer les voies ferrées et les routes. Exemple : le fameux *Canal du Midi*, pompeusement surnommé Canal des Deux Mers, qui passe pour unir l'Atlantique à la Méditerranée, par la précieuse échancrure du *seuil* de Naurouze* donnant passage, à moins de 200 mètres d'altitude, entre les Pyrénées et les Cévennes. Il ne les unit que théoriquement, faute d'assez de profondeur pour les bateaux de quelque tonnage.

**4. Leur mise en bon état.** — On a reconnu qu'il suffit d'amener une rivière, un canal à la profondeur de 2 m. 20 pour que les bateaux réclamant 1 m. 80 à 2 mètres y circulent avec aisance ; or, ces bateaux-là, quand ils sont intelligemment construits, portent très bien 300, 400 tonnes et plus de marchandises. L'idéal, parfaitement accessible, de la navigation intérieure consiste donc à approfondir les canaux à 2 m. 20 et, tâche plus difficile, de leur amener assez d'*eau d'écluses*.

Les voies réellement naviguées font ensemble une longueur de 12.094 kilomètres, dont 7.243 pour les rivières et 4.243 pour les canaux. Sur ces 3.000 lieues, bien des centaines ne méritent vraiment pas d'être nommées navigables.

**5. Complément du réseau.** — Outre le creusement des canaux à 2 m. 20 de profondeur, il importe grandement de compléter le réseau! Ainsi, par exemple, aucune voie de navigation artificielle n'unit encore le bassin de la Loire à celui de la Garonne.

---

*LEÇON A APPRENDRE. — 1-2. Lors de la construction des chemins de fer, les voies navigables ont subi une défaveur passagère, dont on est revenu. Elles conviennent particulièrement aux matières lourdes et encombrantes : houille, pierres, minerais, etc., qu'elles transportent lentement, mais à très bon marché. La France se prête merveilleusement à la navigation intérieure, par les communications basses et faciles de ses bassins. Malheureusement par le déboisement du XIXᵉ siècle, la Loire a été ensablée et la Garonne envasée. — 3-4. Sur 17.000 kilomètres de voies navigables, la France n'en a réellement que 12.000 accessibles par leur profondeur à la batellerie. Les 4.000 kilo-*

*mètres de canaux comprennent les canaux latéraux (canal latéral à la Loire, à la Garonne, canal de l'Ourcq) et les canaux de jonction. Par le canal du Centre, communiquent Loire et Rhône; par le canal de Bourgogne, Seine et Rhône; par le canal de Briare, Seine et Loire; par le canal de la Marne au Rhin, Seine et Rhin; par le canal de l'Est, Meuse, Moselle et Saône, etc. La région du Nord est particulièrement riche en canaux (canaux de Flandre, de Saint-Quentin, de la Sambre à l'Oise, de l'Aisne à la Marne, etc., etc.). — 5. Il reste à approfondir les canaux, à augmenter leur provision d'eau, à joindre la Loire à la Garonne pour donner à la navigation intérieure toute sa prospérité.*

---

**Exercices écrits ou oraux.** — A quels transports les voies navigables sont-elles indispensables (2)? — Donnez leur longueur; citez les principaux canaux (3). — Quel rôle joue la navigation intérieure dans la prospérité générale de la France (4) ? — Ajoutez au croquis précédent les canaux et rivières navigables. = **Questions sur la carte et sur l'image** : Quelles voies navigables — rivières et canaux — emprunteriez-vous pour accomplir entièrement par eau les trajets suivants : Bordeaux-Genève ; Brest-Mâcon ; Le Mans-Lyon ; Le Mans-Châlons-sur-Marne ; Tours-Strasbourg ; Dunkerque-Moulins. — Suivez sur la carte les trajets choisis, en indiquant les différentes villes traversées. — Où se trouve le bief* de partage du canal du Centre ? du canal du Midi ? — Quelle est l'utilité des canaux parisiens ? — **Montrer** sur la carte une partie française sans canaux. — **Justifiez** cette exception. — Dire d'après l'image 2 ce qu'est une écluse.

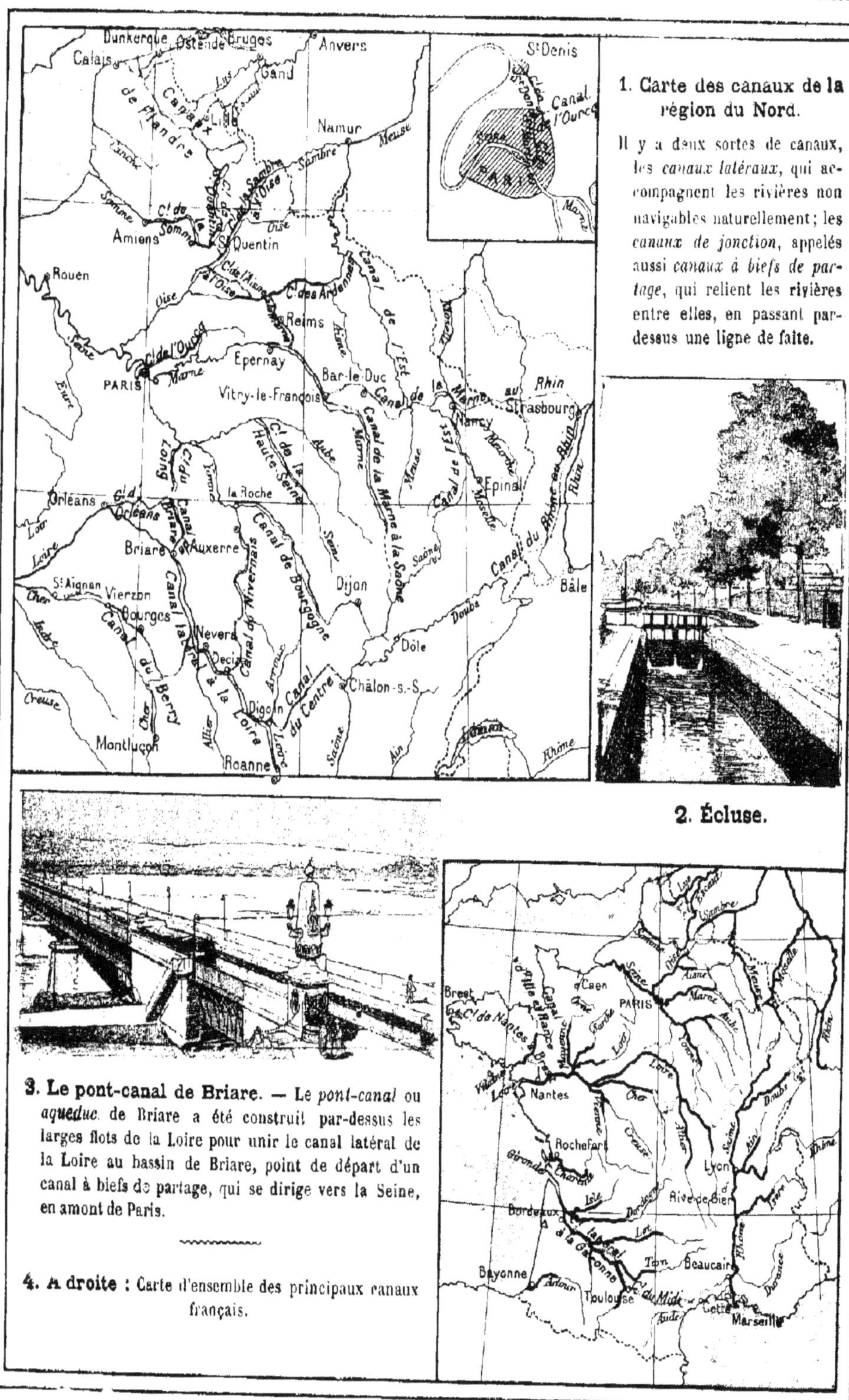



# 1. Carte des canaux de la région du Nord.

Il y a deux sortes de canaux, les *canaux latéraux*, qui accompagnent les rivières non navigables naturellement; les *canaux de jonction*, appelés aussi *canaux à biefs de partage*, qui relient les rivières entre elles, en passant par-dessus une ligne de faîte.

## 2. Écluse.

**3. Le pont-canal de Briare.** — Le *pont-canal* ou *aqueduc* de Briare a été construit par-dessus les larges flots de la Loire pour unir le canal latéral de la Loire au bassin de Briare, point de départ d'un canal à biefs de partage, qui se dirige vers la Seine, en amont de Paris.

**4. A droite :** Carte d'ensemble des principaux canaux français.

# FRANCE AGRICOLE, INDUSTRIELLE ET COMMERCIALE
## (Récapitulation)

### Types de questions à poser pour faciliter aux élèves l'intelligence du graphique.
(Voy. page 60.)

Calculer la surface des deux carrés de gauche et trouver le rapport qui existe entre le commerce du monde entier et celui de notre pays. — Auriez-vous pu trouver autrement ce rapport? — Comment?

Quels pays ont un commerce total plus important que le commerce français? — Un total moins important? — Quels sont ceux qui nous dépassent au point de vue des importations? — Des exportations? — Quels sont ceux qui nous sont inférieurs sur ces deux points? — Dans quels pays le chiffre des importations est-il supérieur a celui des exportations et inversement?

Quels sont les deux pays avec lesquels notre chiffre d'affaires est le plus important? — Justifiez de pareils chiffres par l'examen de la situation géographique de ces deux pays. — Combien notre commerce d'importation et d'exportation avec l'Angleterre est-il de fois plus important que le commerce d'importation et d'exportation avec la Belgique, l'Allemagne, les États-Unis? — L'établir : 1° à l'aide d'un calcul; 2° à l'aide du décimètre. — Comparez notre commerce d'importation et d'exportation avec l'Algérie, avec celui fait avec la Tunisie. — Le rapport entre eux est-il le même que le rapport entre les superficies de ces deux possessions? — A quels pays vendons-nous plus que nous n'achetons? — A quel pays achetons-nous plus que nous ne vendons?

Quels peuples nous dépassent par l'importance de leur marine marchande? — Combien de fois la marine marchande de l'Angleterre, des États-Unis est-elle plus forte que la nôtre? — Le chiffre de notre commerce en 1905 avait-il déjà été atteint? — En quelle année? — Quel était en 1870 le chiffre d'affaires de la France et de l'Allemagne? — S'est-il modifié depuis? — Quel est le pays qui a le plus progressé depuis 1870 au point de vue commercial? — Citez une année où le commerce des grandes nations mondiales a fléchi sensiblement ou marqué un arrêt.

Dites les ports français par ordre d'importance. — Trouvez le rapport qui existe entre ces divers ports : 1° par le calcul de la surface des cercles qui les représentent; 2° à l'aide d'une simple division.

Quels sont les pays qui ont plus de voies ferrées que la France? — Les pays qui en ont moins? — Combien de fois les États-Unis ont-ils plus de voies ferrées que la France? — Si l'on tient compte de la superficie des deux pays, avons-nous plus ou moins de chemins de fer que les États-Unis? — Comparaison des chemins de fer français et belges sous le double rapport de la longueur et de la densité. — Même question pour les chemins de fer français et anglais, français et allemands, etc.

---

### Questions sur la France agricole, industrielle et commerciale (Voy. pages 60 à 72.)

Quelles sont les régions françaises qui produisent du blé en abondance? Montrez-les sur la carte. — A quels pays en achetons-nous encore? — Par quels ports arrivent-ils en France? — Quelles autres céréales produisent les régions suivantes : Massif Central, bassin de la Garonne? Justifiez ces productions. — Quelles sont les régions françaises produisant de la vigne? Montrez celles qui fournissent des vins communs, des vins recherchés.

Dites dans quelles parties de notre pays se trouvent en abondance les arbres suivants : châtaigniers, sapins, pins. — A quelles industries donne lieu la production de ces deux dernières essences? — Montrez, sur la carte, des régions incultes que le travail humain a réussi à modifier heureusement. — Quelles régions françaises fournissent en abondance du lin, du chanvre? Quelles industries ont pu se développer dans ces régions?

Quel est le bassin houiller français le plus important? — La France fournit-elle la houille qui lui est nécessaire? — A quels pays a-t-elle recours pour les besoins de son industrie? — Quelles forces motrices peuvent suppléer à l'insuffisance de la houille? — Dans quelles régions françaises fonctionnent-elles déjà? — Qu'appelle-t-on industries des « besoins intellectuels »? — Dans quelle ville se trouvent-elles en grand nombre? Justifiez la réponse. — Citez une industrie récemment créée et pour laquelle la France tient le premier rang.

Que vendons-nous, qu'achetons-nous à l'Angleterre? — Mêmes questions pour les pays suivants : États-Unis, Russie, Allemagne, Italie, Suisse, Belgique, Hollande, etc. — Montrez sur la carte Le Havre : que pensez-vous de sa situation; avec quels pays est-il en relations? — Qu'exporte-t-il? — Qu'importe-t-il? — Justifiez les industries de la ville de Rouen par l'examen de sa situation géographique. — Même question pour les ports suivants : Marseille, Nantes, Bordeaux, Dunkerque. — Qu'appelle-t-on industries maritimes? — Quelles sont les industries des lieux suivants : Cancale, Arcachon, côtes de l'Aunis et de la Saintonge, du Languedoc?

On a dit que Paris est le premier port français. Avec quelles régions françaises est-il mis en relations par des voies navigables? Indiquez ces voies. — Que signifie l'expression « Paris port de mer »? — Quels travaux faudrait-il exécuter pour la réaliser? — Quelles différences y a-t-il entre un port comme Marseille, un port comme Port-Vendres et un port comme Saint-Malo? — Quels sont les principaux ports de pêche français? — Quels sont ceux qui se livrent à la pêche de la morue? — La France vous parait-elle bien douée sous le rapport des communications naturelles? — Quelles sont les grandes voies naturelles françaises? Ont-elles été empruntées dans la construction des canaux et des chemins de fer?

1. **NORD**. — **A Tourcoing** (vue du Canal). — Sauf aux rives de la mer, notre Nord n'a rien de grandiose : une campagne admirablement cultivée, de grosses villes, avec ou sans beffroi du moyen âge, des maisons  en briques, des usines et encore des usines, une rivière lente, un canal ; tel est le pays de Tourcoing et de Roubaix, qui touche la Belgique, non moins industrielle, non moins peuplée que notre pays de Lille.

2. **OUEST**. — **Mortain**, dans le Bocage Normand, qui est une sorte de Bretagne moins austère, borde un torrent à cascades, la Cance, tributaire de la Sélune, fleuve côtier ayant son embouchure dans la baie du Mont-Saint-Michel.

3. **EST**. — **A Belfort**. — Belfort, grande place de guerre, défend la Trouée de Belfort, large col, voisin de l'Allemagne et de la Suisse, et qui s'ouvre entre les Vosges au nord, le Jura au sud.

4. **CENTRE**. — **Le Pont du Diable**. — Au pied des ruines de Crozant, deux rivières se réunissent, dont l'une, la Creuse, flot frais et rapide entre mamelons couverts de bruyères, donne une excellente idée des torrents du Massif Central.

5. **SUD**. — **Montée de la Porte de l'Aude**. — Carcassonne, ville proche de la limite tracée par l'olivier entre la France océanique et la France méditerranéenne, est dominée par la Cité, le plus beau, le plus puissant témoin du moyen âge.

6. **SUD-OUEST**. — **Vers Angoulême**. — D'une colline très escarpée, Angoulême regarde de 72 mètres de haut l'admirable campagne où la Charente s'unit à la Touvre. C'est un des plus gracieux panoramas de France.

7. **SUD-EST**. — **Au pays des Maures**. — Avec le pin parasol, l'oranger, le palmier-dattier lui-même, au bord d'une mer admirablement bleue, notre Sud-Est se différencie du reste de la France par une physionomie nettement méridionale.

# PARIS ET SES ENVIRONS

**1. Géographie historique de Paris.** — La plus grande commune de France est Paris (2.800.000 hab.).

Cette ville extraordinaire commença très petitement, par des cabanes de pêcheurs, des huttes de marins d'eau douce, sur des îlettes allongées en aval du confluent de la Seine et de la Marne.

Quels en furent les premiers habitants? Des sauvages quelconques auxquels succédèrent des Gaulois de la nation des *Parisii* qui l'appelaient *Lutèce.* Les Romains s'en emparèrent, cinquante-deux ans avant notre ère, et lui imposèrent la langue latine. De Lutèce elle devint Paris. Paris se tint longtemps dans ses îles de la Seine et sur la colline de la rive gauche appelée montagne Sainte-Geneviève. La rive droite était alors une sorte de marais souvent envahi par le fleuve. La ville finit par se porter sur cette rive droite, comme le montre l'enceinte de Philippe-Auguste (xiiie siècle), dont on voit encore quelques débris. A cette époque Paris allait à peu près du Panthéon à Saint-Eustache.

Guerre de Cent Ans, guerres civiles, guerres de religion contrarièrent longtemps sa croissance. Grande ville déjà pourtant, Paris avait tenu bon contre toutes les tempêtes, fidèle à son blason — un navire battu par l'ouragan, avec la devise : *Fluctuat nec mergitur.* (Il flotte et n'est point submergé.) En 1789, l'enceinte dite des Fermiers généraux, assez bien représentée par les boulevards extérieurs, comprenait 3.437 hectares avec 620.000 habitants.

L'enceinte fortifiée construite de 1841 à 1845 enclôt 7.804 hectares et 2.763.000 habitants. Ce n'est pas là tout Paris : au delà de ces murailles, qui d'ailleurs vont être abattues, des villes de banlieue entourent la grande ville, et lui ajoutent près d'un million d'hommes ; ce qui fait en réalité de notre capitale une cité plus proche de quatre millions d'âmes que de trois millions cinq cent mille. Pourtant ce n'est que le troisième « campement » du monde, après Londres et après New-York.

**2. Cause de sa prospérité.** — A quelles causes Paris doit-il cette troisième place sur le Globe, et la première en agréments, en luxe, en magnificence, en merveilles de l'art et de la science, en monuments de tous les siècles?

A son heureuse situation au lieu d'équilibre de la France Septentrionale, presque au centre du bassin géologique de Paris, amphithéâtre où l'on monte, de degrés en degrés, dès dépôts les plus récents jusqu'aux plus vieilles roches ;

A la rencontre des grandes routes naturelles de l'Europe Occidentale, de la mer du Nord et de la Grande-Bretagne à la Méditerranée, de l'Espagne à l'Allemagne par des pays faciles, sans l'obstacle des hautes montagnes. De Paris aux Pays-Bas, rien que des plaines ; de Paris à la Manche, une grande vallée; de Paris aux Pyrénées, des plateaux bas, de modestes collines ; de Paris à Marseille, des coteaux et la descente de la Saône et du Rhône ;

Aux plis de terrains qui amènent dans son voisinage la Seine, l'Aube, l'Yonne, la Marne, l'Oise et une rivière moins réputée, le Loing, qui est par la disposition de sa vallée comme un bras du fleuve de la Loire ;

A l'étendue, à la fécondité des plateaux agricoles de son entourage, Beauce, Brie, etc.

A l'excellence des matériaux de construction pris à ses diverses assises géologiques, pierres, gypse*, chaux, etc., qui lui rendirent facile de devenir une ville monumentale.

Tout compris, elle est bien où elle est, et bien comme elle est. Le gouvernement y a son siège, l'administration ses principaux organes, la France ses grandes institutions. C'est à Paris que la France respire, à Paris qu'elle pense, à Paris qu'elle se manifeste par ses inventions, ses arts, ses journaux, ses revues, ses livres. On dit, on a raison de dire : « Il n'y a qu'un Paris au monde. »

---

*LEÇON A APPRENDRE.* — 1. *Paris a commencé par une humble bourgade, dans les îles de la Seine, en aval du confluent de la Marne : ses premiers habitants connus furent les* Parisii *qui l'appelaient Lutèce. Lutèce fut conquise par les Romains en 52 av. J.-C., elle ne comprit longtemps que les îles de la Seine et une colline de la rive gauche; un marais s'étendait alors sur la rive droite. A l'époque de Philippe-Auguste, Paris va de Saint-Eustache environ au Panthéon (emplacements actuels). En 1789, il est limité par les boulevards extérieurs. Les fortifications de 1845 lui donnent ses limites actuelles et 2.763.000 habitants. Avec les villes de la banlieue Paris dépasse 3 millions et demi d'habitants. C'est la troisième ville du monde, après Londres et New-York.* — 2. *Paris doit son rang à sa position au centre du bassin géologique de la France du Nord, à la rencontre des voies naturelles de la Manche à la Méditerranée et de l'Allemagne à l'Espagne, à la fécondité agricole des environs, à l'abondance et à l'excellence des matériaux de construction de son sous-sol.*

---

**Exercices écrits ou oraux.** — Comment Paris a-t-il commencé (1) ? — Son emplacement sous les Romains (1) ? — A l'époque de Philippe-Auguste ? — Ses limites en 1789, en 1845, actuellement (1) ? — Faites le croquis du Paris actuel, et par des courbes intérieures donnez les anciennes limites de Paris aux différentes époques. — A quelles causes géographiques (terrains, position, rivières, etc.) Paris doit-il son rang de troisième ville du monde (2) ? — Sa population (1) ? = **Questions sur la carte et sur l'image :** Suivez sur la carte les enceintes successives de Paris; à quelles voies actuelles de communication correspondent-elles ? — Quels monuments parisiens reconnaissez-vous sur l'image 4 ? — Comparez les images 2 et 3. — Justifiez le nom de l'image 2.

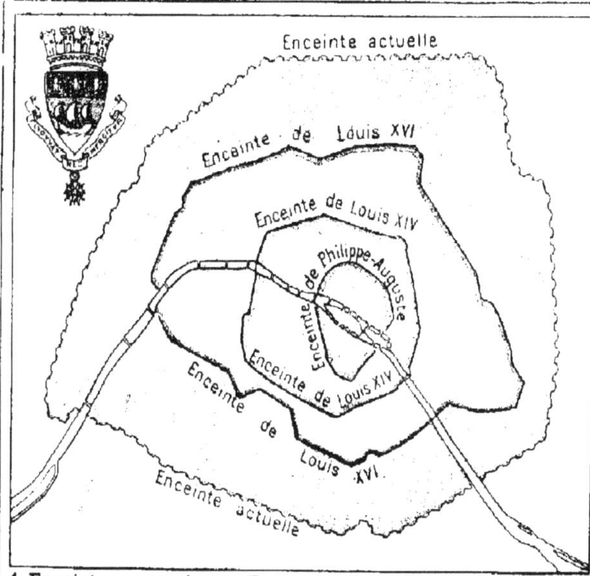


**1. Enceintes successives de Paris**. — De même que l'enceinte de Louis XVI ne contenait pas tout Paris, de même l'enceinte actuelle laisse en dehors près d'un million d'habitants agglomérés. On peut se rendre compte ainsi du développement progressif de la grande cité.

**2. La maison aux piliers**.

Cette ancienne *Maison commune* pouvait suffire au Paris du moyen âge, qui n'abritait que quelques centaines de milliers d'habitants.

**3. Hôtel de Ville de Paris**. — Aujourd'hui, notre somptueuse Maison commune, monument immense autant que gracieux, contient mal les services indispensables à l'administration d'une ville telle que Paris.

**4. Paris, vu du Pont-Royal**. — L'une des vues de Paris les plus admirées. De là on contemple la pointe d'aval de la Cité, berceau de la grande Ville, la Sainte-Chapelle, le Palais de Justice, Notre-Dame, etc.

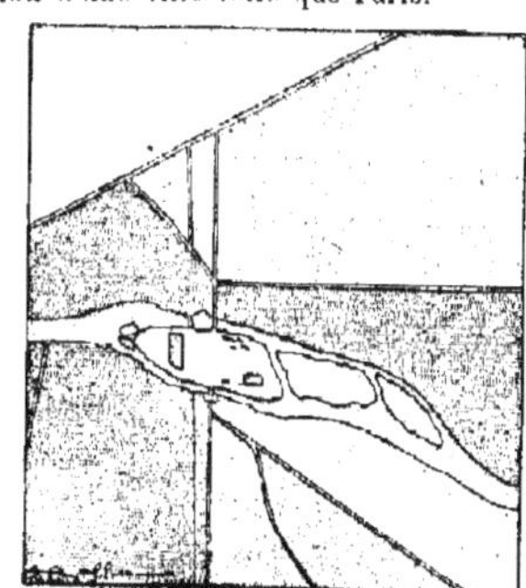

**5. Plan de Lutèce**. — Lutèce n'occupait que l'île de la Cité et des pentes de la Montagne Sainte-Geneviève.

# PARIS ET SES ENVIRONS (suite) — L'ILE DE FRANCE

**1. Géographie physique, aspect général.** — De tous côtés on arrive à Paris par de vastes et bas plateaux limoneux, terres fertiles dont la capitale tire son blé, ses verdures, ses fruits, son jardinage. Au midi, au sud-ouest, c'est la Beauce; à l'est, la Brie; au nord, la France. Entendons par ce dernier nom les plaines de Saint-Denis, de Gonesse, de Louvres, très petite contrée qui s'appelait France et qui, par extension, finit par désigner l'Ile-de-France, enfin la France entière.

**2. Cours d'eau.** — Sauf l'Yonne, courant inégal, qui a dans son bassin trop de roches imperméables pour n'être pas sujet à de fortes crues, les *cours d'eau* qui convergent vers Paris sont des rivières tranquilles, des eaux de source plutôt que des eaux d'orage, grâce aux craies*, aux *oolithes**, aux terrains filtrants de la Bourgogne, de la Champagne, de la Picardie, de l'Ile-de-France aussi. Aucune d'elles, pas même l'Yonne, ne soumet ses riverains aux désastres; la Seine ne menace point Paris comme la Loire menace Tours, ni comme la Garonne menace Toulouse.

Les plaines de limon, les dépôts tertiaires* feraient à Paris une banlieue banale si les rivières n'y dessinaient tant de sinuosités gracieuses et si de grandes forêts n'y cachaient superbement la nudité des campagnes. Peu de métropoles ont leurs alentours mieux embellis de coteaux, de châteaux, de villas, de parcs, de forêts surtout : telles celle de Fontainebleau, si justement fameuse par ses rochers de grès, empilements formidables, et celles de Rambouillet, de Saint-Germain, de Marly, d'Orléans, de Compiègne, de Villers-Cotterets; ces deux dernières voisines de beaucoup d'autres qui sont les débris d'une *selve* ou *sylve**, jadis étendue à l'infini jusqu'à rejoindre les immenses halliers de la Germanie.

**3. Curiosités naturelles.** — N'ayant ni mer, ni montagne, le pays parisien manque de curiosités naturelles. On n'y peut admirer ni précipices, ni glaciers*, ni cascades; mais aussi l'on y trouve des villes curieuses, des monuments du temps passé, de grands souvenirs de l'histoire.

**4. Villes remarquables.** — Quelles de ces villes citer, entre vingt, cinquante autres? — *Versailles*, qui montre la plus fastueuse des demeures royales, château d'ordonnance classique avec un parc tel qu'il n'en est pas de si majestueux. *Fontainebleau* s'enorgueillit aussi d'un château royal, plus encore de sa forêt. *Chartres* lève une cathédrale à deux clochers qui est un triomphe de l'architecture et de la sculpture.

Grâce donc à ces rivières, à ces coteaux, à ces bois, ces châteaux, ces églises, et aussi aux ruines du temps passé, Paris n'est pas seulement dans Paris, il se répand hors de Paris. Les monuments de l'*Ile-de-France* complètent les monuments de Lutèce, et les forêts de ses environs ajoutent les splendeurs de la nature aux charmes étudiés du Bois de Boulogne, du Bois de Vincennes, du Luxembourg et des Buttes-Chaumont.

**5. Commerce et industrie.** — De même, l'industrie, le commerce de Paris regorgent hors de Paris, tant dans les rues « tentaculaires »* qui continuent Paris sans en porter le nom, que dans les cités et les bourgs qui l'environnent à petite distance. En réalité, ces industries et le commerce qui en dérive doivent être mis au compte de Paris; et Paris est le lieu le plus industriel, le plus commerçant de la France; et ce, à un degré tout à fait éminent.

Chemins de fer, grandes routes, canaux, centralisation à outrance, ont tellement engorgé la capitale qu'elle se dégorge à son tour sur la campagne, et cette campagne d'autour de Paris devient de plus en plus parisienne dans un rayon de 20 à 30 kilomètres de longueur.

---

**LEÇON A APPRENDRE.** — 1. *Paris est entouré de bas plateaux limoneux et fertiles; au Sud-Ouest la Beauce, à l'Est la Brie, au Nord l'Ile-de-France proprement dite. — 2-3. Sauf l'Yonne, les rivières du bassin de Paris recueillent des eaux de source : leur cours est tranquille et ne menace pas la capitale. Par leurs sinuosités gracieuses elles forment l'agrément pittoresque des environs de Paris, qu'embellissent encore des coteaux et des forêts, à Fontainebleau, Rambouillet, Saint-Germain, Compiègne. Rivières, coteaux et forêts forment les curiosités naturelles du bassin parisien. — 4. On y remarque aussi nombre de villes, Versailles et Fontainebleau avec leur château, Chartres et sa cathédrale. Les monuments de l'Ile-de-France sont merveilleux autant que ses sites. — 5. L'industrie et le commerce débordent autour de Paris, capitale engorgée par les chemins de fer, les canaux, les routes, la centralisation à outrance. Ils s'étendent dans un rayon d'environ 20 à 30 kilomètres.*

---

**Exercices écrits ou oraux.** — Quelles sont les régions nourricières qui entourent Paris (1)? — Quel est le caractère des rivières du bassin parisien : laquelle fait exception (2)? — Quel rôle jouent-elles dans la physionomie pittoresque de la région (3)? — Dites-en les curiosités, les villes remarquables, les monuments historiques (4)? — Les raisons géographiques du développement du commerce parisien (5)? = **Questions sur la carte et sur l'image** : Montrez sur la carte les principales villes : 1° de la banlieue parisienne proprement dite; 2° de la grande banlieue. — Tracez la ligne géométrique suivant laquelle, en partant du centre, sont disposés les arrondissements parisiens. — Que rappelle l'image représentant la forêt de Fontainebleau? — Pouvez-vous, d'après la forme du bateau et du pont de l'image 3, donner quelques caractères du Loing à Moret?

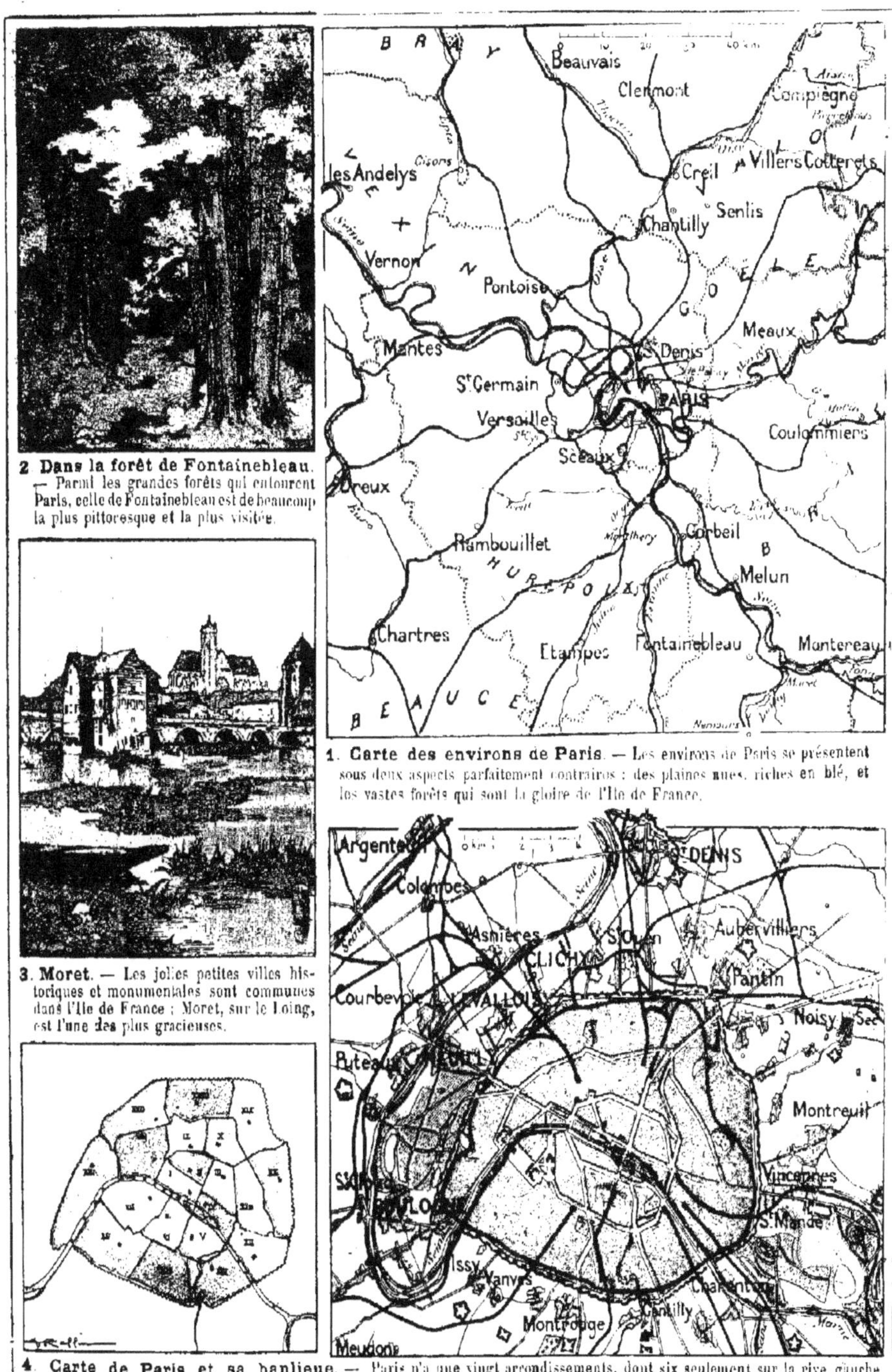



**2. Dans la forêt de Fontainebleau.** — Parmi les grandes forêts qui entourent Paris, celle de Fontainebleau est de beaucoup la plus pittoresque et la plus visitée.

**3. Moret.** — Les jolies petites villes historiques et monumentales sont communes dans l'Ile de France ; Moret, sur le Loing, est l'une des plus gracieuses.

**1. Carte des environs de Paris.** — Les environs de Paris se présentent sous deux aspects parfaitement contraires : des plaines nues, riches en blé, et les vastes forêts qui sont la gloire de l'Ile de France.

**4. Carte de Paris et sa banlieue.** — Paris n'a que vingt arrondissements, dont six seulement sur la rive gauche, d'ailleurs plus de deux fois moins habitée que la rive droite. Dès que l'enceinte de 1844 aura enfin disparu, les communes qui entourent la capitale et qui la continuent réellement, lui ajouteront un million de Parisiens, répartis sur six, huit ou dix arrondissements nouveaux ; alors Paris ne sera pas plus grand, mais il passera pour tel.

## LILLE ET SES ENVIRONS

**1. Aspect général.** — Ce n'est pas autour de Lille qu'il faut chercher la « Douce France » dans le sens qu'on attache à ces mots. Non point qu'il faille frémir au seul nom du département que cette ville commande. Ce territoire a beau s'appeler le Nord, de sa situation à l'extrême septentrion du pays, on n'y ressent jamais de froids aussi vifs que dans telles contrées de l'Est, du Centre, même du Sud, auxquelles l'altitude du sol vaut de longues neiges, de longues glaces, de très durs hivers. Influencé par la mer voisine, le climat de Lille se montre en hiver désagréable, humide, pluvieux, « crachottier » plutôt que vraiment froid ; mais il n'est ni gai, ni brillant, ni beau.

Il ne faut pas non plus chercher la « Belle France » au pays de *Dunkerque* et d'*Hazebrouck*, dans une région plate, basse, même inférieure, sur de vastes espaces, au niveau de la mer et alors protégée contre elle par des dunes* et par des digues. Peu de collines, peu de bois et forêts, des rivières traînantes, pourries par les déchets industriels.

**2. Agriculture, Industrie, Commerce.** — Mais on y trouve au suprême degré la France agricole, la France industrielle, la France commerçante, la France riche : à tel degré que le département du Nord, dont les 577.300 hectares ne font guère que le quatre-vingt-treizième du sol français, contribue pour *un seizième* à l'ensemble de nos impôts, et que ce même quatre-vingt-treizième porte 1.896.000 habitants, soit près du vingtième de notre population, et 328 personnes au kilomètre carré, la moyenne de la France n'étant même pas de 73 !

Et si l'on ajoute au Nord le Pas-de-Calais, son voisin, son émule, on arrive à ce fait que leurs 1.252.500 hectares réunis (à peu près le quarante-troisième de la France) suffisent à 2 millions 908.000 personnes, soit à plus du quatorzième des Français !

**3. Causes de la supériorité de la région du Nord.** — D'où vient cette supériorité du Nord sur tous nos autres départements, la Seine exceptée à cause de Paris ?

De ce que le travail du sol y est admirablement compris : les « Nordistes » ont fait de l'agriculture une industrie à grand rendement, mais ils ont peut-être trop penché vers la monoculture : par sa toute présence, la betterave est un peu dans le Nord ce que la vigne est dans le Sud-Ouest et le Midi ;

De ce que le sous-sol y livre les trésors de sa houille ; de ce que cette houille, extraite chaque année par millions de tonnes, y aide à un colossal développement de l'industrie et par cela même à la prospérité de l'agriculture, car ici le travail des champs ne va pas sans la profusion d'engrais ;

De ce que, l'agriculture y aidant l'industrie, et l'industrie l'agriculture, le commerce y anime et y multiplie tout. C'est ainsi que tous les arts de la paix fleurissent dans ces lieux d'égorgements militaires : étant plat, sur un passage des peuples, entre les Gaules et les Germanies, le Nord, rien qu'un seul département, a vu quatre-vingts batailles et des milliers de combats.

Lille, capitale de ces lieux les plus vivants de France après Paris, s'appelle réellement l'Ille, de ce qu'elle naquit entre les bras de la Deule. Elle n'a que 205.000 habitants entre les murs de son enceinte ; mais, dans la réalité des choses, Lille, Roubaix (121.000 habitants), Tourcoing (82.000 habitants), et les villes et bourgs intermédiaires ne font qu'une seule et même cité. Ainsi comprise, la riche et remuante métropole n'est pas la quatrième ville de France, mais peut-être la seconde, avant Marseille, avant Lyon.

---

**LEÇON A APPRENDRE.** — *1. Le climat de Lille n'est pas froid comme on le croirait d'après la latitude et le nom du département du Nord. Influencé par la mer, il est humide et pluvieux. Le pays est plat, bas, souvent inférieur au niveau de la mer, protégé contre elle par des dunes ou des digues. — 2. Mais la région du Nord et du Pas-de-Calais est au suprême degré agricole, industrielle et riche. Le département du Nord, le quatre-vingt-treizième de la France, paie le seizième des impôts et porte le vingtième de la population. Avec le Pas-de-Calais il compte plus du quatorzième des Français. — 3. L'agriculture, scientifique et industrielle, y produit la betterave et le blé. Le sous-sol alimente l'industrie par des millions de tonnes de houille. Un commerce intense crée et fait circuler la richesse dans ce pays, autrefois champ de bataille des nations. — La capitale, Lille sur la Deule, compte 205.000 habitants. Lille, avec ses faubourgs, avec Roubaix et Tourcoing, forme une agglomération supérieure peut-être à Marseille et à Lyon.*

---

**Exercices écrits ou oraux.** — Quel est le climat de la région lilloise ? — L'aspect général du pays (1) ? — Son importance relative en superficie, en population, pour le chiffre des impôts payés (2) ? — Le caractère particulier de l'agriculture : les deux produits principaux (3) ? — L'industrie dans la région du Nord (3) ? — Lille : sur quelle rivière (3) ? — Les deux villes voisines (3) ? — Leur population (3) ? — L'importance de l'agglomération lilloise (3) ? = **Questions sur la carte et sur l'image :** Montrez sur la carte les principales villes de la région du Nord. Dites ce que vous savez sur l'importance agricole, industrielle ou commerciale de chacune d'elles. — Qu'est-ce qui vous indique dans l'image 2 que Lille est une des « reines de France » ? A quoi voyez-vous (image 4) qu'on est dans le pays de la houille ? — Décrivez d'après l'image 5 le beffroi de Bergues. Que vous rappelle-t-il ?

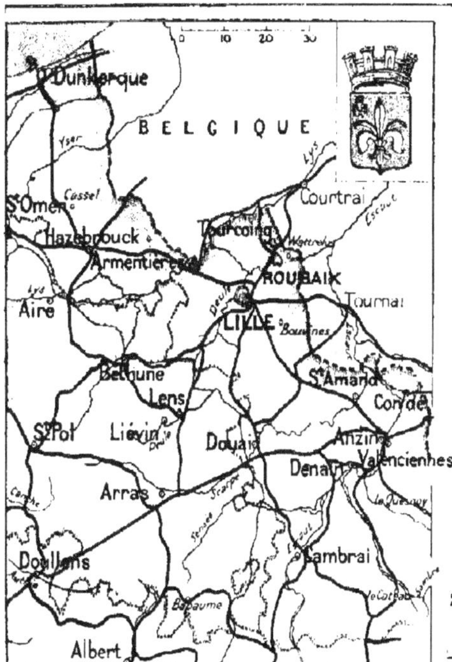



**1. Carte de Lille et de ses environs.**

C'est dans le Nord de la France qu'on voit comment des hommes intelligents, industrieux, laborieux, patients, ont installé de grandes villes extraordinairement actives dans un pays qui n'était guère autrefois que forêts et marais.

**2. Lille, la grande place.** — Il y a deux siècles Lille était une cité insignifiante : l'industrie en a fait une des reines de France.

**3. Anor.** — Perdu dans les schistes ingrats des Ardennes, Anor ne serait qu'un village si les Anoriens n'avaient fait appel à l'industrie.

**4. Bruay.**

Ce n'est pas le sol qui enrichit Bruay, c'est le sous-sol. On est ici dans le pays de la houille, — le *pays noir*.

**5. Beffroi de Bergues.** — La vie communale fut toujours active, ardente, dans les contrées du Nord : le grand monument n'y est pas la cathédrale, c'est le beffroi de l'Hôtel de Ville.

# BORDEAUX ET SES ENVIRONS

**1. Géographie physique.** — A 73 kilomètres de l'Atlantique, deux rivières se rencontrent.

Elles sont énormes, avec 500, 800, 1.000 mètres et plus de largeur. La marée rebrousse violemment leurs eaux d'un gris jaune où montent et descendent des navires. Celle de gauche est la *Garonne* de Toulouse et de **Bordeaux**; celle de droite, la *Dordogne* de Bergerac et de Libourne.

La majestueuse largeur des deux fleuves, leur flux, leur reflux, ont tellement impressionné les gens du pays que la région triangulaire qui les sépare, heureuse contrée à la fois vignoble et jardin, en a reçu le nom d'Entre-deux-Mers.

Réunis, les deux fleuves transforment en *Gironde* le nom de Garonne, et leur eau coule vers la mer dans un estuaire*de 3, 5, 8, jusqu'à 10 kilomètres, ampleur réduite à 5 kilomètres devant Royan, lieu de l'embouchure.

**2. Aspect général.** — Garonne et Dordogne acheminent vers l'estuaire les eaux de la Guyenne et Gascogne, d'une part, du Languedoc et du Limousin d'autre part. Elles sont les deux artères vitales de la riante, fertile, opulente Aquitaine dont la nature a fait la rivale du Bassin de Paris en grâce, en richesse : à l'avantage de l'Aquitaine, qui est plus soleilleuse, plus visitée par les pluies, avec issue plus large et plus profonde vers l'Océan.

Aussi s'est-on souvent demandé pourquoi la fortune de l'Aquitaine n'a pas vaincu la fortune du Bassin de Paris. Il semble pourtant que *Burdigala*, sur la rive gauche de son vaste fleuve, est bien plus un site de métropole que Lutèce, aux deux bords de sa rivière étroite. D'autant que deux grandes routes se croisent à Bordeaux, « reine de l'Aquitaine » : la route internationale d'Angleterre, d'Allemagne en Espagne par l'Orléanais, la Touraine, le *Seuil* du *Poitou*, l'Angoumois ; et la route de l'Ouest à l'Est, de l'Atlantique à la Méditerranée par l'isthme gascon et languedocien d'entre Pyrénées et Cévennes, à la moindre distance entre ces deux mers.

En dehors des fatalités de l'histoire et sans s'arrêter à une infériorité non démontrée des Gascons, comparés aux Français du Nord, il se peut que Bordeaux ait succombé dans la lutte par suite de la grandeur de l'espace difficilement utilisable qui s'étend de la Gironde à l'Adour.

En effet, deux natures de pays absolument différentes se partagent le pays bordelais.

**3. Agriculture, Industrie, Commerce.** — Au sud-est, à l'est, au nord, la contrée souriante, les plaines superbes, les coteaux aux vignes renommées : l'Agenais, le Périgord, le Libournais, la Saintonge; au nord-ouest, le long de la rive gauche de la Gironde, le Médoc, terre peu généreuse mais dont l'industrie des Médocains tire les vins peut-être les plus délicats du monde. Tandis que vers l'ouest, en tirant sur l'Atlantique, vers le sud en tirant sur les Pyrénées, c'est la platitude, l'infertilité, la sauvagerie des Landes, vaste domaine demeuré jusqu'au milieu du XIXe siècle un désert fiévreux, une pineraie, une « moutonnière » de très petit profit. Aujourd'hui c'est au contraire un pays sain, une contrée de grand revenu. Mais les Landes n'en sont pas moins restées dans tout le cours de l'histoire française un héritage dont Bordeaux ne pouvait tirer aucune puissance.

Bordeaux n'a pas d'égal en France pour la majesté de sa façade sur les 6.500 mètres du croissant du fleuve, et son beau quartier vaut les plus beaux de Paris. Mais, du fait du déboisement des Pyrénées et des plateaux de la France Centrale, la Garonne s'envase, la Gironde aussi; les grands navires n'y remontent plus sans peine. Elle n'a que 250.000 habitants : 300.000 avec ses faubourgs; elle ne grandira que si les monts se reboisent et si son fleuve s'améliore.

---

LEÇON A APPRENDRE. — **1.** *Garonne et Dordogne unies à 73 kilomètres de l'Océan enserrent entre leurs bras la presqu'île de l'Entre-deux-Mers. La Gironde recueille les eaux de la Guyenne et de la Gascogne d'une part, du Languedoc et du Limousin de l'autre.* — **2.** *Bordeaux, sur la rive gauche de la Garonne, est la métropole de cette région où se croisent la grande route du Nord anglo-germain à l'Espagne et la route de l'Atlantique à la Méditerranée.* *Son bassin rappelle aussi le bassin Parisien.* — **3.** *Deux natures de pays absolument différentes se partagent la région bordelaise : à l'est et au nord, des plateaux et des plaines avec leur vignoble si renommé; au sud-ouest, les Landes stériles, assainies par les pins. Bordeaux est une très belle ville qui s'étend sur 6.500 m. le long de la Garonne. Mais le fleuve s'envase : les grands navires ne le remontent plus que très difficilement.*

---

**Exercices écrits ou oraux.** — Décrivez la région où s'unissent la Garonne et la Dordogne : donnez le nom de la presqu'île qui les sépare (**1**). — Tracez le croquis du pays bordelais. — Les raisons géographiques de la prospérité de Bordeaux (rivières, routes internationales) (**2**)? — La nature du pays bordelais, le vignoble et les Landes (**3**)? — La ville, son étendue et sa population (**3**)? = **Questions sur la carte et sur** l'image : Indiquez sur la carte les cours d'eau importants que vous connaissez. — Quelles différences faites-vous entre une baie comme le bassin d'Arcachon et l'estuaire de la Gironde? — Montrez Libourne sur la carte : cette ville vous semble-t-elle bien située? — Indiquez sur la carte les régions qui fournissent des vins estimés. — Quelle est, d'après l'image 3, la forme générale de Bordeaux? — Dire, d'après l'image 4, de quoi se composent les ponts de Cubzac?

* Voy. p. 122, *Leçons de revision* 4, 5 et 6.

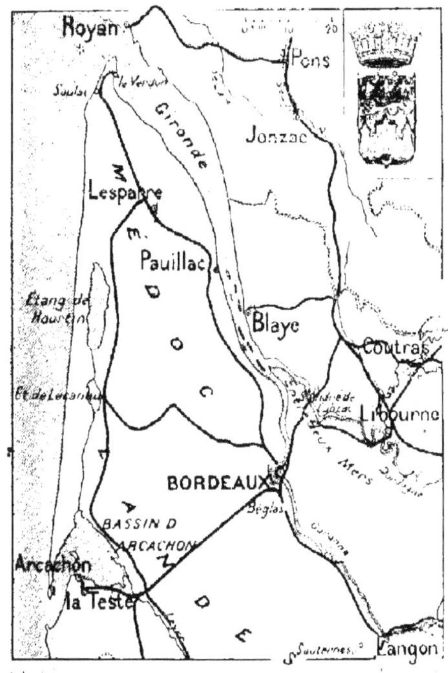


**1. Carte des environs de Bordeaux.** —
Bordeaux, la « ville des vins », est aussi la ville des
pins : la lande commence dès l'extrémité des faubourgs de cette « Cité du Croissant ». On la nomme
ainsi des six kilomètres de la vaste courbure de
son fleuve, constamment jauni par le brassement
de la marée.

**2 Le bassin à flot** (à Bordeaux). — Cette grande ville
travaille à l'amélioration de son port,
de son fleuve encombré d'alluvions :
bassin à flot, dragages constants, ap-
profondissement des passes, projet
d'un canal de grande navigation, etc.

**3. Vue générale de Bordeaux.**
— Tous les voyageurs s'accordent en
ceci qu'il est difficile, presque impossible, de contempler un spectacle plus majestueux que celui du
port et des quais de Bordeaux.

**4. Un des deux ponts de Cubzac.** — Les deux ponts de Cubzac,
assez hauts pour que les navires passent dessous voiles déployées,
ont 500 à 600 mètres de longueur, 1,500 mètres environ avec les via-
ducs qui les prolongent en descendant dans la plaine.

**5. La grande jetée à Arcachon.** — Arcachon
dispute aux cités de la Côte d'Azur l'avantage d'être
une ville d'hiver modèle : les villas de sa forêt de pins
sont baignées par un climat d'une égalité merveilleuse.

# TOULOUSE ET SES ENVIRONS

**1. Aspect général.** — Les Romains surnommèrent **Toulouse** la « Rome de la Garonne ». C'était donc déjà une grande, une fastueuse ville gallo-romaine après avoir été la maîtresse cité de la nation gauloise des Volsques Tectosages.

Site prédestiné, elle règne en avant des Pyrénées comme en avant des Cévennes, au bord de la Garonne qui mène au cœur de ces Pyrénées, près du Tarn qui mène au cœur de la France Centrale. Sa vallée est, d'ici, le grand chemin de l'Océan, vers le nord-ouest. Dans la direction de la Méditerranée s'ouvre une vallée très large où se traîne un ruisseau, là où se précipitait jadis un puissant torrent, à l'époque où le fleuve de l'Aude ne se vidait pas encore dans la « Mer entre les terres ». Ce val abandonné par l'Aude ne livre plus passage qu'au misérable fossé qu'est l'Hers Mort ; mais en le remontant, routes, chemins de fer ; canal des Deux-Mers ou canal du Midi arrivent en pente très douce au fameux *Seuil de Naurouze* (à moins de 200 mètres d'altitude) et de là descendent vers la Méditerranée.

Voilà comment le chemin d'Atlantique à Méditerranée évite les Monts du Centre et les Pyrénées ; et comment Toulouse commande une des trois voies maîtresses de notre territoire, les deux autres étant celles de Paris à Bayonne et de Paris à Marseille, les trois permettant de tourner l'énorme obstacle du Massif Central.

**2. Agriculture.** — Comme Paris et comme Bordeaux, Toulouse gouverne des campagnes riches en moissons, et tout d'abord la plaine du Toulousain, qui se dédouble en remontant la Garonne et l'Ariège. Ce sont là des champs à remplir le grenier, le cellier, le fruitier. Mais sous le soleil, parfois accablant, du Languedoc, ils ne donneront toute la mesure de leur fécondité que lorsque des canaux d'arrosage leur verseront l'eau du fleuve, des torrents, des lacs exhaussés et décantés dans la montagne.

En aval de la « Rome Garonnaise », la vallée du fleuve unit, entre collines chauves plantées de vignes, la plaine de Toulouse à la plaine, encore plus généreuse, de Montauban, alluvion* où serpentent la Garonne, le Tarn et l'Aveyron. Ni dans les champs d'amont*, ni dans les champs d'aval, le sol, qui n'est que terre, ne fournit de pierre à bâtir : tout est brique et crépi. N'empêche que Toulouse offre de ravissants hôtels de la Renaissance, que sa superbe église de Saint-Sernin est la plus vaste des basiliques romanes encore debout, et qu'à quelque distance la cathédrale d'Albi est un monument magnifique.

**3. Industrie.** — Dès qu'on entre dans les vallées pyrénéennes avec la Garonne, la Neste, le Salat, l'Ariège, dans celles des Monts du Centre en remontant le Tarn et l'Agout, on s'émerveille aux beautés de la nature. La fortune du pays est dans ses moissons, dans ses vendanges ; beaucoup moins dans l'industrie, qui dispose pourtant d'une force énorme dans les torrents, dans la Garonne, l'Ariège, le Tarn, l'Agout.

**4. Courte histoire.** — La situation de Toulouse dans l'empire romain était si favorable qu'on a pu supposer que, cet empire ayant subsisté, Toulouse en serait peut-être devenue la capitale : Rome était trop excentrique depuis que son domaine s'était partagé entre l'Orient grec et l'Occident latin. Mais la dislocation qui se fit de cet Occident en Italie, Gaule, Espagne, ne laissa plus à Toulouse qu'un avenir gaulois.

Après la séparation de la France en *langue d'oïl* et *langue d'oc*, il ne resta même pas à Toulouse la suprématie sur cette dernière, Marseille et Bordeaux l'emportant sur elle en richesse et en habitants. Ce n'est maintenant qu'une ville de 150.000 âmes, qui n'augmente pas, mais qu'on loue pour ses agréments, sa vie facile et la bonne humeur de ses Toulousains.

---

**LEÇON A APPRENDRE.** — *1. Toulouse, au site prédestiné, se trouve au croisement des routes de l'Atlantique par la basse Garonne, des Pyrénées par la haute Garonne, du Massif Central par la vallée du Tarn, de la Méditerranée par la dépression où passe le canal du Midi et qui mène au col de Naurouze. — 2. Malgré l'absence de pierre à bâtir dans la région, Toulouse est remarquable par ses hôtels de la Renaissance et par la basilique romane de Saint-Sernin. — 3. Les plaines de Toulouse et de Montauban, riches par leur abondance en céréales et vignes, n'ont presque pas d'industrie, malgré la force motrice des rivières. — 4. Dans l'Empire Romain, Toulouse avait une situation particulièrement favorable, exactement au centre de l'Occident latin, séparé de l'Orient grec. Toulouse ne vient qu'après Bordeaux et Marseille, dans le pays de langue d'oc.*

---

**Exercices écrits ou oraux.** — Les raisons géographiques de l'importance de Toulouse, autrefois capitale du Midi (1) ? — Décrivez les monuments et les curiosités de la ville. — Quelles sont les plaines fécondes qui entourent Toulouse (2) ? — Dites-en les cultures principales (3) ? — La force motrice des rivières est-elle utilisée pour l'industrie (3) ? — Quel rang Toulouse a-t-elle conservé dans les grandes villes de France (4) ? =

**Questions sur la carte et sur l'image :** Montrez Toulouse sur la carte. Quelles sont les grandes voies naturelles qui y convergent ? — Suivez sur la carte le cours des rivières abondantes et celui des rivières pauvres en eau. — Justifiez leurs régimes respectifs. — A quoi voyez-vous dans l'image 2 que la rivière doit avoir encore quelques caractères du torrent ? — Luchon semble-t-il bien choisi, d'après l'image 4, comme lieu de villégiature estivale ?

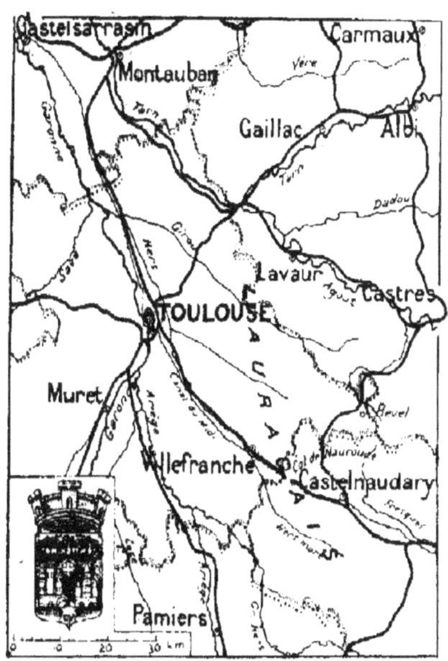


**1. Carte des environs de Toulouse.** — Il ne faut pas s'illusionner sur les rivières des environs de Toulouse : tout ce qu'elles ont d'eau leur arrive des Pyrénées ou du Massif Central. Garonne, Salat, Ariège, Grand-Hers, Agout, Dadou, Tarn, venus de la montagne, roulent une eau abondante ; mais les rivières nées dans la plaine ou le coteau : Hers-Mort, Giron, Lèze, Touch, Save, sont plutôt des fossés que de véritables rivières.

**2. Confluent de la Garonne et du Salat.** — Au moment d'entrer en plaine, ces rivières conservent encore quelque peu de leur impétuosité native.

**3. La Garonne à Toulouse.** — Verte, abondante, rapide, magnifique, la Garonne est l'ornement de Toulouse ; mais elle en est la terreur lorsque, grossie par la fonte des neiges, ou par les longues pluies, elle menace la ville et renverse son grand faubourg de Saint-Cyprien.

**4. Aux environs de Luchon.** — A Bagnères, à Aulus, à Ax, à Ussat, les grandes Pyrénées sont assez éloignées de Toulouse ; mais les Toulousains, à la recherche de la fraîcheur et de la beauté qu'ils ne trouvent pas dans leur plaine, les considèrent comme faisant partie de la banlieue de leur ville. — C'est là qu'ils vont en villégiature estivale, de préférence à tous autres lieux.

# LYON ET SES ENVIRONS

**1. Géographie physique et historique.** — *Lutecia Parisiorum*, Paris n'était encore qu'une obscure bourgade quand *Lugdunum*, notre **Lyon**, déployait déjà l'opulence d'une grande ville gallo-romaine.

Deux rivières s'y rencontrent, bien supérieures à la Seine et à la Marne, le *Rhône* orageux, fils des glaciers*, et la *Saône* débonnaire, fille des pluies. Plus hautes, plus roides que celles qui commandent Paris, les collines lyonnaises avoisinent des monts continuant au nord la chaîne des Cévennes, et tout près, à l'est, se lève le Jura, derrière lequel pointent les Alpes neigeuses.

À l'arrivée des Romains, le confluent des deux rivières appartenait à la nation gauloise des Ségusiaves, qui ne se contentait pas de posséder, le long du Rhône, la grande route de la Méditerranée ; elle régnait aussi, vers l'ouest, sur le val de la Loire, chemin de l'Océan Atlantique.

Les conquérants de la Gaule avaient au plus haut degré le sens du terrain, on peut dire une sorte de divination des lieux, des centres de vibration, des sites de commandement. Ils profitèrent aussitôt de cette Saône qui mène aux cols de la Bourgogne, au plateau de Langres, aux Vosges, à la trouée de Belfort, c'est-à-dire à la Manche, à la mer du Nord, aux plaines germaines, à portée de la Loire, fleuve central. Ils s'installèrent au-dessus de la fourche des deux courants ; une cité pompeuse grandit au centre d'étoilement des voies militaires et devint la capitale de la Celtique, plus tard la Lyonnaise.

**2. Importance de Lyon.** — Sans doute par trop de montagnes aux alentours, *Lugdunum*, devenu Lyon, blotti dans son fond de vallée, ne conquit pas au loin l'espace ; mais ses grandes et belles eaux, sa magnifique situation, l'esprit entreprenant, sérieux, pratique de ses Lyonnais lui font espérer qu'il n'a pas encore atteint la grandeur dont il est capable. Ce n'est encore qu'une ville de 472.000 âmes, donc inférieure à Marseille et n'ayant en France que le troisième rang. Mais il faut considérer que les 517.000 Marseillais vivent sur un large espace, 22.801 hectares, et qu'une foule de villages d'où l'on ne voit même pas Marseille, comptent dans la population de notre grand port méditerranéen ; tandis que les Lyonnais se concentrent sur 4.318 hectares. Lyon triomphera certainement de Marseille quand il annexera tout ce qui lui tient de près.

**3. Agriculture, Industries, Commerce.** — La principale supériorité de Lyon sur nos autres grandes villes réside dans la puissance de ses deux courants, surtout du Rhône, plus abondant que la Saône sur une pente beaucoup plus rapide. En dehors de l'un et de l'autre, les chutes des torrents, transmettant leur force aux fils conducteurs d'énergie, y animeront quelque jour une industrie colossale. Déjà, et depuis longtemps, aucune ville du monde ne l'emporte sur Lyon dans le travail de la soierie.

Son infériorité en comparaison de Paris, de Bordeaux, de Toulouse, tient à l'absence de vastes plaines à grande culture dans son voisinage. Sauf élargissements des vals de la Saône et du Rhône, en amont* et en aval, il n'y a par ici de champs de grande production que la Bresse.

Partout ailleurs collines et montagnes : du Jura, des Préalpes, des Alpes, et, au plus près, les monts du Beaujolais, du Lyonnais. À citer aussi le Pilat (1.434 mètres) qui envoya des eaux à Lyon par un aqueduc romain et qui en envoie présentement à la grande ville de la houille, du fer, des rubans, à la noire *Saint-Étienne* (147.000 habitants).

Lyon s'ensevelit fréquemment dans d'épais brouillards : alors il est froid et triste ; mais, à mesure qu'on descend le Rhône, l'air devient lumineux. À *Vienne*, qui fut grande ville romaine, les colons latins trouvaient quelque chose du ciel de l'Italie. Peu après on passe au climat méditerranéen.

---

**LEÇON A APPRENDRE.** — **1.** *Lyon, qui existait déjà avant la conquête romaine, fut choisi comme capitale par les Gallo-Romains. Ce choix avait pour cause la situation de Lyon au confluent du Rhône violent et de la Saône paisible. De Lyon partaient les routes du Nord par la Saône, de la Méditerranée par le Rhône, et aussi de l'Atlantique par la vallée peu éloignée de la Loire.* — **2.** *Lyon resserré entre les montagnes, ne serait par ses 472.000 habitants que la troisième ville de France ; mais son agglomération est, après Paris, la plus importante en France.* — **3.** *Lyon est le premier centre du monde pour la fabrication des soieries ; cette industrie est aidée par la force motrice du Rhône. Autour de Lyon, d'un seul côté une plaine agricole, la Bresse ; partout ailleurs les montagnes, avec le sommet du Pilat (1.434 m.), qui alimente d'eau Saint-Étienne, la ville du fer et des rubans. Lyon est souvent obscurci par les brouillards de la Saône et du Rhône.*

---

**Exercices écrits ou oraux.** — Position de Lyon : son importance. — Quelles routes y aboutissent (1) ? — Rang qu'occupe en France l'agglomération lyonnaise (2) ? — Quelle est la principale industrie lyonnaise ? — D'où Lyon tire-t-il la force motrice nécessaire (3) ? — Quelle est la région agricole avoisinante (3) ? — Dites un mot du climat lyonnais (3). = **Questions sur la carte et sur l'image :** Suivez sur la carte les grandes voies naturelles et historiques qui aboutissent à Lyon. — Montrez sur la carte deux grandes agglomérations humaines importantes. — Justifiez leur établissement. — Indiquez sur la carte une région marécageuse. — Comparez les images 2 et 4 et faites, d'après elles, une courte description de Lyon. — À quoi voyez-vous dans l'image 5 que la Saône a dû se frayer un passage entre les collines de l'une et de l'autre rive ?

**1. Carte de la région lyonnaise.** — Cette région va des vignobles du Beaujolais et des froids étangs de la Dombes aux lieux où le Rhône heurte les contreforts du Pilat (1,431 m.), qui est un pilier septentrional des Cévennes.

**4. Le Rhône à Lyon.** — Les ingénieurs ont dû proportionner ici les ponts du Rhône à la largeur et à la violence du fleuve, fils des glaciers, tandis que la Saône est une fille des forêts et des prairies.

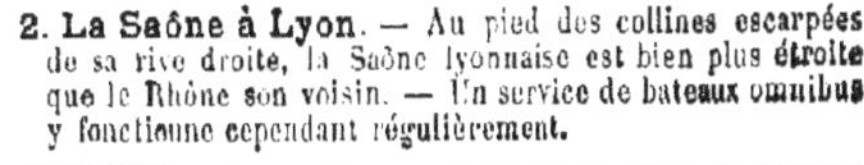

**2. La Saône à Lyon.** — Au pied des collines escarpées de sa rive droite, la Saône lyonnaise est bien plus étroite que le Rhône son voisin. — Un service de bateaux omnibus y fonctionne cependant régulièrement.

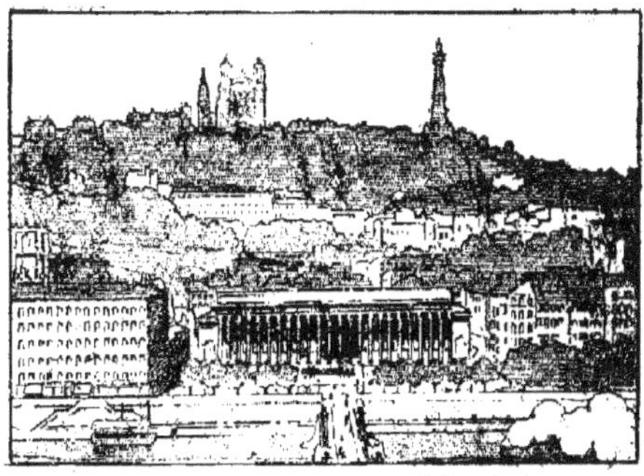

**3. Métier à tisser la soie.** — L'industrie des *canuts* autrefois dispersée, familiale, localisée à la *Croix-Rousse*, est aujourd'hui concentrée dans d'énormes usines.

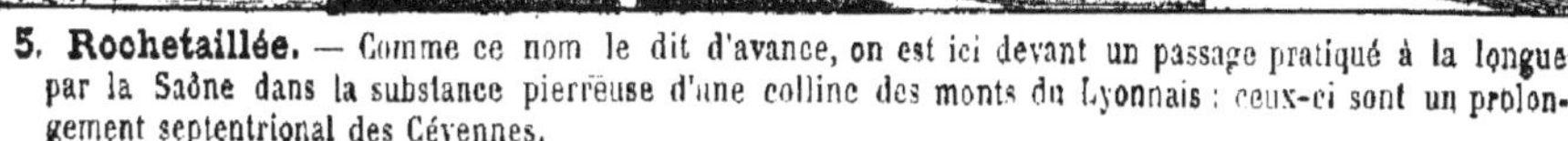

**5. Rochetaillée.** — Comme ce nom le dit d'avance, on est ici devant un passage pratiqué à la longue par la Saône dans la substance pierreuse d'une colline des monts du Lyonnais ; ceux-ci sont un prolongement septentrional des Cévennes.

# MARSEILLE ET SES ENVIRONS

**1. Historique de Marseille.** — « Si Paris avait une Canebière, il serait un petit **Marseille**. » C'est le propos qu'on prête au Marseillais parlant de la plus belle rue de sa ville. Il y a du vrai dans cette boutade; car ce premier de nos ports est une cité magnifique, au rivage d'une mer lumineuse, dans un pays italien, sicilien, grec, ionien par ses formes et ses couleurs. Et, si vieux que soit Paris, « la Fille de Phocée » remonte à une antiquité plus vénérable encore.

Si Lutèce a deux mille ans d'histoire connue, *Marseille* en a trois mille. Quelques centaines d'années avant la fondation de Rome, des Phéniciens, marchands du littoral de la Syrie, profitaient déjà de l'excellence de son « Vieux port » pour y installer des comptoirs. Aux Phéniciens succédèrent des Grecs d'Asie, des Phocéens; ils fortifièrent, embellirent tellement *Massalia* qu'ils passèrent pour l'avoir fondée, 600 ans avant notre ère.

**2. Aspect général.** — Comme Paris, Lille, Bordeaux et Toulouse, Marseille a de grandes plaines dans son voisinage. Elles sont loin de valoir celles des villes rivales : la *Crau*, plaine de cailloux plus que d'alluvions*, doit ses récoltes moins à elle-même qu'aux arrosages tirés des canaux de la *Durance;* la *Camargue*, delta* du Rhône, ne s'élève que lentement à la vie agricole. A distances plus grandes, d'autres larges campagnes s'étendent, domaines de la vigne et des riches cultures : plaines de Tarascon-Beaucaire, de Nîmes; plaines du Comtat au pied des Alpes, en face des Cévennes, au bord du Rhône impétueux.

**3. Le port de Marseille.** — Les dépôts de la mer, des torrents des lacs, vivifiés par l'eau des irrigations, apportent sans doute leur part à la prospérité du commerce de Marseille, mais ce fameux port doit surtout sa supériorité à ce qu'il représente toute la France au bord de la Méditerranée, qu'il exporte pour toute la France, qu'il importe pour toute la France, qu'il la met en relations avec l'Afrique Française, l'Orient, le tour de la Méditerranée, et aussi avec l'Atlantique par le détroit de Gibraltar, avec la mer des Indes par le canal de Suez. Sa force lui vient donc de la mer, ainsi que sa beauté. Flots bleus, monts littoraux, promontoires sublimes, ciel brillant; c'est en réalité à Marseille que commencent les merveilles de la Côte d'Azur.

En dehors de sa fonction nationale de port essentiel de la France en Méditerranée, Marseille est l'issue naturelle du bassin du Rhône; elle n'atteindra toute sa prospérité que lorsqu'un canal la reliera commodément à ce grand fleuve devenu pratiquement navigable.

**4. Villes de la région.** — Nos villes les plus anciennement monumentales bordent ce superbe Rhône ou n'en sont guère éloignées : *Arles*, si célèbre par la beauté de ses femmes, *Nîmes*, « la vraiment romaine », *Orange* montrent des restes imposants de la grandeur romaine; *Avignon* fut la capitale du monde chrétien : on le reconnaît à d'énormes édifices du moyen âge; les *Baux* sont une ville médiévale* taillée, évidée, sculptée dans le roc. L'heureuse *Provence* a tout pour elle, la mer, les monts harmonieux, la splendeur du soleil, la majesté des souvenirs, l'antiquité, la beauté des œuvres de l'homme; elle n'a contre elle que son *mistral*, le plus exaspérant des vents.

**5. La seconde ville de France.** — En somme, la « Belle France » a par ici ses plus grandes beautés près de son plus beau port : son plus prestigieux rivage, la *Côte d'Azur;* son plus beau fleuve, le Rhône; son plus grand delta, la Camargue; son lac le plus lumineux, l'étang de Berre; son plus grand torrent, la Durance; sa plus grande fontaine, Vaucluse; son *aven*, son abîme le plus profond, le Chourun-Martin, en Dévoluy; enfin, ses plus vieux monuments, dolmens* et menhirs* à part; son histoire la plus vieille, contemporaine de la prise de Troie.

Marseille est fière d'être la seconde ville de France, en vertu de ses 517.000 Marseillais.

---

*LEÇON A APPRENDRE.* — **1.** *Marseille compte trois mille ans d'histoire. Aux Phéniciens qui y avaient installé un comptoir, succédèrent des Grecs d'Asie, les Phocéens, qui ayant transformé la ville primitive, passèrent plus tard pour l'avoir fondée.* — **2.** *Dans le voisinage immédiat de Marseille s'étendent de grandes, mais peu fécondes plaines : la Camargue, la Crau. Les riches cultures de Tarascon-Beaucaire, de Nîmes, du Comtat au pied des Alpes entourent au loin Marseille.* — **3.** *La richesse de Marseille, c'est son port. Par lui la France est en relations avec l'Afrique française du Nord, avec l'Atlantique par Gibraltar, avec les Indes, la Chine, le Japon, l'Australasie par le canal de Suez.* — **4.** *Marseille est aussi l'issue naturelle du bassin du Rhône, à qui un canal va la relier. Elle est le débouché naturel de la belle vallée d'Arles, de Nîmes et d'Avignon.* — **5.** *Marseille compte 517.000 habitants.*

---

**Exercices écrits ou oraux.** — Par qui fut fondée Marseille? à quelle époque environ (1)? — Quelles plaines entourent Marseille? dites leur valeur agricole (2). — Importance du port de Marseille : ses causes (3)? — Avec quels pays du monde et par quelles voies maritimes Marseille entretient-elle des relations régulières (3)? — Quelle importance aurait pour le développement commercial de Marseille le creusement d'un canal au Rhône (3)? — Décrivez les curiosités de la région marseillaise (4). = **Questions sur la carte et sur l'image** : Montrez sur la carte les régions irriguées par le Rhône et la Durance. — Indiquez en Provence un grand port militaire. — Décrivez d'après l'image 2 l'aspect général de la côte provençale. — Différences entre les paysages des images 4 et 5?

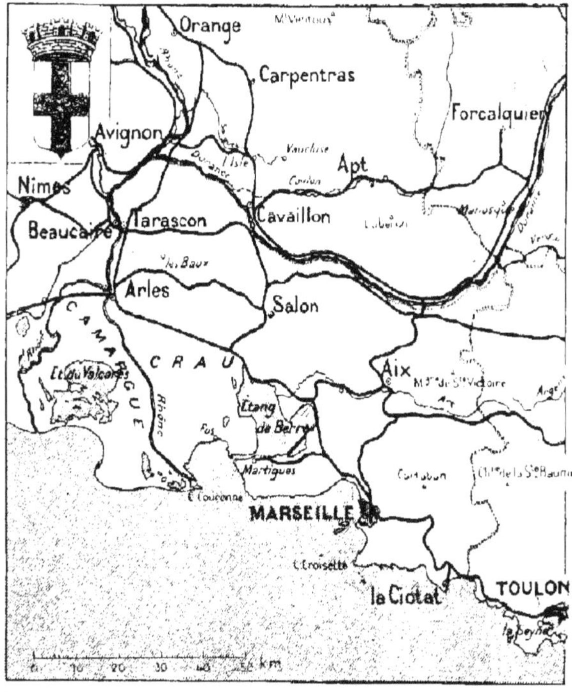


1. **Carte de Marseille et de ses environs**. — La supériorité du pays de Marseille tient à son littoral dentelé, à son grand fleuve, à ses torrents : ceux-ci lui procurent de précieux éléments d'irrigation : le Rhône est destiné à féconder le Comtat, la Crau, la Camargue et tout le bas Languedoc. Marseille et Toulon sont des filles de la mer.

2. **La Côte près de Marseille**. — La côte y est très pittoresque, aussi rugueuse que celle de la Bretagne, mais beaucoup plus haute, sur une mer plus clémente et sous un plus clair soleil.

3. **Marseille** est unique en France par l'animation de son port, la gaieté de ses habitants, l'exubérance de ses foules, la beauté classique de ses environs.

4. **La Crau**.
C'est la plaine des pierres, mais les canaux dérivés de la Durance en font un jardin.

5. **La Camargue**.
C'est la plaine des alluvions, la vase, les marais, les moustiques, les chevaux et les taureaux sauvages.

# FRANCE PITTORESQUE

**1. « Douce France » et « Belle France ».** — « Douce France », disaient les *trouvères* et les *chroniqueurs* du haut moyen âge, dès que la France usa de son français, qui n'est que du latin raccourci et simplifié. « Il vit comme le Seigneur Dieu en France », dit le proverbe allemand. — En d'autres termes : La France est le pays où il fait bon demeurer, où la vie est aisée, agréable, plantureuse. En effet, situation dans le monde, accès vers les mers du Nord, de l'Ouest et du Sud, variété des roches, climats, pluies, tout concourt à nous faire une patrie opulente.

Mais ce n'est pas assez d'être bonne. Elle est belle, et très diversement belle, avec des contrastes classiques : Bretagne et Provence, Normandie et Roussillon, Flandre et Béarn. Rives sauvages et rives de plaisance, roches et dunes, Côte d'Émeraude, Côte de Fer*, Côte d'Argent*, Côte d'Azur, voilà pour la mer. Grands monts, les plus hauts en Europe : Alpes, Pyrénées, Auvergne, Velay, Cévennes, Jura, Vosges ; gracieuses collines, plaines exubérantes, vallées délicieuses, méandres des rivières, voilà pour la terre.

**2. Diversité des sites français.** — L'extraordinaire diversité des sites de la France tient naturellement à la diversité des orientations, à celle des climats, à celle des reliefs, surtout à celle des assises géologiques.

Comme, par exemple, l'Allemagne, la France n'est pas un pays n'ayant qu'une seule pente, vers le septentrion, des Alpes et des Carpathes à la mer du Nord et à la Baltique. Tout au contraire, elle se porte vers le Nord-Est par ses vallées des bassins du Rhin, de la Meuse et de l'Escaut ; vers le Nord par la Seine et les fleuves côtiers de Picardie, de Normandie, de Bretagne ; vers l'Ouest par la Vilaine, la Loire, la Charente, la Gironde, l'Adour ; vers le Sud par le Rhône et les fluviots de la Provence, du Languedoc et du Roussillon. Chacune de ces orientations correspond à une illumination différente, des teintes grises de la Flandre aux couleurs violentes de l'Orient, comme aussi à un climat dissemblable : le climat du Nord-Est a quelque chose de continental, de plus sec avec neiges plus fréquentes qu'ailleurs ; celui du Nord est pâle, humide ; celui de l'Ouest mêle pluies et soleils ; celui du Sud est franchement soleilleux. Or, deux sites, même identiques, ne se ressemblent jamais quand leur lumière diffère.

L'étagement des climats l'emporte encore en puissance de différenciation pittoresque sur leur étalement en surface. De nos montagnes, principalement des Alpes, on peut dire qu'elles résument toute la Terre ; plus modestement, toute l'Europe, de la zone des palmiers et des orangers jusqu'aux mousses rudimentaires, en passant par toutes les plantes de la zone tempérée et de la zone glaciale. Or, à chaque altitude répondent des sites d'apparences très diverses et même contraires, depuis ce qu'on nomme paysage italien, espagnol, oriental, à ce qui s'appelle paysage de Scandinavie ou paysage polaire.

Une autre cause des beautés pittoresques de la France, c'est notre possession de toutes les espèces de roches. Nous lui devons nos villes blanches, nos villes grises, nos villes noires, suivant qu'elles sont bâties de calcaire* ou de craie*, de granits*, de laves. Ces roches de tout temps géologique, — depuis les *pierres archéennes** jusqu'aux *sédiments* *contemporains* — ont été sculptées sous mille et mille formes par le ruissellement. Ici c'est une nature molle, arrondie — comme en Bretagne, en Morvan, dans les Vosges, dans les divers Bocages, sur les Ségalas. Là c'est une nature brusque avec falaises et précipices, comme autour des Causses et dans les régions de l'oolithe*, de la craie*, qui sont celles des parois « fabuleuses », des abîmes, des cagnons*, des *avens* ou puits naturels, des grandes sources vives : il suffit de nommer Vaucluse, le couloir du Verdon, les gorges du Tarn. Dans les régions tertiaires*, le ruissellement a dégagé maintes nobles collines et maints sites d'acropole* et de châteaux. Dans les contrées volcaniques, les colonnades de basalte* font parfois vis-à-vis à des escarpements de granit, de gneiss*, et des lacs dorment dans les vieux cratères.

**3. Souvenirs et monuments.** — Enfin les **souvenirs** d'une histoire déjà vieille de deux mille ans ennoblissent chez nous même des sites vulgaires. Après les dolmens*, les menhirs*, les avenues de pierres brutes, nous avons Arles, Nîmes, Orange, la grandeur romaine ; et les églises romanes ; et les cathédrales ogivales ; et la cité de Carcassonne ; et les « nids d'aigle » ; et Paris.

---

**Exercices écrits ou oraux.** — Pourquoi ce nom de *Douce France* (1) ? Pourquoi ce nom de *Belle France* (1) ? — A quoi tient l'extraordinaire diversité des sites en France (2 et 3) ? — Dites ce que vous savez de nos monuments et autres souvenirs historiques (3). = **Questions sur l'image** : Que pouvez-vous dire de Carnac ? de ses alignements ? — Qu'appelle-t-on le *Saut du Doubs* ? — Où se trouve Montpezat ? — Caractère des roches de cette contrée. — Où se trouve le massif de la *Meije* ? Quel glacier domine-t-il ? — Dans quelle région coule la *Dronne* ? — Que faut-il retenir de ses eaux, de sa vallée ? — Qu'appelle-t-on le *Val d'Enfer* ? Dites ce que vous savez de ces diverses curiosités et beautés.

**1. Carnac** (Morbihan). — Les dolmens, menhirs, tumulus, etc., ne sont nulle part aussi nombreux que sur cette plage de l'Atlantique. — Les *alignements de Carnac* comprennent encore plus de mille « pierres debout ».

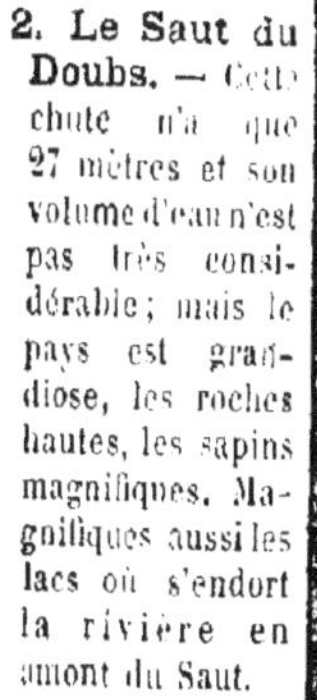

**2. Le Saut du Doubs.** — Cette chute n'a que 27 mètres et son volume d'eau n'est pas très considérable ; mais le pays est grandiose, les roches hautes, les sapins magnifiques. Magnifiques aussi les lacs où s'endort la rivière en amont du Saut.

**3. Montpezat** (Ardèche). — On est ici dans le Vivarais, dans le bassin de l'Ardèche, affluent du Rhône. Le voisinage, parfois le contact et le contraste des roches anciennes et des roches volcaniques donnent à cette contrée une variété prodigieuse.

**4. La Meije** (Isère). — Cette montagne si élancée, si difficile à gravir qu'on la surnomme le *Cervin* du Dauphiné, domine le glacier du Mont-de-Lans, l'un des plus grandioses de nos Alpes françaises.

**5. La Dronne** (Dordogne). — Cette rivière est fameuse dans le Sud-Ouest par la beauté, la transparence de ses eaux, et par la grâce de sa vallée ; elle doit ces privilèges à de claires fontaines sous un charmant climat.

**6. Val d'Enfer** (Bouches-du-Rhône). — On reconnaît ici la nature bouleversée de notre Midi : le *Val d'Enfer* avoisine les *Baux*, village qui fut une ville de 4,000 âmes, entièrement creusée dans la roche vive.

# EUROPE PHYSIQUE

**1. Bornes de l'Europe.** — L'énorme masse trapue de l'Asie projette à l'ouest une presqu'île d'abord également trapue, ensuite fort déliée, très fouillée, environ quatre fois et demie plus petite que le continent asiatique. Une chaîne très longue (2.000 kilomètres), mais basse (1.698 mètres), l'**Oural**, et une chaîne très haute, le **Caucase** (5.647 mètres), séparent ces deux parties du monde. Mais du Caucase à l'Oural, pas de limites naturelles; rien que des steppes* secs.

Partout ailleurs la mer : au nord, l'**Océan glacial**, limite avec le monde inconnu du pôle boréal; à l'ouest, l'**Atlantique**, en séparation d'avec l'Amérique septentrionale; au midi, la **Méditerranée**, en séparation d'avec l'Afrique; au sud-est, le détroit des Dardanelles, issue de la **mer de Marmara** qui reçoit le *Bosphore*, détroit sorti de la mer Noire; et, cette **mer Noire**, de l'autre côté de laquelle c'est encore l'Asie.

Le milliard environ d'hectares de l'Europe appartient à deux natures différentes, l'Orientale et l'Occidentale, celle-ci la plus petite.

**2. Uniformité de l'Europe Orientale.** — L'*Europe Orientale*, la terre des Russes, continue vers le couchant les froides régions de l'Asie septentrionale, avec guère plus d'aménité dans le climat : les hivers de Saint-Pétersbourg, de Moscou, d'Astrakhan, auxquels succèdent de torrides étés, sont presque des hivers sibériens.

Dans cette Europe peu européenne, la campagne s'étend à l'infini, plate, uniforme, sylvestre ou nue, lacustre ou sèche, sillonnée de larges rivières ensablées. Au nord, des sapins, des bouleaux; au sud, au sud-ouest, des champs de blé; au sud-est, des steppes à peine bons pour la vie nomade des peuples bergers. Au bord de la **Baltique**, rentrant de l'Atlantique, et sur la Mer Noire, petite Méditerranée en communication avec la grande, le ciel est plus doux : il y a

même en Crimée une sorte de Côte d'Azur abritée des vents du septentrion.

Monotone comme nature, comme aspect, uniforme comme climat, l'Europe Orientale ou Continentale l'est aussi comme habitants. On n'y trouve que des Russes et autres Slaves, côtoyés çà et là de Tartares. Ici rien de la superbe floraison de nations illustres qui caractérise la région occidentale ou péninsulaire comprise entre la Russie, l'Atlantique et la Méditerranée.

**3. Supériorité de l'Europe Occidentale.** — A l'*Europe Occidentale*, moins continentale qu'insulaire et péninsulaire, notre partie du monde doit d'être celle qui possède relativement le plus de rives marines. Scandinavie, Pays-Bas, Grande-Bretagne, France et les trois presqu'îles méridionales, — l'Allemagne à un moindre degré — contribuent beaucoup plus que le bloc russe aux 32.000 kilomètres de côtes dont l'Europe se glorifie, et le bloc continental participe surtout aux rivages, à demi morts, de l'Océan Glacial.

L'Atlantique est une mer tiède, la Méditerranée une mer chaude; prise entre elles deux et le grand tronc continental, l'Europe péninsulaire ne peut avoir partout le même climat tempéré. Dans la Scandinavie, qui remonte jusqu'au 70e degré boréal; dans la Hongrie, sevree des haleines de la mer; dans les plaines du bas Danube, battues des vents d'est; dans une partie de l'Allemagne, règne le climat tempéré froid. En Angleterre, en Irlande, en France, sur les côtes océaniques de l'Espagne et du Portugal, c'est le tempéré doux. Aux bords de la Méditerranée, c'est le tempéré chaud.

Tout compensé, l'intime pénétration de la mer dans les terres, la prédominance des vents tièdes de l'ouest, du sud-ouest, l'heureux équilibre des monts, des coteaux, des plaines, les latitudes ni torrides, ni glaciales, ont fait de l'Europe Occidentale le lieu du Globe où se sont développées les nations intelligentes, énergiques, agissantes qui instruisent et qui mènent l'Humanité.

---

**LEÇON A APPRENDRE.** — **1.** *De l'Asie se détache à l'ouest une presqu'île fouillée par la mer : c'est l'Europe. L'Europe tient à l'Asie par deux chaînes, l'une longue et basse, l'Oural, l'autre très élevée, le Caucase (5.647 mètres). Partout ailleurs l'Europe est limitée par les mers suivantes : Océan Glacial arctique, Océan Atlantique, Méditerranée, Mer Noire. Sa superficie est d'environ 10 millions de kilomètres carrés.* — **2.** *On peut distinguer en Europe deux régions de nature très différente, presque contraire. L'Europe Orientale continue le continent asiatique. C'est l'Europe russe, plate,* *uniforme, aux hivers et aux étés violents.* — **3.** *L'Europe Occidentale ou Europe proprement dite est la partie du monde qui possède relativement le plus de côtes baignées par la mer. Entre l'Atlantique et la Méditerranée le climat est doux : plus à l'Est, il est encore tempéré. La pénétration de la mer dans les terres, la prédominance des vents tièdes de l'ouest, l'heureux équilibre des plaines et des montagnes, l'égalité du climat ont fait de l'Europe Occidentale la région où s'est le mieux développée l'intelligence de l'Humanité.*

---

**Exercices écrits ou oraux.** — Dites la forme générale de l'Europe? ses limites? sa superficie (**1**)? — Quels caractères spéciaux différencient l'Europe Orientale ou continentale de l'Europe Occidentale ou péninsulaire (**2**)? — Quels caractères géographiques expliquent dans cette dernière le progrès de la civilisation (**3**)? =

**Questions sur la carte et sur l'image :** Montrez sur la carte les principales découpures de la presqu'île européenne. — Montrez sur la carte le point où la Méditerranée et l'Océan sont séparés par la plus petite distance ? — Conséquences de la situation de l'Europe. — Dites d'après les images quelques aspects de nos côtes.

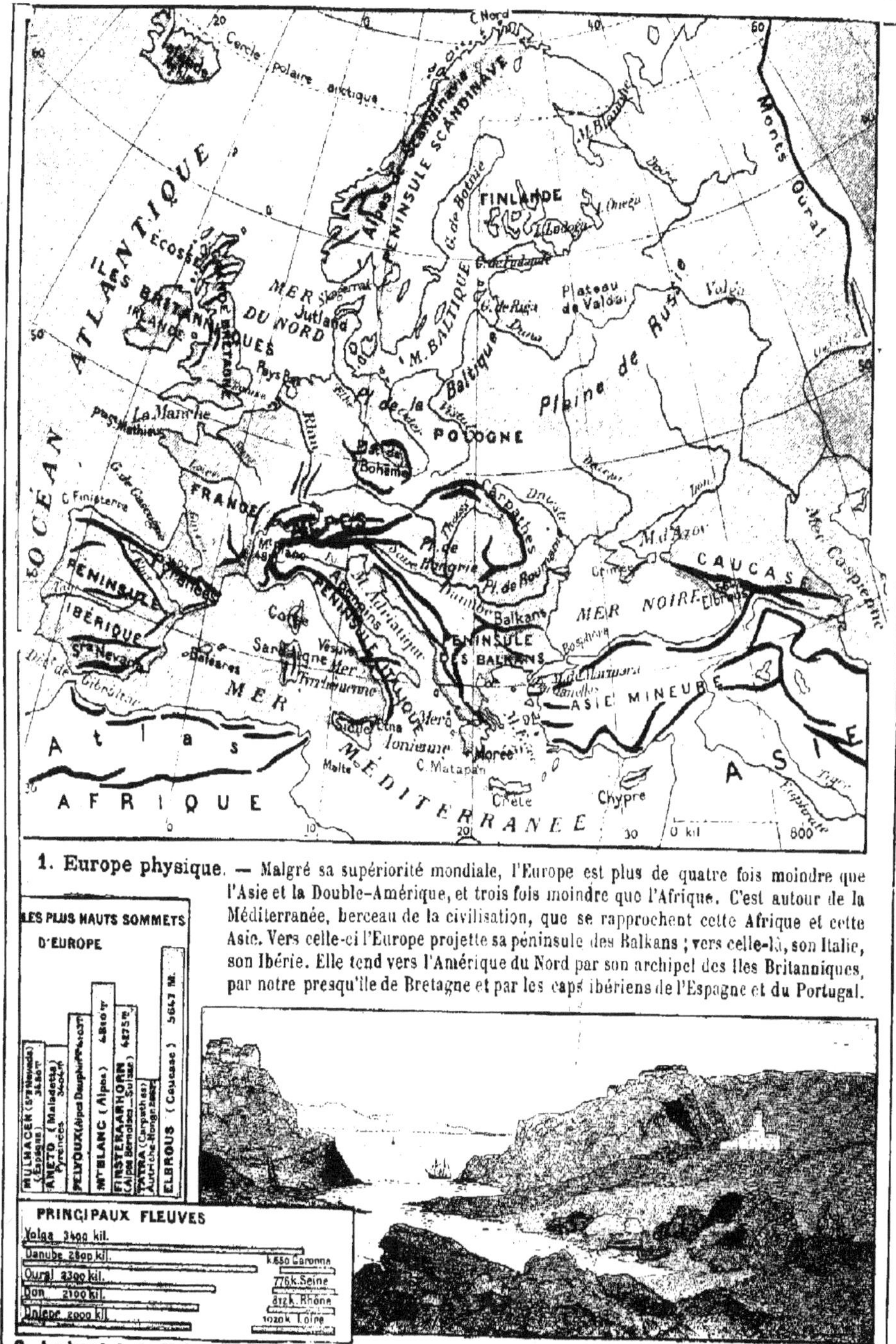



**1. Europe physique.** — Malgré sa supériorité mondiale, l'Europe est plus de quatre fois moindre que l'Asie et la Double-Amérique, et trois fois moindre que l'Afrique. C'est autour de la Méditerranée, berceau de la civilisation, que se rapprochent cette Afrique et cette Asie. Vers celle-ci l'Europe projette sa péninsule des Balkans ; vers celle-là, son Italie, son Ibérie. Elle tend vers l'Amérique du Nord par son archipel des Îles Britanniques, par notre presqu'île de Bretagne et par les caps ibériens de l'Espagne et du Portugal.



**2. Au bord de la Volga.** — On se dirait ici au bord d'un lac, dans les montagnes, et pourtant on ne contemple qu'un fleuve dans un pays généralement plat. Les rivières russes sont très sensibles aux chaleurs de l'été ; mais, à la fonte des neiges, elles envahissent leurs plaines à des distances considérables. C'est surtout par suite de ses vastes crues du commencement de l'été que la Volga l'emporte en volume sur le Danube.

## EUROPE PHYSIQUE *(suite)*

**1. Relief européen**. — L'Europe n'est pas, comme l'Asie, l'Afrique, un plateau cerné de montagnes et par cela même soustrait aux tièdes effluves* des Océans. Sauf l'Espagne et autres contrées moindres, les vents soufflent librement de la mer au mont, et la pluie se répand au loin dans l'intérieur.

Mais dans l'Europe Orientale, les vents, que l'**Oural** n'arrête point, ne viennent pas de la mer; souffles continentaux, ils n'apportent de la Sibérie et de l'Asie Centrale qu'une froide sécheresse. Chaîne que ses forêts sauvent de la monotonie, ledit Oural contraste étrangement avec le **Caucase**, chargé de glaciers, dont le pic suprême, l'*Elbrouz*, a 837 mètres de plus que le Mont-Blanc.

Caucase, Oural, un brin de Carpathes au sud-ouest, l'Europe continentale ne lève pas d'autres monts; les coteaux de ce pays immense montent rarement à 300, 350 m., tandis que l'Europe péninsulaire est encombrée de massifs.

**2. La grande plaine européenne**. — Qu'on chemine par la France de l'ouest et du nord, l'Allemagne septentrionale, les platitudes lacustres et palustres de la Pologne, de la Lithuanie, enfin les plaines des Russes, on fait toujours mille à douze cents lieues du pied des Pyrénées bayonnaises jusqu'à l'Océan Glacial, au pied de l'Oural septentrional ou au pied du Caucase.

Si l'on ajoute à la grande plaine orientale d'autres plaines moindres, celles de Roumanie et Bulgarie, de Hongrie, de Haute-Italie et les terres plates du nord de l'Allemagne, du nord et de l'ouest de la France, on extrait de la partie du monde environ les deux tiers de sa surface; il reste donc le tiers pour l'Europe montagneuse.

**3. Les Alpes**. — Au centre de l'Europe hérissée, pittoresque, les **Alpes** s'enlèvent à 4.810 mètres, en France, au *Mont-Blanc*. Elles pèsent de leurs 25 millions d'hectares sur la Suisse, l'Allemagne, l'Autriche, l'Italie, la France. A bon droit les célèbre-t-on pour la majesté de leurs pics, la beauté de leurs pelouses, l'abondance de leurs cascades, la pureté de leurs lacs. Principal château d'eau de l'Occident, elles inaugurent le **Rhône** pour la Méditerranée, le **Rhin** pour la mer du Nord, le **Pô** pour l'Adriatique, le **Danube** pour la Mer Noire.

**4. Les Carpathes**. — En amont de Vienne, le val du Danube les sépare des premiers contreforts des monts d'Allemagne, inférieurs à 2.000 mètres. En aval, à l'entrée de la plaine hongroise, ce même Danube les sépare des **Carpathes** (2.663 mètres), bastion oriental de l'Europe montagneuse qui s'avance sur les étendues de la Pologne, de la Russie et de la Roumanie.

**5. Monts inférieurs**. — A l'occident, les Alpes font vis-à-vis, par delà le Rhône, aux monts français (1.886 m.); ceux-ci regardent au midi les Pyrénées (3.404 m.), pareilles à un Caucase moins haut, allant aussi de mer à mer, de la Méditerranée à l'Atlantique.

**6. Presqu'îles méridionales**. — Au sud des Pyrénées, des Alpes, des Carpathes l'Europe projette trois péninsules. Du couchant au levant, c'est l'*Espagne* toute en monts (3.481 mètres) et en plateaux; l'*Italie* avec ses **Apennins** (2.921 mètres); la *presqu'île* des **Balkans**, massifs et chaînons, dont plusieurs frôlent les 3.000 mètres ou même les dépassent.

**7. La Scandinavie**. — Une quatrième presqu'île, la Scandinavie, allonge son dos rugueux (2.560 mètres) entre la Mer Baltique à l'est, et les *fjords** ou baies profondes de la Mer du Nord à l'ouest. Vastes neiges, sapinières sans fin, lacs endormis, cascades, vues sublimes sur l'Océan, ses sites sont extraordinairement grandioses.

---

**LEÇON A APPRENDRE**. — 1. *L'Europe Orientale est limitée à l'Est par l'Oural, au Sud par le Caucase, à l'Ouest par les Carpathes. Dans cette partie, les autres élévations n'atteignent pas 400 m. (Valdaï).* — 2. *De Bayonne à l'Océan Arctique s'étend en Europe une immense plaine de 1.200 lieues, comprenant la France de l'ouest et du nord, l'Allemagne du nord, la Russie. L'Europe compte les deux tiers de sa superficie en plaines, si l'on ajoute à la précédente les plaines de Hongrie, de Lombardie et de Roumanie-Bulgarie.* — 3. *Les Alpes, le principal massif européen, s'étendent sur 25 millions d'hectares de France, Suisse, Allemagne, Italie et surtout Autriche. Principale source des eaux, elles produisent le Rhin, le Rhône, le Pô et le Danube.* — 4-5. *A l'Est, l'Europe Occidentale se termine par les Carpathes, au Sud-Ouest par les sierras espagnoles.* — 6. *L'Europe projette trois péninsules dans la Méditerranée : au sud des Pyrénées, l'Espagne, sorte d'Afrique toute en plateaux; au sud des Alpes, l'Italie avec ses Apennins; au sud des Carpathes, la presqu'île des Balkans où des hauteurs arrivent à 3.000 m.* — 7. *Une dernière presqu'île s'étend entre la Mer du Nord et la Baltique : la Scandinavie.*

---

**Exercices écrits ou oraux**. — Décrire le relief de l'Europe Orientale (1). — Citer les grandes plaines d'Europe (2). — Quel rôle joue le massif des Alpes (3)? - Citer les autres montagnes de l'Europe (4-5). — Donner un aperçu du relief des trois péninsules méridionales (6), de la péninsule scandinave (7). = **Questions sur la carte et sur l'image : Sur la carte p. 93, montrez la** Baltique, les steppes du Dniepr, les Portes de Fer, l'Écosse, le Tyrol, Rome et Gibraltar. — Suivez la direction générale des Alpes. — A quelle saison de l'année sont représentées les steppes de l'image 2? — Dites, d'après l'image 3, pourquoi le passage du Danube avait reçu le nom de Portes de Fer. — Comparez les paysages des images 4 et 5.

1. **Bords de la Baltique.** — La Baltique est presque partout bordée de rochers qui, particulièrement sur les côtes de Suède et de Finlande, forment de véritables dédales d'îles, d'îlots et d'écueils.

2. **Steppes de la Russie méridionale.** — Ces steppes sont des plaines à céréales, très fertiles, le plus vaste grenier à blé de l'Europe. Elles changent du tout au tout suivant la saison. En été : moissons interminables; en hiver : désert de neige où hurlent des bandes de loups.

3. **Les Portes de fer.** — Entre l'immense plaine de Hongrie et la plaine non moins immense de Roumanie et de Bulgarie, le Danube s'engage dans des défilés rocheux, fameux sous le nom de *Portes de fer*.

4. **En Ecosse.** — L'Ecosse est un des lieux de beauté de l'Europe : terre et mer y sont également pittoresques. La mer pénètre dans le pays par des *fjords*; dans l'intérieur, les poétiques, bruyères, *glens* ou vallées sauvages.

5. **Au Tyrol.** — Ce bloc montagneux est digne d'être célébré après le Dauphiné, la Savoie et la Suisse. Lui aussi déploie de verts glaciers dont les torrents finissent par atteindre le Danube.

6. **En Italie, aux environs de Rome.** — L'un des charmes de l'Italie c'est d'unir aux beautés de la nature et du climat les souvenirs d'une histoire glorieuse. On la visite autant pour ses ruines que pour ses paysages.

7. **Gibraltar.** — Ce rocher d'Espagne, possédé par l'Angleterre, a donné son nom au détroit qui sépare l'Europe de l'Afrique, l'Espagne du Maroc.

# EUROPE PHYSIQUE (*fin*)

**1. Les volcans**. — Les monts *ignivomes**  de la France Centrale ont cessé de vomir du feu. Sur le continent d'Europe, un seul volcan, près de Naples, le **Vésuve**, crache encore des laves sur la campagne où il ensevelit autrefois Pompéï.

Point de volcans non plus dans l'archipel anglais, dans l'Ecosse, dans l'Irlande. Mais deux grandes îles, l'une danoise, l'autre italienne, communiquent encore avec les fournaises de l'intérieur. En Islande, l'**Hékla** et autres cheminées brûlantes répandent autour d'elles de prodigieuses cheires, plateaux de pâte volcanique bientôt cachée par d'immenses névés* et d'immenses glaciers. En Sicile, l'**Etna** (3.313 mètres) semble terminer les Apennins, comme aussi, malgré la mer, il commence probablement l'Atlas, chaîne africaine.

**2. Le ruissellement.** — Ainsi les volcans ne modifient plus guère le relief de l'Europe; au contraire, le ruissellement le modifie sans cesse, ici en l'enlaidissant, là en l'embellissant. Il pleut beaucoup sur l'Europe péninsulaire, spécialement sur les versants d'Ouest; point tropicalement, le climat s'y oppose : il n'y a donc pas chez nous de fleuves extraordinaires, des Amazones, des Congos, des Rios de la Plata, des Brahmapoutres — d'autant que la modestie des distances n'y permet pas les évolutions, pour ainsi dire infinies, des Mississipis et des Nils. — Mais nous avons, dans notre Occident, des rivières bien courantes, bien réglées, bien constantes.

**3. Les fleuves russes.** — En raison des dimensions assez vastes de l'Europe continentale, et quoiqu'il y pleuve moins, la partie du monde a là son maître fleuve. La **Volga** (les Russes la surnomment la « Petite Mère »), dont le nom signifie justement la Grande, se déroule en un bassin de 149 millions d'hectares, près de trois fois la France; longue de 3.500 kilomètres, elle approche de 10.000 mètres cubes par seconde. Elle finit dans la mer Caspienne. Le **Dniepr**, autre courant russe supposé fort de 2.800 mètres cubes en moyenne, draine une région égale à la France sans la Corse : sous un climat français, il apporterait trois fois plus de flots à la Mer Noire. Le **Don**, non moins russe, serpente au plus sec des steppes* : aussi ne tire-t-il d'un domaine presque égal aux quatre cinquièmes de la France que 250 mètres cubes à la seconde. Bien différente, la **Néva**, dans la Russie du Nord, dans la contrée des forêts austères et des lacs sans nombre; ce fleuve de Saint-Pétersbourg verse à la Baltique près de 3.000 mètres cubes par seconde, épanchement cristallin du **Ladoga** (1.812.100 hectares) et de l'**Onéga** (975.200 hectares). Le Ladoga, plus de trente fois supérieur au Léman, est le premier lac de l'Europe, l'Onéga le second. A cette Néva, la Baltique doit d'être une mer peu salée; elle le doit plus encore à l'ensemble de ses autres tributaires, à la **Vistule** polonaise, aux torrents lacustres de la Finlande, aux rivières lacustres de la Suède, brisées d'étourdissantes cascades.

**4. Les fleuves de l'Europe Occidentale.** — L'**Elbe**, qui passe dans la riche Hambourg, ne vaut pas le **Rhin** des Allemands, ni le **Rhône** des Français, tous deux capables de 2.000 mètres à la seconde. Ce dernier, comparé au **Don** comme bassin, ne débiterait pas 55 mètres cubes, s'il était soumis au climat du steppe russe.

**5. Le Danube.** — L'Espagne, contrée sèche, rayonne vers l'Atlantique et la Méditerranée par des fleuves pauvres. L'Italie, contrée sans largeur, ne dépêche que des rivières courtes à la Méditerranée et à l'Adriatique. La presqu'île des Balkans n'abreuve pas non plus de puissants courants. Mais à son nord, entre Balkans et Carpathes, le **Danube** s'avance avec majesté vers la Mer Noire. Ce fleuve de Vienne égale presque la Volga, quoiqu'il ait un bassin bien moindre.

---

**LEÇON A APPRENDRE.** — *1-2. Les phénomènes volcaniques ne modifient plus guère le relief européen. Seuls le Vésuve en Italie, l'Etna en Sicile, l'Hékla en Islande projettent encore des matières ignées. Il n'en est pas de même du ruissellement. Sur l'Europe Occidentale il pleut beaucoup, mais sans excès. Aussi l'action des rivières, réglées et constantes, est-elle lente et régulière. — 3. Dans l'Europe Orientale, quoiqu'il y pleuve le moins, se déroule le plus grand fleuve, la Volga (3.500 km.), sur un bassin trois fois grand comme la France.*

*Le Dniepr et le Don arrosent la sèche Russie du Sud. L'abondante Néva est le déversoir des plus grands lacs d'Europe, Ladoga et Onéga; elle se verse dans la Baltique, ainsi que la Vistule. — 4-5. Les principaux fleuves de l'Europe Occidentale sont l'Elbe, le Rhin, le Rhône. Les péninsules méridionales ne recèlent pas de fleuves importants. Au nord des Balkans se jette dans la Mer Noire le plus grand fleuve de l'Europe proprement dite, le Danube qui unit l'Allemagne, l'Autriche, la Hongrie, la Serbie, la Roumanie et la Bulgarie.*

---

**Exercices écrits ou oraux.** — Citer les volcans de l'Europe (1). — Décrire le régime des pluies et l'action du ruissellement (2). — Enumérer les fleuves de l'Europe avec leurs caractères principaux (3-4). — Quel est le rôle européen du Danube? Tracer le cours du Danube avec le nom des pays qu'il traverse (5). = **Questions sur la carte et sur l'image :** Montrez sur la carte p. 93 les fleuves alpestres et suivez leurs cours. — Quels sont en Europe les principaux fleuves de plaine? Indiquez-les en montrant leur source et leur embouchure. — Les Allemands appellent la percée du Rhin « la Marche héroïque » p. 97. Justifiez cette appellation d'après l'aspect de l'image 1. — Pourquoi la côte d'Islande est-elle peu fréquentée (voir image 3)?

**1. La percée du Rhin**. — A sa sortie des plaines de l'Alsace, le Rhin, jusque-là divisé et subdivisé en bras, se contracte; il entre dans une série de défilés, entre de hauts coteaux, ou, si l'on veut, de petites montagnes. C'est un célèbre passage de rivière, tant pour la beauté même des sites que par les ruines du moyen âge, les souvenirs et les légendes.

**2. Grandes Alpes Bernoises**. — Quoique moins élevées que le Mont-Blanc et le Mont-Rose, les Alpes Bernoises ne leur sont pas inférieures en beauté. On les cite pour leurs glaciers, leurs cascades, leurs lacs.

**3. Sur la côte d'Islande**. — Cette grande île danoise n'est guère qu'un champ de laves vomies par les volcans, dont quelques-uns sont encore actifs. La contrée est triste, presque inhabitée; la côte, rocheuse, est déserte.

**4. L'Elbe à Hambourg**. — L'Elbe est un fleuve médiocre que la marée transforme brusquement en un estuaire navigable. Hambourg lui doit d'être devenue la seconde ville de l'Allemagne et le premier port du continent d'Europe.

# EUROPE POLITIQUE

**1. Russie.** — La **Russie** occupe plus des onze vingtièmes de l'Europe, mais ne renferme pas plus du quart de son nombre d'hommes : elle s'étend sur 5.657.000 km. carrés peuplés de 110 millions d'hommes. Quant à l'empire Russe d'Europe et d'Asie, il couvre près de 22.300.000 km. carrés, plus du sixième des terres, avec 140 millions de personnes, le onzième des humains.

La Russie est en Europe le pays des plaines infinies, des forêts interminables, des vastes champs de blé, d'avoine, de seigle, de lin, de chanvre.

Ses 110 millions d'habitants appartiennent en très grande majorité à la race des *Slaves*, principalement à celle des *Grands Russiens*, dont la langue est officielle dans tout l'empire. A côté des Slaves de religion grecque, parmi lesquels on compte 8 millions de *Polonais* catholiques, une foule de nations moindres, Tartares musulmans, Finlandais protestants, Lithuaniens, tribus finnoises, se russifient plus ou moins vite; il y a cinq millions de juifs. Un *tsar* gouverne l'immense empire assisté d'une douma. La capitale, *Saint-Pétersbourg*, a près de 1.450.000 âmes; l'ancienne métropole, *Moscou*, en compte 1.050.000.

**2. Scandinavie.** — La **Scandinavie**, presqu'île montagneuse tenant à la Russie, incline doucement le royaume de *Suède* vers la mer Baltique et abat presque à pic le royaume de *Norvège* sur les fjords* de la Mer du Nord. La Suède, pays de forêts, réserve incalculable de fer, a 5.500.000 citoyens sur 44.786.020 hectares; *Stockholm* (311.000 hab.) est sa grande ville. La Norvège (32.230.400 hectares, 2.300.000 âmes) est une nation de marins, de pêcheurs, dont la capitale, *Christiania*, compte près de 250.000 âmes. Un troisième pays scandinave, le *Danemark*, occupe des îles de la Baltique et le nord de la presqu'île du Jutland : 3.966.000 hectares,

2.500.000 Danois, une capitale de 477.000 résidents, *Copenhague* : voilà son lot. Danois, Norvégiens, Suédois, sont protestants.

**3. Autriche-Hongrie.** — L'**Autriche-Hongrie** et l'**Allemagne**, les deux grandes contrées de l'Europe Centrale, confrontent à l'est avec des régions russes.

L'*Autriche-Hongrie* est double en ce sens qu'un même empereur, qui réside à *Vienne* (1.900.000 habitants), règne à la fois sur l'Autriche, et sur la Hongrie, celle-ci ayant pour capitale *Budapest* (750.000 hab.). Elle est au moins décuple en ce sens que les nations, les langues, les cultes s'y choquent et s'y détestent. En Autriche, les Allemands s'y rencontrent avec des Tchèques, des Polonais, des Ruthènes, des Serbes, des Croates, des Slovènes, des Italiens. En Hongrie, les Hongrois ou Magyars se heurtent à des Slovaques, des Polonais, des Ruthènes, des Roumains, des Croates, des Serbes, etc. Dans l'ensemble, les Slaves dominent sur tous les autres peuples réunis. Sur 49 millions d'habitants installés sur 62.231.000 hectares, il n'y a guère que 11 à 12 millions d'Allemands et 8 millions de Magyars. Grecs, catholiques, protestants, musulmans de la Bosnie, les religions s'y combattent comme les langues.

**4. Allemagne.** — L'**Allemagne**, supérieure de 400.000 hectares seulement à la France, renferme 22 millions d'habitants de plus : 61 millions contre 39. Un peu d'Alpes au sud, d'humbles montagnes au centre, la plaine au nord, c'est l'Allemagne physique. Une culture soignée, de belles forêts, des mines riches, un énorme mouvement industriel caractérisent ce pays aux deux tiers protestant, au tiers catholique. Sa capitale, *Berlin*, approche de 3 millions d'âmes, faubourgs compris; *Hambourg*, port très actif, en a 800.000.

---

**LEÇON A APPRENDRE.** — **1.** *La* Russie, *moitié de l'Europe, ne possède que le quart de ses habitants, 110 millions. Pays de forêts et de plaines, elle a, dans la Terre Noire de son Sud-Ouest, une réserve inépuisable de blé. En grande majorité, elle est peuplée de Slaves, de religion grecque : elle compte en outre des Polonais catholiques, des musulmans, des juifs. Un tsar autocrate, assisté d'une douma, la gouverne. La capitale Saint-Pétersbourg et la vieille Moscou dépassent un million d'habitants.* — **2.** *La Scandinavie comprend deux royaumes aujourd'hui séparés : la Suède, bordée par la Baltique, a pour capitale Stockholm; la Norvège, dont les côtes de la Mer du Nord sont découpées en fjords, a pour capitale Christiania. Le Danemark, cap. Copenhague, comprend le Jutland et les îles de la Baltique.* — **3.** *L'Autriche-Hongrie réunit l'empire autrichien, cap. Vienne, au royaume magyar, cap. Budapest. C'est la nation où le plus grand nombre de nationalités sont en lutte. Les Slaves y dominent : viennent après eux les Allemands et les Magyars. La différence des religions (catholique, protestante, grecque) ajoute à l'antagonisme des races.* — **4.** *L'Allemagne, à peine plus étendue que la France, a un tiers d'habitants en plus. C'est la rivale industrielle de l'Angleterre. Hambourg est le premier port du continent européen. Berlin, la capitale, approche de 3 millions d'habitants, en y comprenant les faubourgs.*

---

**Exercices écrits ou oraux.** — La Russie : sa superficie, sa population, sa principale production, les races qui l'habitent, son gouvernement (**1**). — Les trois royaumes scandinaves (**2**). — Les deux grands empires de l'Europe centrale (**3**) ? — Quelles sont les nationalités en lutte en Autriche-Hongrie (**3**) ? — Quel rang industriel occupe l'Allemagne (**4**) ? — Quel est le premier port du continent européen (**4**) ? — **Questions sur la carte et sur l'image :** Montrez sur la carte la Russie, la Suède, la Norvège, l'Autriche-Hongrie, l'Allemagne avec leurs capitales respectives. — Montrez sur la carte deux grands ports, l'un allemand, l'autre autrichien.

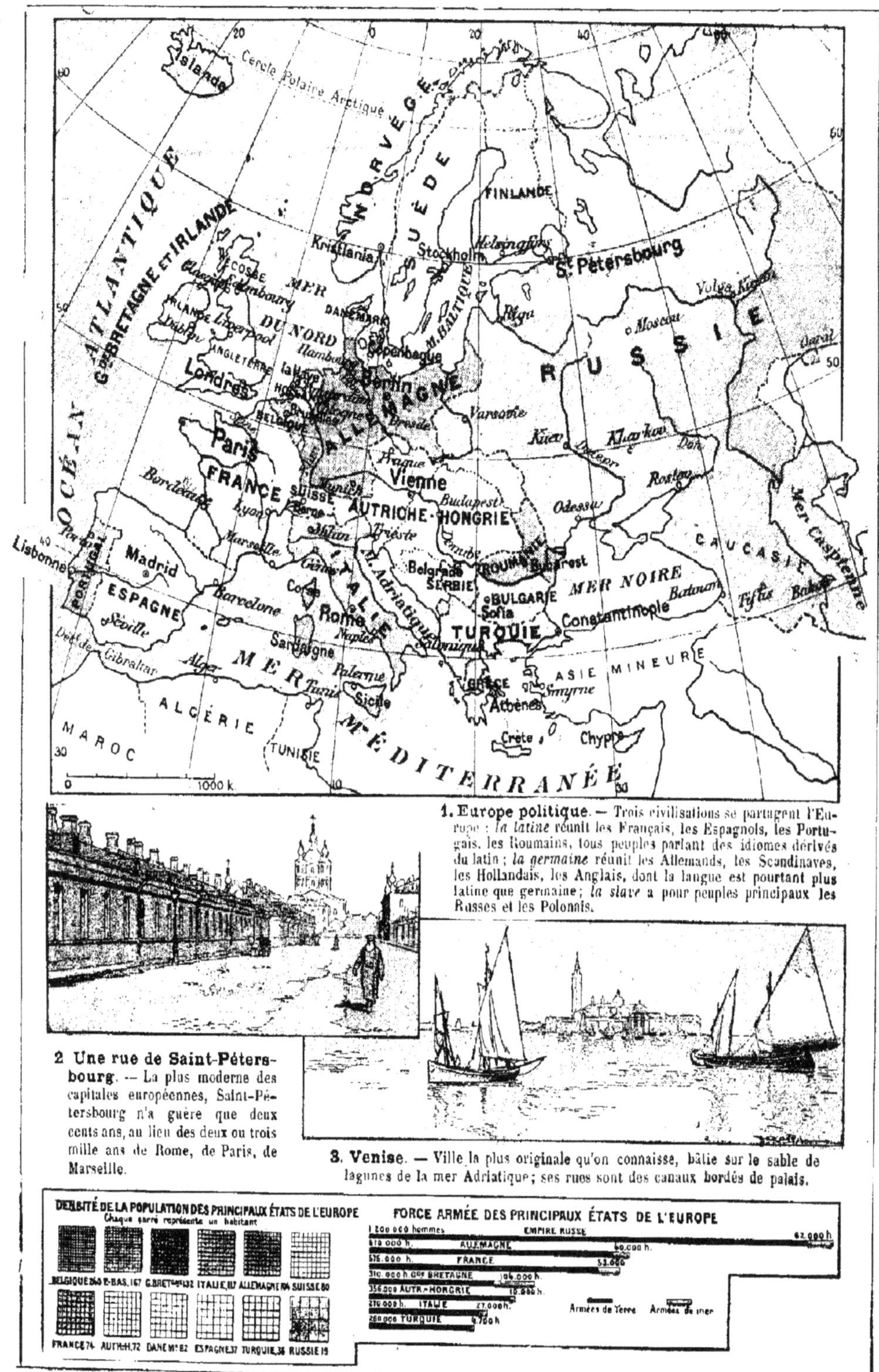


**1. Europe politique.** — Trois civilisations se partagent l'Europe : *la latine* réunit les Français, les Espagnols, les Portugais, les Roumains, tous peuples parlant des idiomes dérivés du latin ; *la germaine* réunit les Allemands, les Scandinaves, les Hollandais, les Anglais, dont la langue est pourtant plus latine que germaine ; *la slave* a pour peuples principaux les Russes et les Polonais.

**2. Une rue de Saint-Pétersbourg.** — La plus moderne des capitales européennes, Saint-Pétersbourg n'a guère que deux cents ans, au lieu des deux ou trois mille ans de Rome, de Paris, de Marseille.

**3. Venise.** — Ville la plus originale qu'on connaisse, bâtie sur le sable de lagunes de la mer Adriatique ; ses rues sont des canaux bordés de palais.

## EUROPE POLITIQUE (*suite*)

**1. Hollande.** — Les 5.400.000 Hollandais, protestants pour un peu plus des trois cinquièmes, catholiques pour le reste, habitent les 3.300.000 hectares de la **Hollande**, si bien nommée autrement les **Pays-Bas**. Des digues la défendent contre la Mer du Nord ; si ces levées* crevaient, une partie du royaume disparaîtrait sous les flots. La capitale, *La Haye*, ne vaut pas *Amsterdam* (550.000 hab.).

**2. Belgique.** — La Belgique loge 7 millions d'hommes sur 2.945.700 hectares. Très active, cette nation est double : au nord, jusqu'à la mer, dans la plaine, vivent les Flamands, gens parlant à peu près la même langue que les Hollandais ; au sud, sur la colline, les Wallons ont le français pour idiome ; ceux-ci gagnent incessamment sur ceux-là. La capitale de ce royaume catholique, *Bruxelles*, compte 600.000 âmes.

**3. Îles Britanniques.** — La *Grande-Bretagne*, **Angleterre**, *Écosse*, *Irlande*, entretient 43 millions d'habitants, presque tous protestants, sur 31.414.300 hectares. Cette nation a cessé d'être agricole ; elle vit surtout dans ses villes, prodigieux ateliers de tissage, lainage, métallurgie, etc. Aussi commerçante qu'industrielle, elle a couvert la Terre de ses comptoirs, elle l'a peuplée de ses colons, et sa langue se parle plus que toute autre. Avec ses 6 millions d'âmes, *Londres* est la première ville du monde.

**4. Suisse.** — La Suisse, république fédérale, se compose de 22 cantons, en tout 3.400.000 « confédérés », sur 4.134.600 hectares : là-dessus près de deux tiers de protestants, un tiers de catholiques ; plus de deux tiers de gens parlant allemand, moins d'un quart parlant français, le reste italien. Le siège du gouvernement est à *Berne*, ville inférieure à *Zurich* (175.000 hab.), à *Bâle*, à *Genève*.

**5. France.** — La **France** ne vient en Europe qu'au quatrième rang comme surface, au cinquième comme population ; mais, avec son empire colonial, elle détient une part notable du monde.

**6. Espagne et Portugal.** — L'Espagne (49.725.000 hectares, y compris l'archipel africain des Canaries, 19 millions d'hab.) est beaucoup plus riche de son sous-sol que de son sol brûlé, sec, aride. Sans industrie, peu commerçante, sa principale force réside dans la diffusion de son idiome, qui est celui de superbes contrées de l'Amérique. Sa capitale, *Madrid* (550.000 hab.), équilibre tout juste sa grande ville industrielle, *Barcelone* (550.000 âmes). Le **Portugal** (9.100.000 hectares, 5.500.000 hab.) a pour chef-lieu *Lisbonne* (360.000 âmes). Semblable à l'Espagne, il vit moins chez lui que dans son ancienne colonie, le *Brésil*, quatre-vingt-onze fois plus grand que lui.

**7. Italie.** — L'Italie jouit d'une incomparable célébrité par ses villes de *Rome* (507.000 hab.), sa capitale, de *Naples*, de *Venise*, de *Florence*. 33.500.000 Italiens, tous catholiques, s'y pressent sur 28.668.200 hect. Sa plaine septentrionale, autour de *Milan* (500.000 hab.), est une des régions les mieux arrosées et cultivées qu'il y ait.

**8. Balkans.** — La presqu'île des **Balkans** comprend deux royaumes, la **Roumanie** et la **Serbie**, une principauté, la **Bulgarie**, des provinces soumises au sultan de *Constantinople* (1.000.000 hab.) ; enfin la **Grèce** (6.478.000 hectares, 2.500.000 habitants), capitale *Athènes* (155.000 hab.). Dans le tohu-bohu des langues, des religions, la race slave et la religion grecque dominent en cette péninsule.

---

**LEÇON A APPRENDRE.** — **1.** *La* Hollande *protestante et catholique, avec La Haye et Amsterdam, a 5.500.000 habitants ; elle protège tout juste par des digues son territoire contre la mer.* — **2.** *La* Belgique *catholique, cap. Bruxelles, répartit ses 7 millions d'habitants en Flamands de langue germanique et en Wallons de langue française.* — **3.** *L'*Angleterre, *avec 43 millions d'habitants, est surtout industrielle et commerçante. Sa langue et son influence s'étendent sur le quart de l'humanité. Londres, sa capitale, avec 6 millions d'habitants, est la première ville du monde.* — **4.** *La* Suisse, *république fédérale, partagée entre protestants et catholiques, parle allemand, français et italien.* — **5.** *La* France *tient le quatrième rang par son étendue et le cinquième par sa population.* — **6.** *L'*Espagne *au riche sous-sol, avec Madrid et Barcelone, le petit* Portugal *avec Lisbonne ont répandu leur langue dans les deux tiers de l'Amérique.* — **7.** *L'*Italie, *avec sa féconde plaine du Pô, est le pays des belles villes, Rome, Naples, Venise, Milan, Florence.* — **8.** *La péninsule des* Balkans *comprend, outre l'*Empire turc, *cap. Constantinople, la principauté de* Bulgarie, *les royaumes de* Roumanie, *de* Serbie *et de* Grèce, *où* Athènes *est capitale.*

---

**Exercices écrits ou oraux.** — La Belgique et la Hollande : le nombre et la religion de leurs habitants (1 et 2) ? — Quel est le rôle économique de l'Angleterre (3), la population de Londres ? — La Suisse : son gouvernement (4) ? — La péninsule ibérique : qu'est-ce qui fait sa vraie puissance (6) ? — L'Italie, ses villes célèbres (7) ? — Quels États se partagent la péninsule des Balkans (8) ? = **Questions sur les cartes et sur l'image :** En vous reportant aux deux cartes de la leçon et à celle de la leçon précédente, montrez l'Angleterre, la Belgique, la Hollande, la Suisse, l'Italie, etc... en même temps que leurs capitales respectives. — Voyez sur la planche précédente l'image 3 et dites quelle idée vous vous faites de Venise.

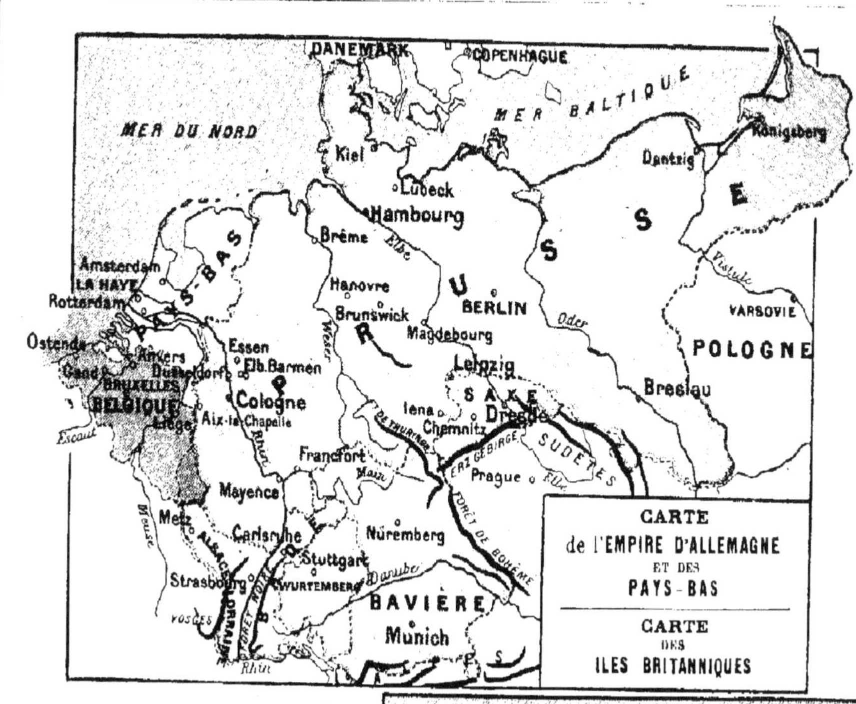


## QUESTIONS SUR LES DEUX CARTES

**I. — Allemagne.** — Quelle est la forme géométrique des montagnes de l'Allemagne du Sud? — Quelles sont les montagnes qui entourent, en Alsace, la vallée du Rhin? — Quel est le relief de la Prusse? — A quelle partie des côtes françaises ressemblent les côtes allemandes? — Sont-elles favorables à la navigation? — Quels sont les principaux ports? — A quel port français ressemble Hambourg? — L'Allemagne est composée de plusieurs pays. Indiquez-les sur la carte en montrant leurs capitales respectives. — Quelles étaient les limites de l'ancienne Gaule? — Celles que conquit la première République? — A quelles limites nous ramena le Premier Empire? — A quelles limites nous ramena le Second Empire?

**II. — Hollande et Belgique.** — Citez deux cours d'eau qui ont une embouchure commune en Hollande. — Quelles sont les villes qui sont situées sur ce delta? — Que s'est-il passé récemment à La Haye? — Pourquoi la Belgique et la Hollande sont-elles désignées sous le nom de Pays-Bas? — Quel est l'État qui touche à la fois à la France, à la Belgique, à l'Allemagne?

**III. — Iles Britanniques.** — Pourquoi appelle-t-on les pays anglais Iles Britanniques? — Quelles sont les parties de la Grande-Bretagne? — Quelle est la plus montagneuse de ces deux parties? — Quelle remarque pouvez-vous faire sur les fleuves anglais? — Pouvez-vous trouver les raisons de cette remarque? — Quels sont les ports anglais en relations avec la France? — Montrez en Angleterre la plus grande ville du monde.

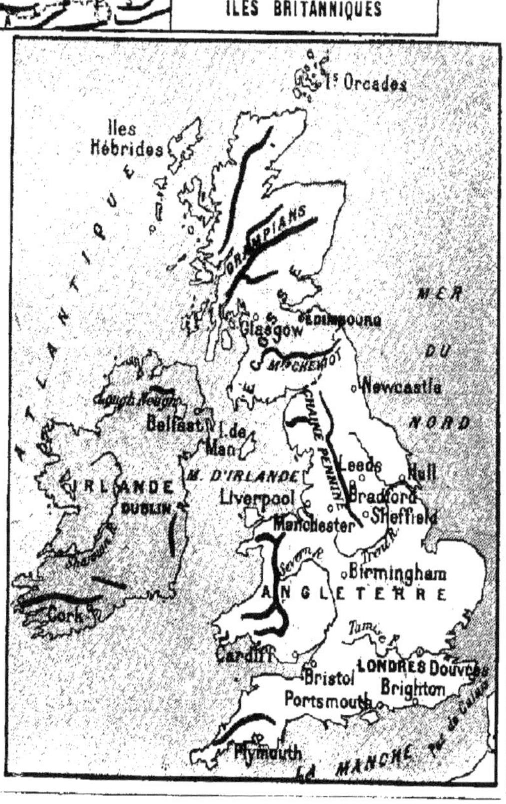

# CHEMINS DE FER DE L'EUROPE

**1.** A la longueur totale des chemins de fer de l'Europe, un peu supérieure à 300.000 kilomètres, l'Allemagne contribue pour près de 56.000 kilomètres, la Russie pour 55.000, la France pour près de 46.000, l'Autriche-Hongrie pour plus de 39.000, l'Angleterre pour plus de 36.000, l'Italie pour plus de 16.000, l'Espagne pour plus de 14.000.

mins de fer de l'Europe entière sont inférieurs de 38.000 à ceux des seuls Etats-Unis de l'Amérique du Nord. L'Union américaine dispose, en effet, d'un peu plus de 344.000 kilomètres de voies rapides. A vrai dire, les Etats-Unis sont à peu près aussi grands que notre partie du monde, mais ils sont cinq fois moins peuplés : d'où la conclusion que chaque habitant de l'Union a à sa disposition cinq fois plus de rails que n'en a l'Européen, et spécialement près de quatre fois plus que n'en a le Français.

**4.** On ne peut pas dire absolument qu'il y a un réseau européen des chemins de fer, quand, en réalité, il y en a deux : les lignes de la Grande-Bretagne formeront un réseau à part jusqu'au jour où une voie de jonction le rattachera par un pont sur la Manche ou par un tunnel à l'ensemble du système européen. On parle aussi, mais encore très hypothétiquement, d'un tunnel sous le détroit de Gibraltar pour relier les chemins d'Europe à ceux de l'Afrique : la chose n'est peut-être pas impossible.

**2.** Si l'on compare le nombre de kilomètres de voies ferrées d'un pays à l'étendue de son territoire, la place d'honneur n'est ni à l'Allemagne, ni à l'Angleterre, ni à la France, ni à l'Autriche-Hongrie, encore moins à la Russie. Celle-ci n'a que 9 mètres de rails par kilomètre carré ; l'Angleterre en a 117, l'Allemagne 103, la Hollande 90, la France 85, l'Autriche-Hongrie 83, l'Italie 56, l'Espagne 28, la Belgique 239 : elle est relativement 26 fois mieux desservie que la Russie.

**3.** Les 305.000 à 306.000 kilomètres de che-

**5.** Le réseau *européen* se développera très certainement encore ; il doublera, triplera le nombre de ses kilomètres ; mais on peut se demander si les automobiles, et bientôt les aéroplanes, les aérostats ne lutteront pas contre les voies ferrées pour le transport des voyageurs. Les marchandises, surtout les objets lourds, semblent à jamais dévolus aux voies ferrées, aux routes ordinaires, aux canaux. L'homme arrive à planer comme les oiseaux, mais la pesanteur rive au sol la houille, les bois, le fer, les matériaux de construction.

---

**LEÇON A APPRENDRE. — 1.** *L'Europe est sillonnée par 300.000 kilomètres de voies ferrées.* **— 2.** *La Belgique est le pays le mieux desservi. Viennent ensuite l'Angleterre, l'Allemagne, et la France au cinquième rang.* **— 3.** *Les facilités de communiquer sont plus grandes encore aux États-Unis qu'en Europe.* **— 4-5.** *Le réseau euro-* *péen que compléteront peut-être deux tunnels traversant le Pas-de-Calais et le détroit de Gibraltar sera toujours utilisé pour le transport des marchandises. Dans un avenir que les progrès scientifiques rendront prochain, automobiles, aéroplanes, aérostats seront la locomotion préférée des hommes.*

---

**Exercices écrits ou oraux.** — Quels réseaux français emprunte-t-on ; quels pays européens, quelles villes traverse-t-on dans les trajets suivants : Paris-Constantinople, Paris-Saint-Pétersbourg, Moscou-Londres, Hambourg-Cadix ? — Citer deux trajets différents permettant de se rendre de Paris à Brindisi. — Quels tunnels emprunte-t-on dans ces trajets ? Quelle est l'utilité du tunnel du Brenner ? Dans quels trajets est-il employé ?

## QUESTIONS SUR LA CARTE MUETTE

Montrez sur la carte muette la presqu'île du Cotentin, la presqu'île de Bretagne, le golfe de Gascogne, le golfe du Lion. — Indiquez les îles suivantes : Jersey et Guernesey, d'Hyères, Belle-Île, Ré, Oléron. — Montrez la plus grande île française. — Suivez sur la carte le cours des quatre grands fleuves en indiquant les villes

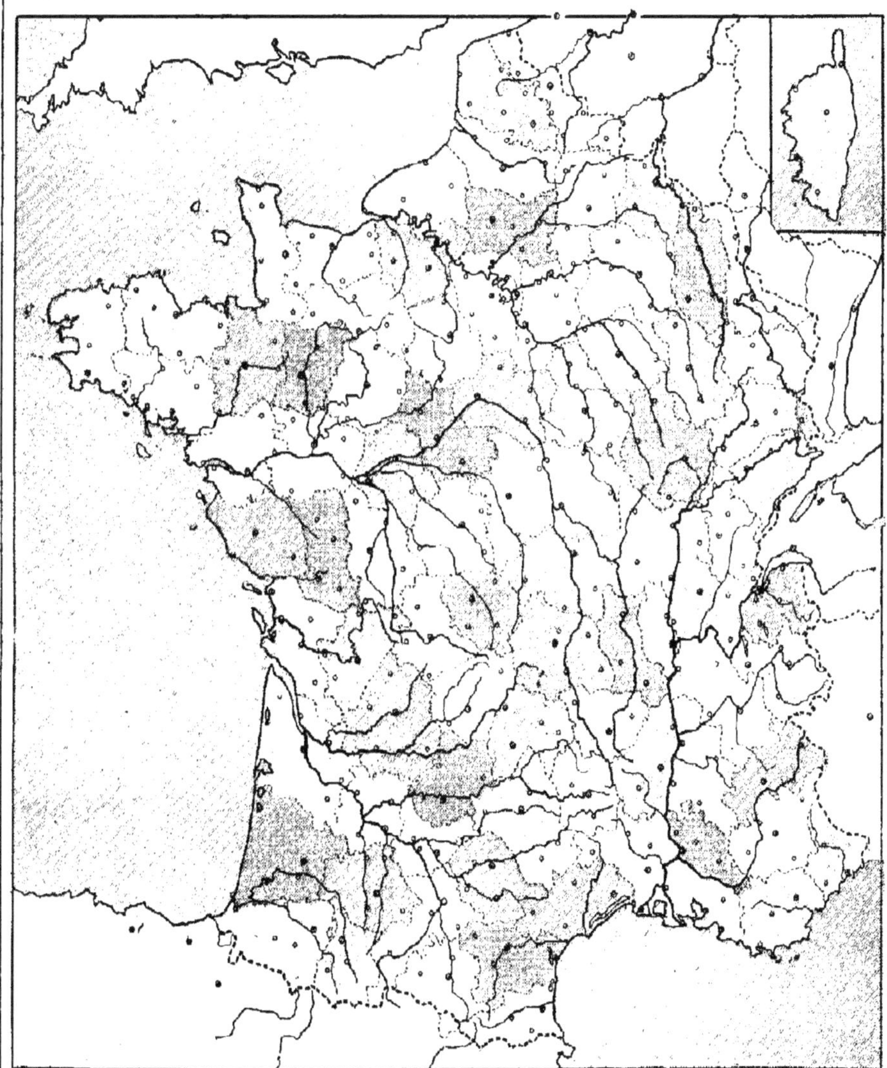

traversées. — Montrez les fleuves côtiers de la Manche en les nommant. — Même question pour les fleuves côtiers de l'Océan et de la Méditerranée. — Nommez et montrez sur la carte les affluents de la rive droite de la Loire; montrez l'emplacement des villes qu'ils traversent. — Montrez sur la carte en les nommant les affluents de la rive gauche de la Seine, ceux de la Garonne (rive droite). Indiquez les villes qu'ils traversent. — Montrez sur la carte l'emplacement des villes suivantes : Paris, Rouen, Le Havre, Bordeaux, Toulouse, Saint-Étienne, Lyon, Toulon, Marseille, Pau, etc... — Montrez sur la carte en les nommant les affluents français du Rhin; quelles villes traversent-ils? les montrer sur la carte.

# ASIE PHYSIQUE

**1. Dimensions.** — Supérieure de près d'un neuvième à l'Europe et à l'Afrique réunies, l'**Asie** occupe près du tiers des terres émergées : 44.500.000 km. carrés sur 135 millions. Elle ne l'emporte que de 545 millions d'hectares, un peu plus de dix fois la France, sur la double Amérique, à laquelle elle ne ressemble guère : celle-ci va des glaces arctiques aux glaces antarctiques, tandis que l'Asie dépasse à peine l'Equateur.

**2. C'est le pays des contrastes.** — Elle nous montre les plus violents contrastes qu'il y ait sur le Globe. D'abord elle darde dans le ciel le plus haut pic du monde, le *Gaourisankar* (8.840 mètres), et en même temps on y trouve le lieu le plus bas de l'Univers, la dépression où le miroir de la *Mer Morte* est inférieur de 394 mètres au niveau général des océans.

Puis, en opposition à des régions douloureusement torrides, *Aden*, les côtes de l'*Arabie*, le *désert de Thar*, on y ressent les plus grands froids connus, dans la *Sibérie Orientale* : à Verkhoïansk, la moyenne annuelle n'est que de —16°7 et la moyenne de janvier de —49°.

Ensuite, si de très vastes espaces y sont stérilisés, faute d'eau, ailleurs il en tombe des quantités prodigieuses : ici 100, 200 millimètres de pluie par an ; là, sur la rive septentrionale du *Golfe du Bengale* 15 mètres. Aussi l'Asie peut-elle opposer à des steppes*, à des déserts frappés de mort les végétations brillantes, formidables de l'*Inde*, de l'*Indo-Chine*, de *Ceylan*, des *îles de la Sonde*.

**3. Monts et plateaux.** — L'Himalaya, — « le Palais de l'Hiver » — nom sonore de ce lieu des pics suprêmes, est indien par ses horizons méridionaux, tibétain par ceux du nord, au-dessus du plus vaste des plateaux du monde,

contrée abominable où le froid glace la moelle, où les cols traversent la montagne à 5.000 et même plus de 6.000 mètres d'altitude. Après l'Himalaya, du voisinage de l'Inde, jusqu'aux plaines de la Chine, jusqu'aux plates étendues sibériennes, jusqu'à la Mer Caspienne, jusqu'au Caucase, jusqu'à la Mer Noire et à la Méditerranée, c'est un chaos d'énormes montagnes et de rudes plateaux : *Karakoroum* (8.615 mètres), *Pamir* ou Toit du monde (6.800 mètres), *Thian-Chan* ou Monts Célestes (7.340 mètres), *Altaï*, *Hindou-Kouch*, *Ararat* et *Monts d'Arménie* ; et les hauts socles du *Tibet*, du *Koukou-Nor*, du *Gobi*, de l'*Iran*, de l'*Asie Mineure*.

**4. Asie intérieure.** — L'Asie intérieure, à grands traits, c'est l'empire de la neige, le royaume du vent ; les dépressions où l'on souffre 40 degrés de froid et 40 à 50 degrés de chaleur à l'ombre ; les roches, les sables, les herbes chétives, les stérilités et les solitudes ; les lacs purs, ou salés, jaunâtres, alcalins. Et pas assez de pluie pour que le ruissellement, usant enfin les monts, conduise à la mer les torrents nés des glaciers*. Aussi l'immense domaine de l'Asie intérieure consiste-t-il surtout en bassins sans communications avec les Océans, en bassins fermés.

**5. Fleuves symétriques.** — Au pourtour se dégagent, au contraire, courants puissants, les énormes fleuves plats de la Sibérie et ceux qu'on a nommés les *fleuves symétriques* ou les fleuves couplés : venus du même faîte, d'origines voisines, ils s'éloignent, puis se rapprochent, enfin s'unissent, soit par leurs eaux, soit par leurs alluvions. Il y a en quatre paires : le **Tigre** et l'**Euphrate** en Asie Mineure ; le **Syr** et l'**Amou** dans l'Asie Centrale ; la **Gange** et le **Brahmapoutre** dans l'Inde ; le **Yang-tsé-kiang** et le **Hoang-ho** en Chine.

---

**LEÇON A APPRENDRE. — 1-2.** *L'Asie représente le tiers des terres émergées. Elle possède le point culminant du monde, le Gaourisankar (8.840 m.) et une dépression, la Mer Morte, à 394 m. au-dessous du niveau de l'Océan ; les déserts torrides d'Arabie et le pôle du froid à Verkhoïansk ; d'immenses espaces stériles faute de pluie, et la région du Bengale où il tombe annuellement jusqu'à 15 m. d'eau. C'est le continent des contrastes. —* **3.** *Dans la région centrale de l'Asie s'étend le massif montagneux, chaînes et plateaux, le plus important du monde : l'Himalaya avec ses sommets qui*

*dépassent 8.000 m., le Karakoroum, les monts Thian-Chan, et les plateaux de Pamir, le « Toit du monde » (6.800 m.), du Tibet, de l'Iran. —* **4.** *L'Asie intérieure est le pays des froids et des chaleurs extrêmes, des vents violents, des pluies rares, des bassins fermés. —* **5.** *Tout autour se dégagent en paires symétriques, de grands fleuves : le Tigre et l'Euphrate en Asie Mineure, le Syr et l'Amou en Turkestan, le Gange et le Brahmapoutre dans l'Inde, enfin les deux énormes fleuves de la Chine, le Yang-tsé-kiang et le Hoang-ho.*

---

**Exercices écrits ou oraux.** — Quelle est l'étendue de l'Asie (1) ? — Comment peut-on dire que c'est le continent des contrastes (2) ? — Décrire rapidement le relief (3), les déserts de l'Asie Centrale (4), les grands fleuves de l'Est et du Sud (5). — Tracer un croquis succinct des montagnes et des fleuves de l'Asie. = **Questions sur la carte et sur l'image : Montrez sur la carte** le nœud central d'où partent les chaînes de montagnes de l'Asie. Indiquez la direction générale de ces chaînes. — Indiquez le cours de deux grands fleuves chinois, des deux grands fleuves de l'Asie Mineure, des deux grands fleuves de l'Inde. — Montrez sur la carte les deux plus grands plateaux de l'Asie. — Que pouvez-vous dire de l'Himalaya d'après l'image 2 ?

**1. Asie physique.** — Des îles splendides à l'Est, deux presqu'îles superbes au Sud, l'Indo-Chine et l'Inde, plus une péninsule aride, l'Arabie, tournée vers ce même Midi; un énorme plateau froid que chargent les plus hauts monts de la terre; et au Nord, une immense plaine inclinée vers un littoral glacial : voilà toute l'Asie.

**2. Dans l'Himalaya.** — Cette plus haute chaîne du monde (8,840 m.) se présente dans toute sa grandeur quand on l'admire des résidences d'avant-mont où les gouvernants de l'Inde et les riches Anglais viennent passer la saison des grandes chaleurs.

**3. Carte de l'Océanie.** — En dehors de l'Australie, de la Nouvelle-Guinée et de la Nouvelle-Zélande, cette cinquième partie du monde ne comprend que de petites îles, presque toutes montagneuses, dispersées sur l'immensité de l'Océan.

# ASIE POLITIQUE

**1. Sibérie.** — Dans l'intérieur de l'Asie, la mort, ou presque; sur le pourtour la vie, même chez les Sibériens, dans le Nord redoutable.

Entre le Massif Central et la mer Glaciale, la **Sibérie** se divise longitudinalement en trois régions : au midi, la contrée habitée; au nord, la *toundra*, neiges, solitudes et mousses polaires; entre les deux, la *taiga*, forêt qui n'en finit pas. Avec les autres possessions russes de l'Asie Centrale elle fait un bloc de près de 16.775.000 kilomètres carrés — pas loin du tiers de l'Asie.

**2. Iran et Asie Mineure.** — A l'ouest du Massif, le plateau de l'Iran, entre la Caspienne et l'Océan Indien, porte la nation des *Perses*, qui parlent une langue ayant la même origine que nos idiomes européens. A l'occident de l'Iran, le plateau de l'Asie Mineure peuplé de *Turcs*, d'*Arméniens*, de *Grecs*, donne sur quatre mers : Mer Noire, Méditerranée, Mer Rouge, Golfe Persique. Elle a pris une grande part à l'histoire européenne, au temps des Grecs, des Romains, lors des Croisades, on peut même dire toujours.

**3. Arabie.** — Son plateau s'incline vers les grandes plaines du Tigre et de l'Euphrate, l'antique *Chaldée*, qui est avec l'Egypte *la source de toute civilisation*. La Chaldée, où dominent les Arabes, confine avec l'**Arabie**, immense presqu'île à demi-saharienne. Entre Mer Rouge, Golfe Persique et Mer des Indes, l'Arabie a donné naissance à une grande race expansive, celle des *Arabes*, et à une grande religion, le *Mahométisme*.

**4. Inde.** — Autre presqu'île méridionale de l'Asie, l'**Inde** appartient à l'Angleterre qui possède là plus de 4 millions de kilomètres carrés et 300 millions de sujets, très divers par les langues et les origines. La capitale, *Calcutta*, compte près de 1.200.000 âmes, *Bombay* près de 800.000, *Madras* plus de 500.000.

**5. Indo-Chine.** — L'Indo-Chine, troisième presqu'île, a été fort bien nommée : dans son ouest, hommes et choses ressemblent aux choses et aux hommes de l'Inde; dans son est, l'influence chinoise l'emporte. Dans l'occident les Anglais dominent, dans l'orient les Français, qui ont là leur empire indo-chinois.

**6. Chine.** — A l'est du Grand Massif, la **Chine**, la plus nombreuse nation du Globe, compte 300, 400, peut-être 500 millions d'habitants sur 11.500.000 km. carrés; mais cette énorme population se concentre presque toute sur 400 millions d'hectares où elle dispose de terres incroyablement fécondes cultivées comme un jardin. On attribue 1.600.000 résidents à *Pékin*, sa capitale.

**7. Japon.** — Au large de la Chine, le **Japon**, archipel d'îles montagneuses, possède environ 48 millions d'hommes sur près de 42 millions d'hectares; son chef-lieu, *Tokio*, renferme 1.800.000 personnes.

**8. Iles de la Sonde.** — Au large de l'Indo-Chine, l'archipel des *Philippines* est au pouvoir des Etats-Unis. Les Malais le peuplent, ainsi que le puissant archipel des *îles de la Sonde* possédé aux trois quarts par les Hollandais. Ces îles magnifiques sont l'Eden de la Terre.

**9. Australie, Océanie.** — L'**Australie**, qui continue normalement l'Asie, relève en entier des Anglais. Ce plus petit des continents, sec, d'un intérieur aride, sans grandes montagnes, sans beaux fleuves, n'entretient encore que 5 millions d'habitants sur 763 millions d'hectares. A son sud-est, la *Nouvelle-Zélande*, anglaise également, est une terre de beauté.

Au loin dispersés, une infinité de petits archipels de l'Océan ont valu le nom d'**Océanie** à la partie du monde dont l'Australie est le bloc continental.

---

**LEÇON A APPRENDRE.** — 1. *L'intérieur de l'Asie étant peu habité, une vie très intense s'est répandue sur le pourtour. Au nord, la Sibérie, est habitée surtout dans sa partie méridionale et comprend au nord des forêts, et des toundras (marais gelés).* — 2-3. *A l'ouest, le plateau de l'Iran, habité par les Perses et l'Asie Mineure peuplée principalement de Turcs; ce plateau s'incline vers les vallées du Tigre et de l'Euphrate, l'antique Chaldée qui confine aux déserts de l'Arabie.* — 4. *L'Inde est au sud, au pied de l'énorme Himalaya, avec les riches vallées du Gange et de l'Indus, les villes de Calcutta, Bombay, Madras, et ses 300 millions d'habitants, sujets anglais.* — 5-6. *A l'est, l'Indo-Chine que se partagent la France et l'Angleterre; la Chine, avec ses 400 millions d'habitants resserrés sur 4 millions de kilomètres carrés de terres fécondes et cultivées comme un jardin et dans nombre de villes qui dépassent un million d'habitants.* — 7-8. *L'empire du Japon dans son archipel; les Philippines américaines; les îles de la Sonde, possédées par les Hollandais, s'étendent au large de la côte chinoise.* — 9. *Au sud de l'Asie, sont l'immense Australie anglaise, terre desséchée, peu peuplée, et la féconde Nouvelle-Zélande. Les archipels perdus dans l'Océan Pacifique portent le nom d'Océanie.*

---

**Exercices écrits ou oraux.** — Où la vie s'est-elle localisée en Asie (1 et 2)? — Citer les régions de la Sibérie (1). — Quels peuples habitent les plateaux de l'Iran; de l'Asie Mineure; la presqu'île de l'Arabie (2 et 3)? — Décrire l'Inde, l'Indo-Chine (4 et 5). — Que savez-vous de la Chine et du Japon (6 et 7)? — Comment le continent australien dépend-il géographiquement de l'Asie (9)? — Questions sur la carte et sur l'image : Montrez sur la carte l'Inde, la Chine. — Indiquez l'emplacement de quelques villes principales. — Que voyez-vous sur l'image 2? — Que présente de particulier la ville de Calcutta, par rapport aux autres villes de l'Inde?

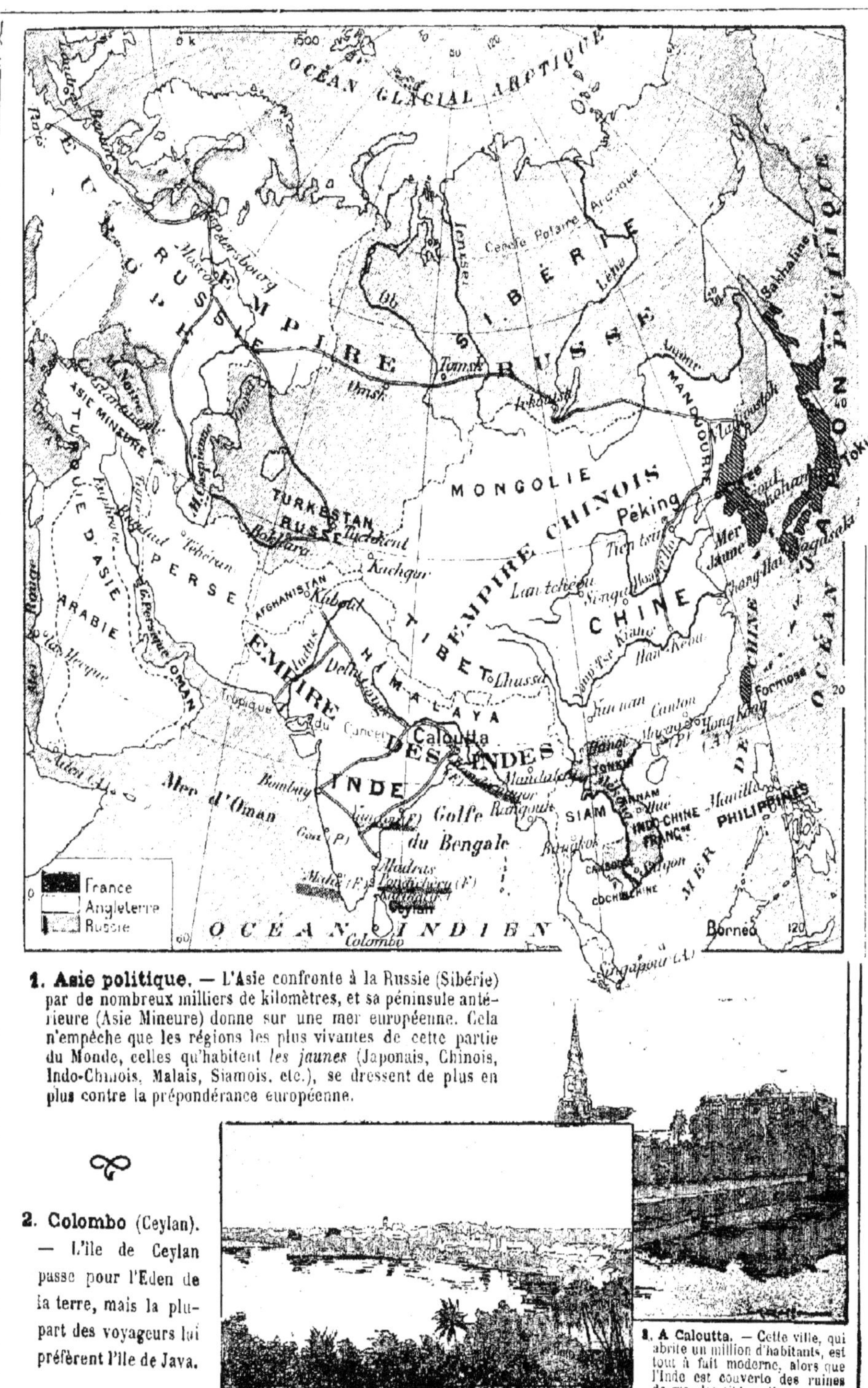


**1. Asie politique.** — L'Asie confronte à la Russie (Sibérie) par de nombreux milliers de kilomètres, et sa péninsule antérieure (Asie Mineure) donne sur une mer européenne. Cela n'empêche que les régions les plus vivantes de cette partie du Monde, celles qu'habitent *les jaunes* (Japonais, Chinois, Indo-Chinois, Malais, Siamois, etc.), se dressent de plus en plus contre la prépondérance européenne.

**2. Colombo** (Ceylan). — L'île de Ceylan passe pour l'Eden de la terre, mais la plupart des voyageurs lui préfèrent l'île de Java.

**1. A Calcutta.** — Cette ville, qui abrite un million d'habitants, est tout à fait moderne, alors que l'Inde est couvert des ruines de grandes cités antiques.

# AFRIQUE PHYSIQUE ET POLITIQUE

**1. Afrique Mineure.** — L'Afrique continue l'Europe méridionale par la région qu'on prend l'habitude de surnommer : l'**Afrique Mineure**. Cette sorte d'Europe méridionale — comme aussi l'on surnomme l'Espagne : Europe africaine — comprend l'*Algérie*, la *Tunisie*, le *Maroc ;* la France y domine.

**2. Sahara.** — Au midi de l'*Atlas*, chaîne puissante (4.500 m.) que porte l'Afrique Mineure, se déroule le plus vaste désert du monde, le **Sahara**, dont la plus grande part dépend de la France. Ce pays de monts, de plateaux, de dunes*, de pâturages secs, de soleil dévorant, absolument sans rivières et n'ayant que des puits et de rares fontaines, cette solitude interrompue d'*oasis* s'espace sur 600 millions d'hectares, et, en lui ajoutant les steppes* qui le continuent jusqu'à la zone des pluies tropicales, sur 10 millions de kilomètres carrés, soit le tiers de l'Afrique.

L'Afrique Mineure et le « Grand Désert » ont pour habitants des familles de race blanche, soit Berbères, soit Arabes ; plus, le million d'Européens déjà fixé dans notre pays de l'Atlas. Passé le Sahara et le steppe qui l'accompagne, on entre dans l'*Afrique des Noirs*, on monte sur le plateau qui fait près des deux tiers de ce continent.

**3. Le grand Plateau d'Afrique.** — Le **Congo**, le second fleuve de la Terre, après les **Amazones**, se promène avec indolence aux deux côtés de l'Equateur, offrant, lui et ses tributaires, 15.000 kilomètres à la navigation. Tout à coup il s'irrite : trente-deux cascades l'abaissent de 255 mètres en un parcours de 275 kilomètres, et presque aussitôt après il se perd dans l'Atlantique. Ainsi font les autres fleuves du *Triangle africain*. A peine les a-t-on remontés pendant quelques dizaines de lieues, qu'on les voit tomber du haut pays dans la région côtière par de violentes cataractes ou par des séries de rapides* allongés.

C'est que l'Afrique du Centre, du Sud, soit les deux tiers de toute la masse, est constituée par un plateau cerné de montagnes et par une étroite lisière de terres littorales. Ces montagnes atteignent 3.375 m. dans leur région tout à fait méridionale ; un peu plus de 6.000 dans la région équatoriale de l'Est, au *Kiliman'Djaro*, entre le littoral de *Zanzibar* et le grand *lac Victoria* (8.331.000 hect.), qui est le réservoir du Nil. Grâce à ces terres élevées, l'Afrique passe pour avoir une altitude moyenne de 673 m., celle de l'Asie étant de 940, celle de l'Amérique du Nord de 610, celle de l'Amérique du Sud de 600, celle de l'Europe de 325.

**4. Les fleuves africains.** — Le **Nil** est le plus long des fleuves d'Afrique (6.000 km.). Le **Congo** est de beaucoup le plus massif (60.000 m. cubes par seconde) ; le **Niger** et le **Zambèze** dont la cascade Victoria est la plus grandiose du monde.

**5. Les Nègres.** — Coupée presque vers son milieu par l'Equateur, l'Afrique est le plus équatorial et en moyenne le plus chaud des continents. Aussi l'Européen n'y est-il à son aise que dans l'Afrique Mineure et sur les lieux élevés du plateau. Elle est donc destinée à rester noire par la majeure partie de ses habitants ; d'ailleurs plus ou moins noire, car les Nègres varient extrêmement entre eux de couleur, de visage, de stature, de force et d'intelligence.

**6. Les Européens en Afrique.** — Les Français ont la prépondérance dans le Nord, le Nord-Ouest, le Centre, par l'Algérie, la Tunisie, le Niger et part du Congo ; les Anglais mêlés de Hollandais, dominent dans le Sud et ils ont le protectorat du Nil ; les Portugais, les Allemands et les Italiens comptent peu ; enfin, la grande île africaine, *Madagascar* est aux Français.

---

**LEÇON A APPRENDRE.** — **1-2.** *L'Afrique méditerranéenne est une terre semblable aux rives européennes de cette mer. Sa limite au sud est la chaîne de l'Atlas. Elle touche au Sahara, immense désert montagneux couvert de dunes de sable, à peu près privé d'eau et qui, peuplé d'Arabes et de Berbères, couvre 6 millions de km. carrés. —* **3.** *Au sud du Sahara, c'est l'Afrique Equatoriale, peuplée de Nègres, le Soudan du Niger et le bassin du Congo, le second fleuve du monde après l'Amazone. Tout le centre de l'Afrique Australe est formé par un plateau où se trouvent les grands lacs et qui culmine au Kiliman'Djaro (plus de 6.000 m.).—*

**4.** *De ce plateau descendent en cataractes les grands fleuves : le Nil qui naît du lac Victoria, le plus long fleuve d'Afrique ; le Congo, le plus important. Viennent ensuite le Niger et le Zambèze avec les chutes Victoria. —* **5-6.** *L'Afrique, le plus chaud des continents, peuplée surtout de Noirs, n'a retenu les Européens que dans l'Afrique Mineure, soumise aux Français, et dans l'Afrique Australe anglaise et boer ou hollandaise. Outre ces deux grands centres de colonisation, la vallée du Nil est soumise au protectorat britannique et les Belges possèdent une grande part du bassin du Congo.*

---

**Exercices écrits ou oraux.** — Comment se divise l'Afrique méditerranéenne (1) ? — Distinguez-la du Sahara, du Soudan : comment s'opposent ces deux régions (2) ? — Nommer et décrire les grands fleuves africains (3 et 4). — Comment les puissances européennes se sont-elles partagé l'Afrique (6) ? = **Questions sur la carte et sur l'image :** Montrez sur la carte les quatre grands fleuves africains. Où se trouvent les montagnes africaines ? — Quelle est alors la partie la plus basse du continent africain ? — Montrez sur la carte les possessions françaises, anglaises, allemandes. — Quelles sont celles qui vous paraissent le plus heureusement situées ? — D'après l'image 2, que pensez-vous de l'activité économique de la colonie du Cap ?

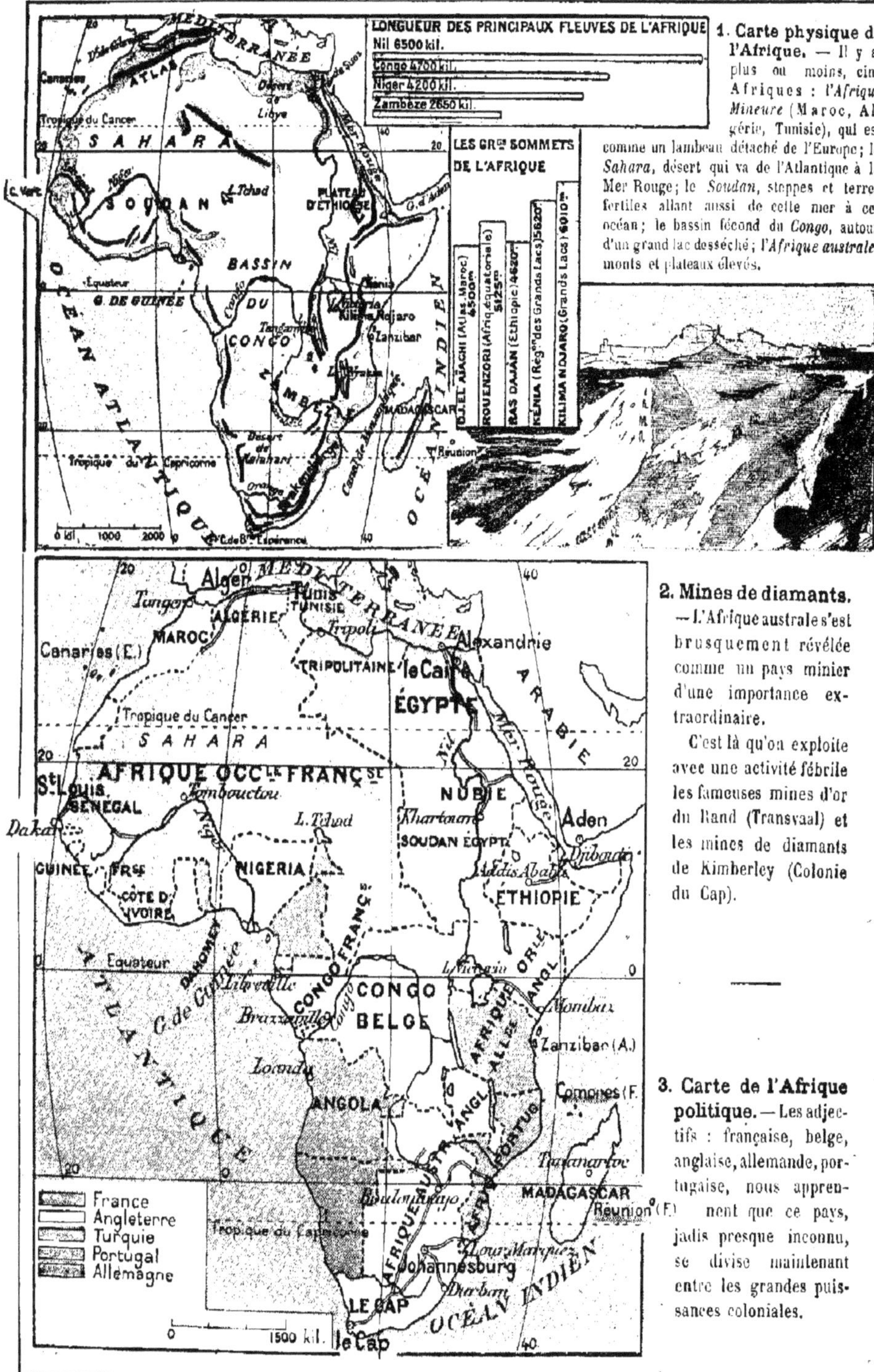



**1. Carte physique de l'Afrique.** — Il y a, plus ou moins, cinq Afriques : *l'Afrique Mineure* (Maroc, Algérie, Tunisie), qui est comme un lambeau détaché de l'Europe ; le *Sahara*, désert qui va de l'Atlantique à la Mer Rouge ; le *Soudan*, steppes et terres fertiles allant aussi de cette mer à cet océan ; le bassin fécond du *Congo*, autour d'un grand lac desséché ; *l'Afrique australe*, monts et plateaux élevés.

**2. Mines de diamants.** — L'Afrique australe s'est brusquement révélée comme un pays minier d'une importance extraordinaire.

C'est là qu'on exploite avec une activité fébrile les fameuses mines d'or du Rand (Transvaal) et les mines de diamants de Kimberley (Colonie du Cap).

**3. Carte de l'Afrique politique.** — Les adjectifs : française, belge, anglaise, allemande, portugaise, nous apprennent que ce pays, jadis presque inconnu, se divise maintenant entre les grandes puissances coloniales.

# AMÉRIQUE PHYSIQUE

**1. Les deux demi-continents et les Antilles.** — Nous appelons la double Amérique du nom de « Nouveau Monde » par opposition à l'*Ancien Continent*, de ce que nous ne la connaissons que depuis 417 années, à partir de sa découverte par Christophe Colomb en 1492.

Nous la nommons double Amérique de ce qu'elle se compose de deux immenses terres, l'**Amérique du Nord** et l'**Amérique du Sud**. Ces deux demi-continents s'unissent à l'air libre par la montagneuse et volcanique **Amérique Centrale**, et sous mer par le socle d'où montent *les Antilles*, archipel de grandes et de petites îles dont trois se signalent par leur étendue : la superbe *Cuba* où l'on parle espagnol; la magnifique *Haïti* où vit à côté d'une colonie espagnole un peuple de Nègres et de mulâtres parlant le français ; la *Jamaïque* où l'on use de l'anglais.

Ces Antilles et cette Amérique Centrale se rattachent à l'Amérique du Nord, qui se sépare nettement de l'Amérique du Sud à l'*isthme de Panama* où la distance entre les deux océans se réduit à cinquante et quelques kilomètres.

**2. Superficie.** — L'Amérique Septentrionale (21 millions de kilomètres carrés) l'emporte sur l'Amérique du Sud (17.850.000), mais la supériorité du demi-continent méridional comme abondance des pluies et beauté du climat fait plus que rétablir l'équilibre. Le demi-continent du Nord, très épanoui en son septentrion, se prolonge jusqu'aux approches du Pôle Arctique, alors que le demi-continent du Sud, effilé en pointe, dépasse peu le 50e degré de latitude.

**3. Monts.** — Tous deux se ressemblent comme disposition générale : à l'ouest une puissante chaîne appelée, au nord, **les Rocheuses**, au sud, **la Cordillère des Andes**, y longe de près le *Pacifique* et s'élargit souvent en plateaux au-dessus des immenses plaines de l'est, parcourues par d'énormes fleuves. Au delà de ces plaines, à leur orient, l'Amérique Septentrionale se relève par les *Laurentides* du Canada et les *Alleghanys* des États-Unis; l'Amérique Méridionale par ses très longs et très larges « *Altos* » ou Hauts-Pays du Brésil. Ni les Laurentides, ni les Alleghanys, ni les Altos ne sont bien hauts : ici 1.000 mètres, là 2.000, mais les Rocheuses montent à près de 6.000, et dans les Cordillères, entre l'Argentine et le Chili, l'*Aconcagua* s'élance à près de 7.000.

**4. Fleuves.** — Les fleuves américains sont parmi les plus puissants du monde. En Amérique du Sud, l'*Amazone* est sans rival en vertu d'un bassin égal à plus de dix fois la France et d'un volume évalué, plus ou moins, à 250 fois celui de la Seine. Le *Rio de la Plata* est probablement le troisième fleuve de la Terre, après cet Amazone et le Congo. Dans l'Amérique du Nord, le *Mississipi* tire d'un pays égal à six fois la France une masse d'eau formidable; le limpide *Saint-Laurent* se termine par un estuaire* immense.

**5. Magnificence de l'Amérique.** — La nature a favorisé les deux Amériques, sauf dans les terres semi-polaires du Nord et dans les steppes* patagons du Sud, comme aussi sur certains plateaux des Rocheuses stérilisés par l'excès du froid et la rareté de la pluie, non moins que dans les vastes campagnes trop rarement mouillées qui vont du pied de ces Rocheuses à la rive droite du Mississipi. Partout ailleurs, c'est la fertilité, souvent l'opulence inouïe. Récoltes opimes* du Nord-Ouest canadien et des rives du Mississipi; incommensurables forêts de l'Amazone; terres à blé, pâturages de l'Argentine; plateaux salubres et féconds du Brésil; ici, la canne à sucre, le café; là, le coton; autre part, le caoutchouc, les bois, les vins, les fruits, tout ce que la nature donne de bon gré ou ce que lui arrache le travail au long de fleuves incomparables.

---

**LEÇON A APPRENDRE.** — 1. *L'Amérique, découverte en 1492 par Christophe Colomb, comprend l'Amérique du Nord et l'Amérique du Sud, séparées par l'isthme de Panama et les îles des Antilles, dont les principales sont : Cuba, Haïti, la Jamaïque.* — 2. *L'Amérique Septentrionale, plus vaste que l'Amérique du Sud, atteint presque le Pôle nord.* — 3-4. *Les deux Amériques, si différentes par le climat, se ressemblent comme disposition générale. A l'ouest, une puissante chaîne de montagnes : Rocheuses et Cordillères des Andes; au centre, une vaste plaine que sillonnent des fleuves puissants : Saint-Laurent, Mississipi et Amazone; à l'est, bordant l'Atlantique, de faibles élévations.* — 5. *La partie centrale de chaque Amérique est d'une prodigieuse fertilité. Blé, coton, bois, fourrures, dans le Nord; canne à sucre, café, bois précieux, bétail : voilà les productions essentielles du nouveau continent.*

---

**Exercices écrits ou oraux.** — Tracer de mémoire la côte de l'Amérique qui regarde l'Europe en indiquant les estuaires des principaux fleuves. — Si vous traciez en partant de l'isthme de Panama une perpendiculaire traversant les deux Amériques, que remarqueriez-vous ? — Faites une coupe théorique de l'Amérique du Nord; direction San-Francisco-Washington; faites de même pour l'Amérique du Sud; direction nord du Chili, cap San-Roch. — Comparez ensuite ces deux coupes. = **Questions sur la carte.** — Indiquer sur la carte la direction des Montagnes Rocheuses avec leur sommet principal. — Montrer la baie d'Hudson; vous paraît-elle aisément accessible aux navires; pourquoi ? — Montrer les fleuves navigables de l'Amérique du Nord; le Nelson et le Mackensie peuvent-ils être utilisés ? — Dans la carte indiquer les estuaires des fleuves favorables à la navigation. — Où est situé l'isthme de Panama ? — Quelles seront les conséquences de son percement ?

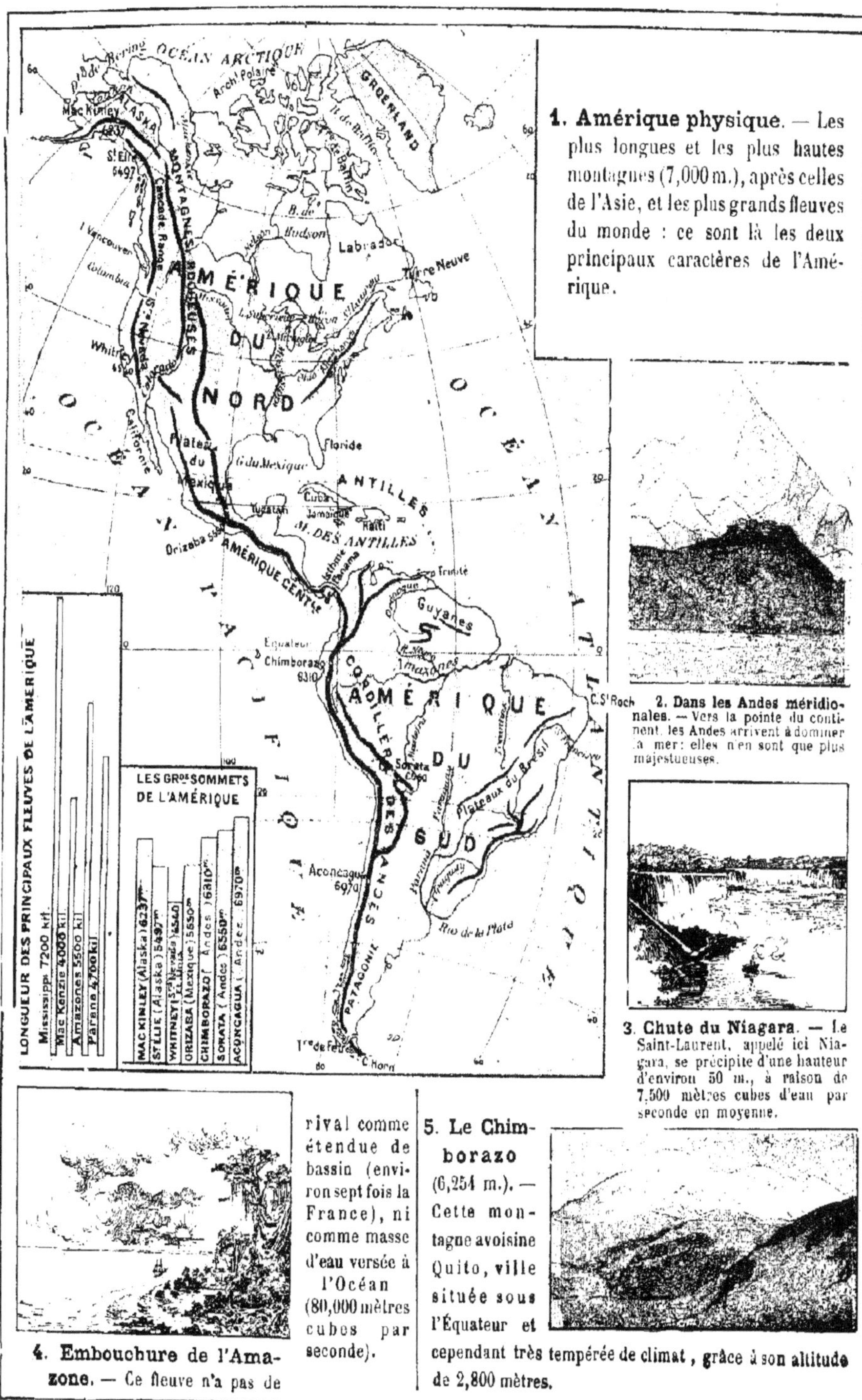

**1. Amérique physique.** — Les plus longues et les plus hautes montagnes (7,000 m.), après celles de l'Asie, et les plus grands fleuves du monde : ce sont là les deux principaux caractères de l'Amérique.

**2. Dans les Andes méridionales.** — Vers la pointe du continent, les Andes arrivent à dominer la mer : elles n'en sont que plus majestueuses.

**3. Chute du Niagara.** — Le Saint-Laurent, appelé ici Niagara, se précipite d'une hauteur d'environ 50 m., à raison de 7,500 mètres cubes d'eau par seconde en moyenne.

**4. Embouchure de l'Amazone.** — Ce fleuve n'a pas de rival comme étendue de bassin (environ sept fois la France), ni comme masse d'eau versée à l'Océan (80,000 mètres cubes par seconde).

**5. Le Chimborazo** (6,254 m.). — Cette montagne avoisine Quito, ville située sous l'Équateur et cependant très tempérée de climat, grâce à son altitude de 2,800 mètres.

# AMÉRIQUE POLITIQUE

**1. Le Continent Blanc.** — Si l'Afrique doit rester plus ou moins le « Continent Noir », ainsi qu'on l'appelle souvent, l'Amérique est le grand « Continent Blanc ». Elle se peuple d'Européens avec une rapidité prodigieuse. Toutefois, elle ne compte guère encore que 150 millions d'habitants, dont 110 millions dans l'Amérique du Nord, 40 dans l'Amérique du Sud.

Sans doute, dans l'Amérique latine, où l'on parle espagnol ou portugais à partir du Mexique, le fond primitif des nations est fait d'Indiens autochtones ou de Nègres importés, mêlés aux Européens ou mêlés entre eux ; mais l'arrivée continuelle des Blancs, surtout des Italiens, des Espagnols, des Portugais, y donne de plus en plus la prépondérance à l'élément blanc. Quant à l'Amérique dite saxonne, aux **Etats-Unis** et au **Canada**, les Indiens en ont été presque extirpés et les Européens l'envahissent à raison de plus d'un million d'hommes par an, contre les 300.000 qui se versent dans l'Amérique latine.

**2. Le Canada.** — Dans l'Amérique Septentrionale se développent quatre pays : le **Canada**, les **Etats-Unis**, le **Mexique**, l'**Amérique Centrale**.

Le *Canada* s'étend sur un espace presque égal à l'Europe entière, mais une grande moitié du pays restera probablement désert par suite de la dureté du climat. Il va de l'Atlantique au Pacifique, de la région tempérée froide au Pôle Arctique et se divise en un immense Nord-Ouest parcouru par des fleuves qui vont se perdre dans des mers polaires et en un Canada oriental. Celui-ci s'allonge au bord du Saint-Laurent, issu de la « Méditerranée d'eau douce » des *cinq Grands Lacs* et brisé en route par la *Cascade du Niagara*. C'est dans cette région de l'Est que vivent 2 millions de nos frères, les Canadiens-Français,

qui parlent notre langue autour de *Québec*, leur capitale, et de *Montréal* (400.000 hab.).

**3. Les Etats-Unis.** — Au midi du Canada, les États-Unis s'équilibrent le long du Mississipi. A peu près égaux, eux aussi, à l'Europe, ils sont rapidement devenus le peuple le plus puissant, le plus industrieux, le plus riche du Globe. Les Canadiens n'étant encore que 6 millions, ils ont 85 millions d'hommes, et trois de leurs villes ont dépassé le million : *New-York* (4 millions), *Chicago* (2.500.000), *Philadelphie* (1.500.000).

**4. L'Amérique latine.** — Avec le Mexique, haut plateau qui se prolonge au Sud par les plateaux et les monts de l'Amérique Centrale, on entre dans le monde latin, qui n'oppose encore dans le Nouveau Continent que 60 millions d'hommes à 90 millions d'Anglo-Saxons. Ces Latins, dont les deux langues, l'espagnol et le portugais, ressemblent beaucoup à la nôtre, occupent à peu près tout le demi-continent méridional. Outre le Mexique, ci-dessus nommé, et les cinq Etats de l'Amérique Centrale, ils habitent dix Républiques, dont neuf espagnoles et une seule portugaise, le Brésil.

**5. Le Brésil.** — Ce Brésil est seize fois grand comme la France. Il approche de 20 millions d'hommes, contre les 40 environ qui ont la langue castillane pour idiome national. C'est probablement le plus beau pays de la Terre, et il peut devenir le plus opulent. Sa capitale, *Rio-de-Janeiro* (700.000 hab.), est un port superbe.

**6. L'Argentine.** — La république espagnole, l'*Argentine* a pour maître fleuve le Rio de la Plata. Elle ne compte que 5 millions d'âmes sur un territoire égal à six fois la France. Sa métropole, au bord du Rio de la Plata, *Buenos-Ayres* (1.200.000 hab.), est la seconde ville latine, après Paris.

---

**LEÇON A APPRENDRE.** — **1.** *Grâce à une puissante immigration européenne, l'Amérique du Nord compte 110 millions d'habitants et l'Amérique du Sud 40 millions. Au nord prédomine l'élément anglo-saxon ; au sud, les races latines.* — **2.** *L'Amérique du Nord comprend trois grands États : Canada, États-Unis, Mexique, et cinq Républiques centrales. Le Canada, colonie anglaise, mais qui fut jadis français et où l'on parle encore notre langue, a pour capitale Québec et pour ville principale Montréal sur les bords du Saint-Lau-* *rent.* — **3.** *Les États-Unis, peuplés de 85 millions d'habitants, sont rapidement devenus le peuple le plus puissant, le plus riche du Globe. On y trouve des villes colossales comme Chicago, et la capitale New-York (4 millions d'habitants).* — **4-5-6.** *A partir du Mexique jusqu'au cap Horn, on parle espagnol et portugais. Dans l'Amérique du Sud, le Brésil, grand seize fois comme la France, a pour capitale Rio-de-Janeiro, port excellent comme d'ailleurs Buenos-Ayres, la capitale de la République Argentine.*

---

**Exercices écrits ou oraux.** — Tracer de mémoire une carte des Etats-Unis. — Comparer le nombre et l'importance des ports de l'Atlantique et du Pacifique. — Après un examen attentif de la forme des deux côtes et des parties du monde qu'elles regardent, pourriez-vous justifier les différences relevées ? — Faites de mémoire une carte du golfe du Mexique en y indiquant les principales Antilles. = **Questions sur la carte.** — Quelles sont les principales villes du Canada et dans quelle région sont-elles situées ? — Remarquez-vous des villes au nord du Canada ? Pourquoi ? — Quels sont les principaux ports des Etats-Unis ? — Dites l'importance de San-Francisco après examen de sa situation sur la carte. — Observez la forme du Chili ; dites-en la raison. — Quel est l'état de l'Amérique du Sud qui rappelle le nom de celui qui découvrit l'Amérique ? — Comment s'appelle le chemin de fer qui traverse l'Amérique du Sud ? Pourquoi ? — Quelles villes, quels pays, quelles mers unit-il ?

## CARTE DE L'AMÉRIQUE POLITIQUE

Visiblement la « vieille » Europe cesse d'être la maîtresse du monde au profit de la jeune Amérique. — Dans le demi-continent du Nord, les États-Unis, pays de langue anglaise, sont arrivés à une puissance incomparable. Dans le demi-continent du Sud, encore beaucoup moins peuplé, beaucoup moins riche, deux pays, le Brésil, de langue portugaise, et l'Argentine, de langue espagnole, marchent au-devant des plus brillantes destinées.

Des quatre parties du monde autres que l'Europe, l'Amérique est celle qui intéresse le plus les Européens.

L'Austro-Océanie a peu d'importance et, de plus, elle est trop loin, *aux antipodes.* L'Asie est surpeuplée et l'humanité « jaune » aspire à nous en disputer la domination. L'Afrique, devenue européenne en principe, ne l'est guère en réalité; ce continent a ses races qu'on ne peut songer à détruire; il est à civiliser, non pas à coloniser.

L'Amérique, au contraire, se colonise à l'européenne, par une immigration telle que le monde n'en a jamais vu de pareille, ni lors des invasions barbares dans l'empire romain, ni lorsque les Mongols se sont jetés de l'Asie sur l'Europe. Depuis qu'il y a une histoire, c'est le plus grand transport de peuple dont nous parlent les annales de l'humanité; et cela par-dessus un vaste Océan.

Plus de quinze cent mille hommes par an partent de nos rivages pour ceux de la double Amérique. Tout fait croire que ce nombre doublera, et plus encore, quand il n'y aura plus de place en Europe pour les Européens.

Toutes les nations de notre partie du monde concourent à cette prodigieuse invasion, mais trois nations seulement en profitent, l'*anglaise*, l'*espagnole*, la *portugaise*, car tous les immigrants se fondent dans les trois milieux anglais (États-Unis, Canada), espagnol (dix-sept républiques), portugais (Brésil) entre lesquels le hasard des destinées a divisé le nouveau continent. La France n'a là qu'une part minime, le long du lac Saint-Laurent, dans ce qu'on nomme le Canada français.

# ALGÉRIE, TUNISIE

**1. Afrique Mineure**. — Par symétrie avec le nom d'Asie Mineure, attribué dès longtemps à la région de l'Asie qui touche à l'Europe méditerranéenne, on a pris l'habitude d'appeler **Afrique Mineure** la contrée africaine qui regarde l'Espagne, l'Italie, la France.

**2. L'Atlas.** — Là où est l'*Atlas*, là est l'Afrique Mineure, contrée de 2.400 kilomètres de longueur sur 200 à 400 ou un peu plus de largeur, qui commence sur la Méditerranée, au *cap Bon*, et finit sur l'Atlantique : elle a de trois côtés la mer, à l'est, au nord, à l'ouest ; au midi le Sahara. On admet que la moitié déjà inféodée à la France, **Algérie** et **Tunisie**, équilibre à peu près le *Maroc*, présentement indépendant, quoique dans notre sphère d'action.

L'Atlas s'élève en s'avançant vers l'Occident : en Tunisie, aucun de ses pics n'atteint seulement 1.600 mètres ; en Algérie, quelques-uns dépassent 2.300 ; au Maroc, certains montent à 4.500, peut-être plus. A ses pieds, sur la rive de mer, climat très doux, un peu énervant ; sur les hauts plateaux, climat froid en hiver avec neiges et glaces, très chaud en été avec bouffées brûlantes du sirocco ; nulle part de frimas éternels.

**3. Superficie.** — A l'est de l'Algérie, la Tunisie ne s'étend que sur 13 millions d'hectares, son *Sahara* compris. L'Algérie n'en avait guère que le double, sans son Sahara ; mais dès que le Grand Désert fut nôtre entre l'Afrique Mineure et le Soudan, il devint nécessaire d'y tracer une limite entre nos territoires de la Méditerranée et du Niger : ce que faisant, on a doté l'ex-régence d'Alger de 220.700.000 hectares, dont 20.700.000 pour le territoire du Nord.

**4. Tell et Steppe***. — Le territoire du Nord comprend à peu près les deux tiers de l'Algérie utilisable, tout son **Tell** et une bonne part de son **Steppe**. Le Tell est la terre du blé, de l'olivier, de la vigne, des primeurs ; le Steppe est le pays du mouton. La Tunisie se partage également entre le Tell et le Steppe.

**5. Importance de l'Algérie.** — La prise d'Alger, en 1830, a changé l'axe de la France et, sans le Tell conquis entre 1830 et 1847, nous ne serions plus qu'un peuple européen sans avenir mondial. Elle seule nous a donné l'audace de nous installer sur le *Niger* et sur le *Congo*, maintenant réunis à elle en un triple faisceau.

**6. Européens et Arabes.** — Pendant que s'étendait la conquête, s'affirmait la colonisation, d'abord hésitante et longtemps malheureuse. Jusqu'en 1856, les décès de colons dépassèrent les naissances ; mais depuis, leurs familles s'enracinèrent si bien dans le sol qu'aujourd'hui les Européens nés en Algérie sont notablement supérieurs en nombre aux immigrés. Il y a maintenant en Algérie, armée et Juifs compris, 730.000 Européens. Dans la Tunisie, conquise en 1881, les Européens approchent de 130.000, Italiens en tête, Français ensuite ; les Juifs vont à plus de 50.000. Il y aura bientôt un million de non-Musulmans dans notre Afrique du Nord à côté de 6 millions et demi de Berbères et d'Arabes.

L'Algérie, annexée à la France, a été déclarée prolongation du territoire français. Ce n'est donc pas une colonie, dans le sens qu'on attachait jadis à ce mot : c'est la France elle-même.

Elle se divise en trois départements, à peu près organisés à la française, ceux d'Alger, de Constantine, d'Oran, et en 17 arrondissements. La capitale, *Alger*, cité magnifique, compte 175.000 âmes, faubourgs compris ; *Oran* approche de 110.000, *Constantine* de 60.000.

La Tunisie, non annexée, « protégée » seulement, a pour chef-lieu *Tunis*, cité de près de 200.000 âmes, qui a hérité de son antique voisine, la malheureuse Carthage.

---

**LEÇON A APPRENDRE. — 1-2.** *L'Afrique Mineure, du cap Bon à l'Atlantique, comprend la Tunisie et l'Algérie françaises, et le Maroc réservé à notre influence. C'est un vaste plateau qui domine la Méditerranée et le Sahara en s'inclinant de l'Ouest à l'Est, du Maroc avec des hauteurs de 4.500 m. à la Tunisie qui ne dépasse pas 1.600 m. Le climat, très chaud au bas des pentes, est, sur le plateau, froid en hiver, brûlant en été, mais toujours sec. — 3-4. Algérie et Tunisie comprennent un Tell ou région basse et cultivable et des hauts plateaux, pâturages à moutons. — 5. L'Afrique Mineure a amorcé la colonisation française en Afrique : elle est unie aujourd'hui à notre domaine colonial du Niger, du Tchad et du Congo. — 6. On trouve en Algérie 730.000 Européens, en Tunisie, 130.000, plus 50.000 Israélites, pour 6 millions et demi de Musulmans, Berbères ou Arabes. Dans l'Algérie de l'Ouest ou Oranie, les Espagnols sont très nombreux, en Tunisie les Italiens. Les principales villes en Algérie sont Alger, Oran, Bône et Constantine ; en Tunisie, Tunis, la plus peuplée de l'Afrique française (200.000 hab.), près de Carthage.*

---

**Exercices écrits ou oraux.** — Quelles sont les colonies françaises de l'Afrique du Nord (1) ? — Décrire le relief, les fleuves, les régions de l'Afrique méditerranéenne française (2-3-4). — Citer les cultures des différentes régions (4), dire les races qui peuplent ce pays (6). Quel en est l'avenir (6) ? — Croquis de l'Algérie et de la Tunisie. = **Questions sur la carte et sur l'image** : Montrez sur la carte les principaux ports de commerce de l'Algérie. — Indiquez un grand port militaire en Tunisie. — Montrez les trois régions de l'Algérie. — Quelle idée vous faites-vous d'une oasis d'après l'image 2 ? — Que savez-vous de Bizerte ?

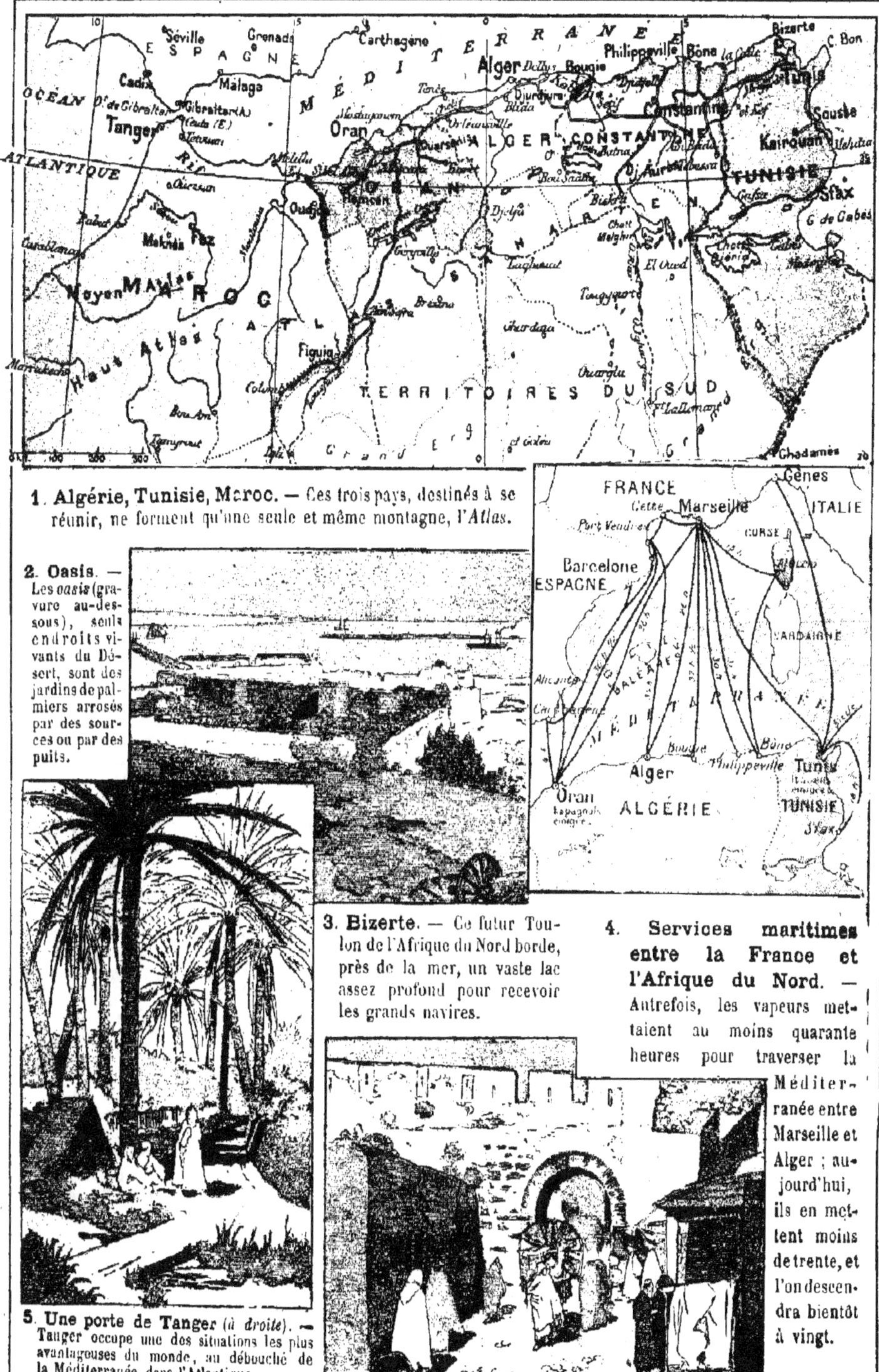



**1. Algérie, Tunisie, Maroc.** — Ces trois pays, destinés à se réunir, ne forment qu'une seule et même montagne, l'*Atlas*.

**2. Oasis.** — Les *oasis* (gravure au-dessous), seuls endroits vivants du Désert, sont des jardins de palmiers arrosés par des sources ou par des puits.



**3. Bizerte.** — Ce futur Toulon de l'Afrique du Nord borde, près de la mer, un vaste lac assez profond pour recevoir les grands navires.

**4. Services maritimes entre la France et l'Afrique du Nord.** — Autrefois, les vapeurs mettaient au moins quarante heures pour traverser la Méditerranée entre Marseille et Alger ; aujourd'hui, ils en mettent moins de trente, et l'on descendra bientôt à vingt.

**5. Une porte de Tanger** (*à droite*). — Tanger occupe une des situations les plus avantageuses du monde, au débouché de la Méditerranée dans l'Atlantique.

# COLONIES FRANÇAISES (*suite*)

**1. Afrique Occidentale.** — L'*Afrique Mineure*, l'Afrique Occidentale, le *Congo*, s'unissent en un bloc qui englobe la majeure partie du Nord-Ouest de l'Afrique.

L'Afrique Occidentale comprend, du nord au sud : la *Mauritanie*, pays de Steppe intermédiaire entre Sahara et Soudan ; le *Sénégal*, parcouru par un fleuve que les navires de mer remontent sur plus de 900 kilomètres lors de sa crue annuelle ; la *Guinée Française*, installée sur un massif de 1.500 m. de soulèvement ; la *Côte d'Ivoire*, qui a des monts de 3.000 m. et de longs tributaires du *Golfe de Guinée* ; le *Dahomey* également guinéen, couloir étroit entre l'Atlantique et le moyen Niger. Ces cinq colonies littorales, interrompues par des terres non françaises, se réunissent toutes les cinq dans l'intérieur à la grande colonie du *Soudan* où coule le *Niger :* ce grand cours d'eau serpente en pays français pendant près de 3.000 km. sur les 4.200 de son voyage total.

Sur des centaines de millions d'hectares, dont malheureusement trop de Sahara, nous avons là dix à douze millions de sujets, soit Nègres, soit Berbères, soit Arabes, soit mêlés de ces trois éléments, et les uns musulmans, les autres païens. En dehors du Steppe et du Désert, c'est un domaine fécond, principalement sur les rives du Niger, qui serpente dans la région tropicale la plus rapprochée de l'Europe Occidentale : ce qui lui promet un très riche avenir.

L'Afrique Occidentale avait pour chef-lieu *Saint-Louis*, ville fluviale par son Sénégal et marine par la plage voisine. Aujourd'hui, la métropole générale — chaque colonie ayant sa capitale particulière — c'est *Dakar*, excellent port voisin du cap Vert, le lieu d'Afrique le plus avancé vers l'Ouest.

**2. Congo.** — Le *Congo français* confronte au sud avec le *Congo belge*, qui a aussi notre idiome pour langue générale. Campé aux deux côtés de la ligne équatoriale, au nord du fleuve Congo, il remonte avec le fleuve *Chari*, jusqu'au lac *Tchad* au delà duquel il a sa part de Sahara. C'est donc près de ce grand lac que se réunissent les trois blocs de notre Afrique : Congo, Afrique Occidentale, Algérie. 170 millions d'hectares, 12 millions d'habitants, païens sauf des musulmans, cette colonie a devant elle un brillant avenir. Sa capitale, *Brazzaville*, domine le Congo, là même où ce grandissime courant s'apprête à se précipiter en cascades vers le bas pays.

**3. Madagascar.** — Avec la *Somalie*, pays brûlé de soleil au pied des Monts Abyssins, au bord du *golfe d'Aden*, Madagascar, île de la mer des Indes, complète notre Afrique. Moins de 3 millions d'habitants sur près de 60 millions d'hectares ; des monts dépassant 2.500 m., des plateaux ingrats, des littoraux féconds, mais insalubres, tout près de *Maurice* et *Bourbon*, îles de langue française : telle est la colonie qui a pour capitale *Tananarive*.

**4. Indo-Chine.** — En Asie, l'Indo-Chine française, riveraine de la mer des Indes, a pour lien le grand fleuve *Mékong*. C'est un superbe empire tropical de 73.600.000 hectares avec 18 millions d'habitants, presque tous de la race jaune. Il ne sera jamais bien facile de nous installer solidement dans ce pays trop influencé par la civilisation chinoise. *Hanoï* en *Tonkin*, *Saïgon* en *Cochinchine* en sont les deux grandes villes.

**5. Menues Colonies.** — Nous pouvons encore nommer : cinq villes dans l'*Inde*; *Saint-Pierre* et *Miquelon*, misérable petit archipel, reste de notre empire de l'Amérique du Nord; la *Martinique*, la *Guadeloupe*, Antilles charmantes, mais exiguës; la *Guyane*, terre tropicale de l'Amérique du Sud; en Océanie, la *Nouvelle-Calédonie*, *Taïti*, les *Marquises*, mais tout cela ajoute peu à la majesté de notre empire colonial, vaste de un milliard d'hectares et peuplé de cinquante millions d'hommes.

---

LEÇON A APPRENDRE. — 1. *Les deux grandes colonies africaines, l'Afrique Occidentale et le Congo complètent l'Afrique Mineure. L'Afrique Occidentale comprend le Sénégal, avec sa capitale Dakar, la Guinée française avec Conakry, la Côte d'Ivoire, le Dahomey, couloir qui relie à la côte le Soudan français, contrée du plus fécond avenir qu'arrose le Niger. — 2. Par le Chari le Congo français remonte au Nord jusqu'au Tchad où il s'unit à l'Afrique Occidentale. Brazzaville, sa capitale, domine le Congo, en face de sa rivale du Congo belge, Léopoldville. — 3. L'Afrique Française est complétée par Madagascar, cap. Tananarive. C'est une île immense aux plateaux salubres, aux côtes malsaines. — 4. L'Indo-Chine française, superbe empire tropical de 18 millions d'habitants de race jaune, comprend la Cochinchine (cap. Saïgon), l'Annam, le Tonkin (cap. Hanoï), le Cambodge et le Laos. Le grand fleuve Mékong la limite à l'ouest et en unit les différentes parties. — 5. La France possède en outre : en Afrique, Djibouti sur le golfe d'Aden; en Océanie, la Nouvelle-Calédonie, Taïti et les îles Marquises; aux Antilles, la Martinique et la Guadeloupe; dans l'Amérique du Sud, la Guyane; enfin l'archipel de Saint-Pierre et Miquelon près de Terre-Neuve.*

---

Exercices écrits ou oraux. — Énumérer les colonies françaises d'Afrique (1). — Dire les divisions de notre Afrique Occidentale (1). — Le Congo (2), Madagascar (3). — L'Indo-Chine Française, croquis, ses différents pays, leurs productions, leur importance (4). — Faire une simple énumération des autres colonies françaises (5). = Questions sur la carte et sur l'image : Montrez sur la carte l'emplacement des colonies américaines, asiatiques, océaniques. — Quels sont d'après les images 4 et 6 les principaux aspects du paysage soudanais?

* Voy. p. 121, *Leçons de revision.*

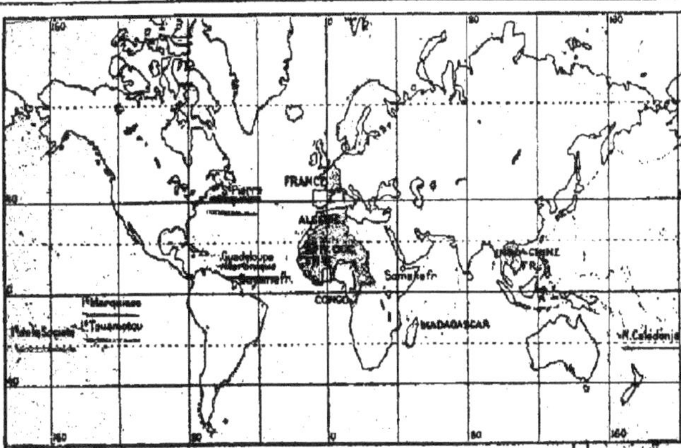

**1. Carte des colonies françaises.** — La France a perdu, au XVIII° siècle, le vaste empire colonial qu'elle avait fondé en Amérique au XVII°. — Depuis la prise d'Alger (1830) elle a constitué un grand domaine, surtout africain, qui ne le cède qu'au seul domaine colonial anglais.

**3. Village malgache.** — A part la capitale Tananarive et quelques autres villes, il n'y a encore dans la grande île de Madagascar que des villages de chaumières peuplés de Jaunes et de Noirs

**2. Hanoï, le petit lac.** — Hanoï, la capitale du Tonkin, a son site dans une plaine basse, sorte de Hollande très peuplée, sillonnée de canaux presque entièrement consacrés à la culture du riz.

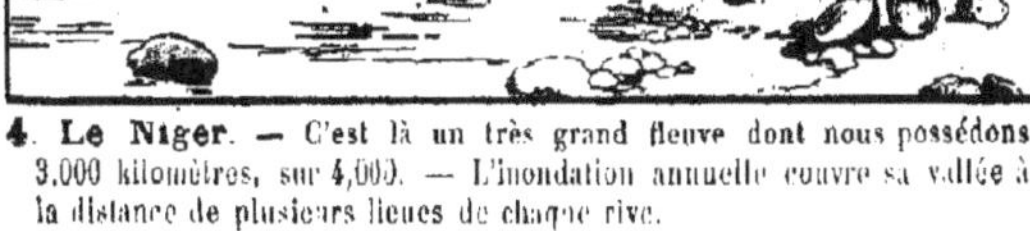

**4. Le Niger.** — C'est là un très grand fleuve dont nous possédons 3.000 kilomètres, sur 4,000. — L'inondation annuelle couvre sa vallée à la distance de plusieurs lieues de chaque rive.

**5. Libreville.** — Cette ancienne capitale du Gabon, située sur un large estuaire, a cédé son rang à Brazzaville, qui est une riveraine du Congo.

**6. Le Tchad.** — Le vaste lac intérieur se divise entre les Français, les Anglais et les Allemands; il reçoit une forte rivière, le Chari.

**7. Forêt vierge.** — Les forêts vierges de nos colonies se distinguent de nos forêts européennes par la fougue de leur végétation.

# LISTE DES DÉPARTEMENTS

## GROUPÉS PAR RÉGIONS NATURELLES

| KILOM. carrés. | DÉPARTEMENTS. | POPU-LATION. | CHEFS-LIEUX. | HABITANTS. | SOUS-PRÉFECTURES ET VILLES IMPORTANTES (1). |
|---|---|---|---|---|---|

### 1. — Grand noyau résistant de la France.

*De la Montagne Noire au Morvan, des sources de la Charente à Lyon : gneiss, schistes cristallins, autres schistes, granits, revêtements volcaniques. Dans le bassin de la Loire, et à moindre degré dans ceux du Rhône, de la Garonne, de la Seine. Dans tout ou majeure partie des départements ci-dessous; plus, divers lambeaux des départements du pourtour.*

| KILOM. carrés. | DÉPARTEMENTS. | POPU-LATION. | CHEFS-LIEUX. | HABITANTS. | SOUS-PRÉFECTURES ET VILLES IMPORTANTES (1). |
|---|---|---|---|---|---|
| 5.180 | LOZÈRE | 128.000 | *Mende* | 7.000 | Florac, Marvejols. |
| 5.780 | TARN | 331.000 | *Albi* | 23.000 | Castres (28.000), Gaillac, Lavaur. |
| 8.771 | AVEYRON | 377.000 | *Rodez* | 16.000 | Espalion, Millau (18.000), Saint-Affrique, Villefranche-de-Rouergue. |
| 5.780 | CANTAL | 229.000 | *Aurillac* | 18.000 | Mauriac, Murat, Saint-Flour. |
| 5.888 | CORRÈZE | 317.000 | *Tulle* | 17.000 | Brive-la-Gaillarde (21.000), Ussel. |
| 5.555 | HAUTE-VIENNE | 386.000 | *Limoges* | 89.000 | Bellac, Rochechouart, Saint-Yrieix. |
| 5.606 | CREUSE | 274.000 | *Guéret* | 8.000 | Aubusson, Bourganeuf, Boussac. |
| 7.382 | ALLIER | 418.000 | *Moulins* | 22.000 | Gannat, Lapalisse, Montluçon (34.000). |
| 6.888 | NIÈVRE | 314.000 | *Nevers* | 27.000 | Château-Chinon, Clamecy, Cosne. |
| 8.016 | PUY-DE-DÔME | 535.000 | *Clermont-Ferrand* | 58.000 | Ambert, Issoire, Riom, Thiers. |
| 8.627 | SAÔNE-ET-LOIRE | 613.000 | *Mâcon* | 19.000 | Autun, Châlon-sur-Saône (30.000), Charolles, Louhans. Ville principale : Le Creusot (31.000). |
| 2.859 | RHÔNE | 859.000 | *Lyon* | 472.000 | Villefranche-sur-Saône. |
| 4.799 | LOIRE | 644.000 | *Saint-Etienne* | 147.000 | Montbrison, Roanne (35.000). |
| 5.001 | HAUTE-LOIRE | 315.000 | *Le Puy-en-Velay* | 21.000 | Brioude, Yssingeaux. |
| 5.556 | ARDÈCHE | 347.000 | *Privas* | 7.000 | Largentière, Tournon. Ville principale : Annonay (17.000). |

### 2. — Noyau résistant secondaire.

*De Cherbourg aux Sables-d'Olonne, des écueils d'Ouessant à la Campagne d'Alençon : gneiss, granits, schistes des divers âges, grès, alluvions quaternaires. Dans les bassins de la Basse-Loire, de la Vilaine, de maints fleuves côtiers. Dans tout ou majeure partie des départements ci-dessous; plus, des rognures de certains départements du pourtour.*

| KILOM. carrés. | DÉPARTEMENTS. | POPU-LATION. | CHEFS-LIEUX. | HABITANTS. | SOUS-PRÉFECTURES ET VILLES IMPORTANTES (1). |
|---|---|---|---|---|---|
| 7.029 | FINISTÈRE | 795.000 | *Quimper* | 20.000 | Brest (85.000), Châteaulin, Morlaix, Quimperlé. |
| 7.092 | MORBIHAN | 573.000 | *Vannes* | 24.000 | Lorient (46.000), Ploërmel, Pontivy. |
| 7.218 | CÔTES-DU-NORD | 612.000 | *Saint-Brieuc* | 23.000 | Dinan, Guingamp, Lannion, Loudéac. |
| 6.992 | ILLE-ET-VILAINE | 612.000 | *Rennes* | 76.000 | Fougères, Montfort, Redon, Saint-Malo, Vitré. |
| 6.412 | MANCHE | 487.000 | *Saint-Lô* | 12.000 | Avranches, Cherbourg (44.000), Coutances, Mortain, Valognes. |
| 5.212 | MAYENNE | 305.000 | *Laval* | 30.000 | Château-Gontier, Mayenne. |
| 7.218 | MAINE-ET-LOIRE | 513.000 | *Angers* | 83.000 | Baugé, Cholet, Saumur, Segré. |
| 6.980 | LOIRE-INFÉRIEURE | 667.000 | *Nantes* | 133.000 | Ancenis, Châteaubriant, Paimbœuf, Saint-Nazaire (46.000). |
| 7.016 | VENDÉE | 443.000 | *La Roche-s.-Yon.* | 14.000 | Fontenay-le-Comte, Les Sables-d'Olonne. |

(1) Chaque chef-lieu de département est en même temps chef-lieu d'arrondissement.

| KILOM. carrés. | DÉPARTEMENTS. | POPU-LATION. | CHEFS-LIEUX. | HABITANTS. | SOUS-PRÉFECTURES ET VILLES IMPORTANTES. |
|---|---|---|---|---|---|

## 3. — Bassin de Paris.

*Des sapins des Vosges aux herbages de Caen, des dunes de Dunkerque au seuil du Poitou. Granits, grès, trias des Vosges, schistes des Ardennes, oolithes, craies, plateaux limoneux. Dans les bassins de la Seine, du Rhin, de l'Escaut, de divers fleuves côtiers. Dans tout ou partie des départements qui suivent ; sans préjudice de l'apport de quelques départements du pourtour.*

| KILOM. carrés. | DÉPARTEMENTS. | POPU-LATION. | CHEFS-LIEUX. | HABITANTS. | SOUS-PRÉFECTURES ET VILLES IMPORTANTES. |
|---|---|---|---|---|---|
| 5.903 | VOSGES | 430.000 | *Epinal* | 29.000 | Mirecourt, Neufchâteau, Remiremont, Saint-Dié. |
| 5.280 | MEURTHE-ET-MOSELLE. | 518.000 | *Nancy* | 111.000 | Briey, Lunéville, Toul. |
| 6.211 | MEUSE | 280.000 | *Bar-le-Duc* | 17.000 | Commercy, Montmédy, Verdun (22.000). |
| 6.257 | HAUTE-MARNE | 222.000 | *Chaumont* | 15.000 | Langres, Vassy. |
| 6.026 | AUBE | 244.000 | *Troyes* | 53.000 | Arcis-sur-Aube, Bar-sur-Aube, Bar-sur-Seine, Nogent-sur-Seine. |
| 8.205 | MARNE | 434.000 | *Châlons-sur-Marne* | 22.000 | Epernay, Reims (110.000), Sainte-Menehould, Vitry-le-François. |
| 5.253 | ARDENNES | 318.000 | *Mézières* | 9.000 | Rethel, Rocroi, Sedan (20.000), Vouziers. |
| 7.428 | AISNE | 534.000 | *Laon* | 15.000 | Château-Thierry, Saint-Quentin (53.000), Soissons, Vervins. |
| 5.774 | NORD | 1.896.000 | *Lille* | 206.000 | Avesnes, Cambrai, Douai (34.000), Dunkerque (39.000), Hazebrouck, Valenciennes (31.000). Grandes villes : Roubaix (121.000) et Tourcoing (82.000). |
| 6.752 | PAS-DE-CALAIS | 1.012.000 | *Arras* | 25.000 | Béthune, Boulogne (51.000), Montreuil, Saint-Omer, Saint-Pol. Grande ville : Calais (60.000). |
| 6.277 | SOMME | 533.000 | *Amiens* | 91.000 | Abbeville, Doullens, Montdidier, Péronne. |
| 5.887 | OISE | 410.000 | *Beauvais* | 20.000 | Clermont-d'Oise, Compiègne, Senlis. |
| 6.342 | SEINE-INFÉRIEURE | 864.000 | *Rouen* | 118.000 | Dieppe, Le Havre (132.000), Neufchâtel, Yvetot. |
| 5.693 | CALVADOS | 403.000 | *Caen* | 44.000 | Bayeux, Falaise, Lisieux, Pont-l'Evêque, Vire. |
| 6.144 | ORNE | 316.000 | *Alençon* | 18.000 | Argentan, Domfront, Mortagne, |
| 6.037 | EURE | 297.000 | *Evreux* | 19.000 | Les Andelys, Bernay, Louviers, Pont-Audemer. |
| 5.940 | EURE-ET-LOIR | 274.000 | *Chartres* | 23.000 | Châteaudun, Dreux, Nogent-le-Rotrou. |
| 5.659 | SEINE-ET-OISE | 750.000 | *Versailles* | 55.000 | Corbeil, Etampes, Mantes, Pontoise, Rambouillet. Ville importante : St-Germain-en-Laye (17.300). |
| 480 | SEINE | 3.849.000 | *Paris* | 2.763.000 | Grande ville : Saint-Denis (65.000). |
| 5.931 | SEINE-ET-MARNE | 362.000 | *Melun* | 14.000 | Coulommiers, Fontainebleau, Meaux, Provins. |
| 6.812 | LOIRET | 365.000 | *Orléans* | 69.000 | Gien, Montargis, Pithiviers. |
| 6.422 | LOIR-ET-CHER | 276.000 | *Blois* | 24.000 | Romorantin, Vendôme. |
| 6.245 | SARTHE | 421.000 | *Le Mans* | 65.000 | La Flèche, Mamers, Saint-Calais. |
| 6.158 | INDRE-ET-LOIRE | 338.000 | *Tours* | 68.000 | Chinon, Loches. |
| 7.044 | VIENNE | 334.000 | *Poitiers* | 39.000 | Châtellerault, Civray, Loudun, Montmorillon. |
| 6.906 | INDRE | 290.000 | *Châteauroux* | 25.000 | Le Blanc, La Châtre, Issoudun. |
| 7.304 | CHER | 343.000 | *Bourges* | 44.000 | Saint-Amand-Mont-Rond, Sancerre. |
| 7.461 | YONNE | 315.000 | *Auxerre* | 21.000 | Avallon, Joigny, Sens, Tonnerre. |

## 4. — Bassin de Bordeaux ou Bassin d'Aquitaine.

*Du Massif Central aux dunes des Landes et du seuil du Poitou aux Pyrénées. Dans la montagne : roches anciennes, schistes ; partout ailleurs, oolithes, craies, terrains tertiaires, alluvions quaternaires. Dans les bassins de la Gironde, de l'Adour, de la Charente et de menus fleuves côtiers. Dans les départements ci-après ; plus, des lambeaux de quelques départements de la périphérie.*

| KILOM. carrés. | DÉPARTEMENTS. | POPU-LATION. | CHEFS-LIEUX. | HABITANTS. | SOUS-PRÉFECTURES ET VILLES IMPORTANTES. |
|---|---|---|---|---|---|
| 4.903 | ARIÈGE | 206.000 | *Foix* | 7.000 | Pamiers (10.000), Saint-Girons. |
| 6.367 | HAUTE-GARONNE | 442.000 | *Toulouse* | 149.000 | Muret, St-Gaudens, Villefranche-de-Lauraguais. |
| 3.731 | TARN-ET-GARONNE | 189.000 | *Montauban* | 29.000 | Castelsarrasin, Moissac. |
| 5.226 | LOT | 217.000 | *Cahors* | 13.000 | Figeac, Gourdon. |
| 9.224 | DORDOGNE | 447.000 | *Périgueux* | 31.000 | Bergerac, Nontron, Ribérac, Sarlat. |
| 5.972 | CHARENTE | 352.000 | *Angoulême* | 38.000 | Barbezieux, Cognac, Confolens, Ruffec. |
| 6.054 | DEUX-SÈVRES | 339.000 | *Niort* | 23.000 | Bressuire, Melle, Parthenay. |
| 7.232 | CHARENTE-INFÉRIEURE. | 454.000 | *La Rochelle* | 34.000 | Jonzac, Marennes, Rochefort (36.000), Saintes, Saint-Jean-d'Angély. |
| 10.725 | GIRONDE | 824.000 | *Bordeaux* | 252.000 | Bazas, Blaye, Lesparre, Libourne, La Réole. |
| 5.385 | LOT-ET-GARONNE | 275.000 | *Agen* | 23.000 | Marmande, Nérac, Villeneuve-sur-Lot. |
| 9.364 | LANDES | 293.000 | *Mont-de-Marsan.* | 12.000 | Dax, Saint-Sever. |
| 6.291 | GERS | 231.000 | *Auch* | 14.000 | Condom, Lectoure, Lombez, Mirande. |
| 4.531 | HAUTES-PYRÉNÉES | 209.000 | *Tarbes* | 26.000 | Argelès, Bagnères-de-Bigorre. |
| 7.712 | BASSES-PYRÉNÉES | 426.000 | *Pau* | 35.000 | Bayonne, Mauléon, Oloron, Orthez. |

| KILOM. carrés. | DÉPARTEMENTS. | POPU-LATION. | CHEFS-LIEUX. | HABITANTS. | SOUS-PRÉFECTURES ET VILLES IMPORTANTES. |
|---|---|---|---|---|---|

## 5. — La Saône et le Rhône, Jura, Alpes, Rives de la Méditerranée.

*Du Lion de Belfort au pied des Pyrénées, des oliviers de l'Aude aux palmiers de la Côte d'Azur. Granits et grès aux origines de la Saône; oolithes et craies dans le Jura; toutes les roches dans les Alpes et les Pyrénées; alluvions quaternaires, de Perpignan aux approches de Marseille. Dans les bassins du Rhône, de l'Aude, des petits fleuves côtiers. Sur les départements ci-dessous; non compris quelques fragments des départements du pourtour.*

| KILOM. carrés. | DÉPARTEMENTS. | POPU-LATION. | CHEFS-LIEUX. | HABITANTS. | SOUS-PRÉFECTURES ET VILLES IMPORTANTES. |
|---|---|---|---|---|---|
| 5.375 | HAUTE-SAÔNE | 261.000 | Vesoul | 10.000 | Gray, Lure. |
| 608 | TERRIT. DE BELFORT | 95.000 | Belfort | 35.000 | Débris de notre Alsace (anc. dép. du Ht-Rhin). |
| 8.787 | CÔTE-D'OR | 358.000 | Dijon | 74.000 | Beaune, Châtillon-sur-Seine, Semur-en-Auxois. |
| 5.260 | DOUBS | 298.000 | Besançon | 56.000 | Baume-les-Dames, Montbéliard, Pontarlier. |
| 5.055 | JURA | 258.000 | Lons le-Saunier | 13.000 | Dôle, Poligny, Saint-Claude. |
| 5.826 | AIN | 346.000 | Bourg-en Bresse | 20.000 | Belley, Gex, Nantua, Trévoux. |
| 4.598 | HAUTE-SAVOIE | 261.000 | Annecy | 14.000 | Albertville, Moûtiers, Saint-Jean-de-Maurienne. |
| 6.188 | SAVOIE | 253.000 | Chambéry | 23.000 | Bonneville, Saint-Julien, Thonon. |
| 8.237 | ISÈRE | 562.000 | Grenoble | 73.000 | Saint-Marcellin, La Tour-du-Pin, Vienne. |
| 6.561 | DRÔME | 297.000 | Valence | 28.000 | Die, Montélimar, Nyons. |
| 5.643 | HAUTES-ALPES | 107.000 | Gap | 11.000 | Briançon, Embrun. |
| 6.988 | BASSES-ALPES | 113.000 | Digne | 7.000 | Bercelonnette, Castellane, Forcalquier, Sisteron. |
| 3.736 | ALPES-MARITIMES | 334.000 | Nice | 134.000 | Grasse, Puget-Théniers. Ville importante : Cannes (30.000). |
| 6.023 | VAR | 325.000 | Draguignan | 10.000 | Brignoles, Toulon (104.000). |
| 5.248 | BOUCHES-DU-RHÔNE | 766.000 | Marseille | 517.000 | |
| 3.578 | VAUCLUSE | 239.000 | Avignon | 48.000 | Aix, Arles. |
| 5.881 | GARD | 421.000 | Nîmes | 80.000 | Apt, Carpentras, Orange. |
| 6.224 | HÉRAULT | 483.000 | Montpellier | 77.000 | Alais, Uzès, Le Vigan. Béziers (52.000), Lodève, Saint-Pons. Grande ville : Cette (32.000). |
| 6.342 | AUDE | 308.000 | Carcassonne | 31.000 | Castelnaudary, Limoux, Narbonne. |
| 4.144 | PYRÉNÉES-ORIENTALES | 213.000 | Perpignan | 39.000 | Céret, Prades. |

## 6. — La Corse.

*Ile de la Méditerranée, à moins de 200 kilomètres (170) du littoral d'Antibes. Roches anciennes; alluvions le long de la côte orientale, vis-à-vis de l'Italie.*

| KILOM. carrés. | DÉPARTEMENTS. | POPU-LATION. | CHEFS-LIEUX. | HABITANTS. | SOUS-PRÉFECTURES ET VILLES IMPORTANTES. |
|---|---|---|---|---|---|
| 8.722 | CORSE | 291.000 | Ajaccio | 22.000 | Bastia (27.000), Calvi, Corté, Sartène. |

**Exercices écrits ou oraux.** — Qu'est-ce qui caractérise, au point de vue du sol, le *grand noyau résistant de la France*? — Quelle est la superficie de la Lozère en kilomètres carrés? — Quelle en est la population? — Combien d'habitants par kilomètre carré dans le département de la Lozère? — (Mêmes exercices pour tous les départements de la région.) — Quel est le département le plus grand de cette région? — Quel est le plus petit? — Quel est le département le plus peuplé? — Quel est le moins peuplé? — Quelle est la plus grande ville de la région? — Etc.

Qu'est-ce qui caractérise, au point de vue du sol, le *noyau résistant secondaire*? — Quels sont les départements de cette région dont la population dépasse 500.000 habitants? — Quelle est la superficie du département de Maine-et-Loire? — Celle de la Mayenne? — Quel est le département qui possède le plus d'habitants par kilomètre carré? — Quelle est la plus grande ville de la région? — Etc.

Qu'est-ce qui caractérise le *Bassin de Paris*? — Quel est le département dont la superficie est la moindre? — Dont la population est la plus considérable? — Quelle est la population de Paris? — Quel est le chef-lieu de la Seine-Inférieure? — Dans quel département se trouve Le Havre? — Quelle est la situation de ce port sur le littoral français? — Quelle est la plus grande ville de la région, après Paris? — Où se trouve Nancy? — Etc.

Qu'est-ce qui caractérise le *Bassin d'Aquitaine*? — Quelles sont les deux plus grandes villes de cette région? — Que savez-vous de chacune d'elles? — Où se trouve Rochefort? — Où se trouve Bayonne? — Où se trouve La Rochelle? — Etc.

Qu'est-ce qui caractérise la 5ᵉ région? — Quelle est la plus grande ville de la région? — Quelle est sa population? Où se trouve Nice? — Où se trouve Annecy? — Où se trouve Grenoble? — Où se trouve Dijon? — Où se trouve Nîmes? — Où se trouve Montpellier? — Quel est dans la 5ᵉ région le département de moindre surface? — Quelle est l'importance de Belfort? — De quel département Besançon est-il le chef-lieu? — Dans quel département se trouve Toulon? — Que savez-vous de cette ville?

Qu'est-ce que la Corse? — Quelle est la population de cette île? — Où se trouve Ajaccio? — Où se trouve Bastia?

**Nota.** — Le maître pourra multiplier ces questions à son gré, en insistant : 1° sur le caractère des régions; 2° sur le rapport des superficies aux populations; 3° sur les villes importantes par leur situation, leur population, leur commerce, leur industrie.

Il n'est pas inutile de faire apprendre par cœur les chef-lieux et villes principales des départements; ce genre d'exercice, pour mnémotechnique qu'il soit, a sa valeur, pourvu qu'on le fasse intelligemment.

# ANCIENNES PROVINCES ET DÉPARTEMENTS CORRESPONDANTS

**Note.** — Des départements ayant été formés à l'aide de territoires empruntés à plusieurs provinces, nous avons toujours indiqué comme ayant formé le département tout entier la province qui en a fourni la majeure partie.

|  |  | |  |
|---|---|---|---|
| FLANDRE (1668) | 1 | département. | Nord. |
| ARTOIS (1659) | 1 | — | Pas-de-Calais. |
| PICARDIE (1477) | 1 | — | Somme. |
| NORMANDIE (1204) | 5 | — | Seine-Inférieure, Eure, Calvados, Manche, Orne. |
| ILE-DE-FRANCE (987) | 5 | — | Aisne, Oise, Seine-et-Oise, Seine, Seine-et-Marne. |
| CHAMPAGNE (1285) | 4 | — | Ardennes, Marne, Aube, Haute-Marne. |
| *LORRAINE (1766) | 3 | — | Meuse, Meurthe-et-Moselle, Vosges. |
| FRANCHE-COMTÉ (1678) | 3 | — | Haute-Saône, Doubs, Jura. |
| BOURGOGNE (1477) | 4 | — | Yonne, Côte-d'Or, Saône-et-Loire, Ain. |
| LYONNAIS (1313) | 2 | — | Rhône, Loire. |
| DAUPHINÉ (1349) | 3 | — | Isère, Drôme, Hautes-Alpes. |
| SAVOIE (1860) | 2 | — | Haute-Savoie, Savoie. |
| ORLÉANAIS (1498) | 3 | — | Eure-et-Loir, Loiret, Loir-et-Cher. |
| TOURAINE (1584) | 1 | — | Indre-et-Loire. |
| BERRY (1101) | 2 | — | Indre, Cher. |
| NIVERNAIS (1665) | 1 | — | Nièvre. |
| BOURBONNAIS (1527) | 1 | — | Allier. |
| MARCHE (1527) | 1 | — | Creuse. |
| LIMOUSIN (1589) | 2 | — | Haute-Vienne, Corrèze. |
| AUVERGNE (1610) | 2 | — | Puy-de-Dôme, Cantal. |
| BRETAGNE (1532) | 5 | — | Finistère, Côtes-du-Nord, Morbihan, Ille-et-Vilaine, Loire-Inférieure. |
| MAINE (1584) | 2 | — | Mayenne, Sarthe. |
| ANJOU (1480) | 1 | — | Maine-et-Loire. |
| POITOU (1416) | 3 | — | Vendée, Deux-Sèvres, Vienne. |
| ANGOUMOIS (1371) | 1 | — | Charente. |
| AUNIS ET SAINTONGE (1371) | 1 | — | Charente-Inférieure. |
| GUYENNE ET GASCOGNE (1453-1589) | 9 | — | Gironde, Dordogne, Lot, Aveyron, Tarn-et-Garonne, Lot-et-Garonne, Landes, Gers, Hautes-Pyrénées. |
| BÉARN (1589) | 1 | — | Basses-Pyrénées. |
| LANGUEDOC (1229) | 8 | — | Haute-Loire, Ardèche, Lozère, Gard, Hérault, Tarn, Aude, Haute-Garonne. |
| COMTÉ DE FOIX (1589) | 1 | — | Ariège. |
| ROUSSILLON (1659) | 1 | — | Pyrénées-Orientales. |
| PROVENCE (1481) | 3 | — | Basses-Alpes, Var, Bouches-du-Rhône. |
| COMTAT D'AVIGNON (1791) | 1 | — | Vaucluse. |
| COMTÉ DE NICE (1860) | 1 | — | Alpes-Maritimes. |
| CORSE (1768) | 1 | — | Corse. |

* En 1871, à la suite de la guerre franco-allemande, nous avons perdu l'ALSACE (départements du *Bas-Rhin* et du *Haut-Rhin*, moins le territoire de Belfort) et, en Lorraine, une grande partie des anciens départements de la *Meurthe* et de la *Moselle*.

---

**Exercices oraux et écrits.** — Quand la Flandre a-t-elle été réunie à la France? — Quel est le département formé par la Flandre? — Mêmes questions pour la Picardie et l'Artois. — Date de la réunion de la Normandie à la France. — Combien la Normandie a-t-elle formé de départements? — Lesquels? — Tracer le croquis de la Normandie, en indiquant les départements formés et leurs chefs-lieux. — Exercices analogues aux précédents pour les provinces ayant formé plusieurs départements. — Quelles sont les provinces qui n'ont formé qu'un seul département? — Quand la Corse a-t-elle été réunie à la France? — Napoléon I^er est-il français. — Quels sont les départements qui ont été annexés en 1860? — Quelle province avons-nous perdue en 1871? — Combien cette province formait-elle de départements? — Lesquels? — Départements formés par la Lorraine? — Qu'avons-nous perdu en Lorraine? — Quelle était la capitale de l'Alsace? — Celle de la Lorraine? — Croquis de l'Alsace et de la Lorraine, avec indication des départements perdus en 1871, à la suite de la guerre franco-allemande. — Quelle est la province qui a formé le plus de départements? — Lesquels? — Croquis de cette province et des départements qu'elle a formés. — Quels départements tirent leurs noms des provinces qui les ont formés? — Quels départements tirent leurs noms des cours d'eau, des montagnes, de leur situation géographique?

# LEÇONS POUR LA PÉRIODE DE REVISION

## NOMENCLATURE

*Au moment de la revision de fin d'année, en vue de l'examen du Certificat d'études, les tableaux suivants pourront être appris par cœur de façon à fixer dans l'esprit des élèves l'essentiel des connaissances géographiques en ce qui concerne notre pays.*

### LES CÔTES

#### I. *MANCHE.*

**1° Nature** : dunes sablonneuses, falaises crayeuses, rochers.

**2° Accidents** : *a) Caps* : Gris-Nez, Antifer, Hève, Barfleur, Hague, Fréhel.
 *b) Golfes ou baies* : Baie de Somme, Baie de Seine, Calvados, Saint-Malo, Saint-Brieuc.
 *c) Iles ou presqu'îles* : Cotentin, Jersey, Guernesey, Bréhat, Sept-îles, Batz.

**3° Fleuves côtiers** : Authie, Somme, Bresle, Arques, Seine, Touques, Dive, Orne, Vire, Sélune, Rance.

**4° Ports** : Boulogne, Dieppe, Fécamp, Le Havre, Trouville, Cherbourg, Granville, Saint-Malo, Saint-Brieuc, Paimpol, Morlaix.

**5° Départements côtiers** : Pas-de-Calais, Somme, Seine-Inférieure, Eure, Calvados, Manche, Ille-et-Vilaine, Côtes-du-Nord, Finistère.

#### II. *OCÉAN ATLANTIQUE.*

**1° Nature** : rochers, marais, sables, dunes sablonneuses.

**2° Accidents** : *a) Caps et pointes* : Saint-Mathieu, Raz, Coubre.
 *b) Golfes ou baies* : Douarnenez, Gironde, Arcachon.
 *c) Iles ou presqu'îles* : Ouessant, Groix, Quiberon, Belle-Ile, Noirmoutier, Yeu, Ré, Oléron.

**3° Fleuves côtiers** : Aulne, Blavet, Vilaine, Loire, Sèvre Niortaise, Charente, Gironde, Leyre, Adour.

**4° Ports** : Brest, Lorient, Saint-Nazaire, Nantes, La Rochelle, Rochefort, Bordeaux, Bayonne.

**5° Départements côtiers** : Finistère, Morbihan, Loire-Inférieure, Vendée, Charente-Inférieure, Gironde, Landes, Basses-Pyrénées.

#### III. *MÉDITERRANÉE.*

**1° Nature** : rochers, dunes, marais.

**2° Accidents** : *a) Caps* : Cerbère, Sicié.
 *b) Golfes ou baies* : Lion, étangs de Thau, de Berre.
 *c) Iles ou presqu'îles* : Iles d'Hyères, de Lérins.

**3° Fleuves côtiers** : Têt, Aude, Orb, Hérault, Rhône, Argens, Var.

**4° Ports** : Port-Vendres, Cette, Marseille, Toulon, Cannes, Antibes, Nice, Villefranche, Monaco.

**5° Départements côtiers** : Pyrénées-Orientales, Aude, Hérault, Gard, Bouches-du-Rhône, Var, Alpes-Maritimes.

### LES FLEUVES

#### I. *LA SEINE.*

**1° Superficie du bassin** : 1/7 de la France; longueur : 776 km.; source : Côte-d'Or, à 471 m. d'altitude.

**2° Villes traversées** : Troyes, Nogent, Montereau, Melun, Paris, Saint-Denis, Rouen, Le Havre.

**3° Départements traversés** : Côte-d'Or, Aube, Marne, Seine-et-Marne, Seine-et-Oise, Seine, Eure, Seine-Inférieure.

**4° Affluents** : *a) de droite* : Aube, Marne, Oise grossie de l'Aisne.
 *b) de gauche* : Yonne grossie de l'Armançon, Loing, Eure.

**5° Caractères** : fleuve paisible, lent, régulier, utile à l'homme.

#### II. *LA LOIRE.*

**1° Superficie du bassin** : 1/5 de la France; longueur : 1.000 kilomètres; source : Gerbier de Jonc (Cévennes), 1.551 m. d'altitude.

**2° Villes traversées** : Le Puy, Roanne, Nevers, Orléans, Blois, Tours, Nantes, Saint-Nazaire.

**Départements traversés** : Ardèche, Haute-Loire, Loire, Saône-et-Loire, Allier, Nièvre, Cher, Loiret, Loir-et-Cher, Indre-et-Loire, Maine-et-Loire, Loire-Inférieure.

4° **Affluents** : *a) de droite* : Arroux, Nièvre, Maine (réunion du Loir, de la Sarthe, de la Mayenne).

  *b) de gauche* : Allier, Cher, Indre, Vienne grossie de la Creuse, Thouet, Sèvre Nantaise.

5° **Caractères** : fleuve irrégulier, dangereux par ses crues, presque inutile.

### III. *LA GARONNE.*

1° **Superficie du bassin** : 1/6 de la France; longueur : 720 km.; source : Val d'Aran, 1.872 m.

2° **Villes traversées** : Toulouse, Agen, Bordeaux.

3° **Départements traversés** : Haute-Garonne, Tarn-et-Garonne, Lot-et-Garonne, Gironde.

4° **Affluents** : *a) de droite* : Tarn grossi de l'Aveyron, Lot, Dordogne grossie de la Corrèze et de l'Isle.

  *b) de gauche* : Neste, Save, Gers, Baïse.

5° **Caractères** : fleuve inégal, utile seulement à son estuaire : la Gironde.

### IV. *LE RHÔNE.*

1° **Superficie du bassin** : 17/100 de la France; longueur : 800 km. dont 600 km. en France; source : Saint-Gothard, 1.753 m.

2° **Villes traversées** : Genève, Lyon, Vienne, Valence, Avignon, Arles.

3° **Départements limités** : *Rive droite* : Ain, Rhône, Loire, Ardèche, Gard; *rive gauche* : Haute-Savoie, Savoie, Isère, Drôme, Vaucluse.

4° **Département traversé** : Bouches-du-Rhône.

5° **Affluents** : *a) de droite* : Ain, Saône grossie du Doubs, Ardèche, Gard.

  *b) de gauche* : Isère, Drôme, Durance.

6° **Caractères** : fleuve rapide, eaux abondantes en toute saison, inutile pour la navigation.

## GRANDES VILLES FRANÇAISES

| VILLES | POPULATION | DÉPARTEMENTS | DÉTAILS CARACTÉRISTIQUES |
|---|---|---|---|
| Paris | 2.763.000 | Seine. | Siège du gouvernement; grande place forte. Grandes écoles, industries de luxe, modes, meubles, librairie. |
| Marseille | 517.000 | Bouches-du-Rhône. | Premier port de commerce français; grand marché pour les céréales, les laines et les peaux; industries : savons, huiles. Siège de la Compagnie : les Messageries Maritimes. |
| Lyon | 472.000 | Rhône. | Industrie de la soie; centre intellectuel et artistique. |
| Bordeaux | 252.000 | Gironde. | Troisième port de commerce; exportation de vins, d'eau-de-vie, grand marché agricole, conserves alimentaires, beaux monuments. Siège de la Compagnie maritime : les Chargeurs réunis. |
| Lille | 206.000 | Nord. | Grand camp retranché; ville manufacturière : toiles, filatures, locomotives, machines-outils. |
| Toulouse | 149.000 | Haute-Garonne. | Grand marché agricole, minoteries; ville artistique, beaux monuments. |
| Saint-Étienne | 147.000 | Loire. | Bassin houiller; fabrication d'armes, soleries, rubans. |
| Nice | 134.000 | Alpes-Maritimes. | Ville riche fréquentée par les malades, les étrangers; parfumerie; fleurs; station d'hiver; camp retranché. |
| Nantes | 133.000 | Loire-Inférieure. | Port de commerce; raffineries, conserves alimentaires. |
| Le Havre | 132.000 | Seine-Inférieure. | Second port de commerce français; relations avec l'Amérique du Nord; importation de café, de coton, de blé, de pétrole. Siège de la Compagnie générale Transatlantique. |

## GRANDES VILLES FRANÇAISES (*suite*)

| VILLES | POPULATION | DÉPARTEMENTS | DETAILS CARACTÉRIRTIQUES |
|---|---|---|---|
| Roubaix | 121.000 | Nord. | Simple village il y a cent ans; grandes filatures de laine et de coton. |
| Rouen | 118.000 | Seine-Inférieure. | Port de commerce; industrie du coton, beaux monuments. |
| Reims | 110.000 | Marne. | Centre de fabrication des lainages, vins de Champagne; cathédrale gothique. |
| Nancy | 110.000 | Meurthe-et-Moselle. | Belle ville, centre intellectuel; usines métallurgiques, verreries. |
| Toulon | 104.000 | Var. | Notre plus grand port de guerre, arsenal. |
| Amiens | 91.000 | Somme. | Cathédrale gothique; laine, velours. |
| Limoges | 90.000 | Haute-Vienne. | Porcelaines, chaussures, distilleries. |
| Brest | 85.000 | Finistère. | Grand port de guerre avec rade admirable, école navale. |
| Angers | 83.000 | Maine-et-Loire. | Toile, extraction de l'ardoise, liqueurs. |
| Tourcoing | 82.000 | Nord. | Simple village il y a cent ans; filatures de laine et de coton. |
| Nîmes | 80.000 | Gard. | Vins, chaussures, vêtements; monuments romains. |
| Montpellier | 77.000 | Hérault. | Vins, eaux-de-vie; centre intellectuel. |
| Rennes | 76.000 | Ille-et-Vilaine. | Marchés agricoles; centre intellectuel. |
| Dijon | 74.000 | Côte-d'Or, | Commerce de vins de Bourgogne; place forte, centre intellectuel. |
| Grenoble | 73.000 | Isère. | Place forte; ganteries, papeteries. |
| Orléans | 69.000 | Loiret. | Ville riche; draps, vinaigre. |
| Tours | 68.000 | Indre-et-Loire. | Ville riche; belle cathédrale, soieries. |
| Le Mans | 65.000 | Sarthe. | Centre agricole; toiles, machines agricoles. |
| Saint-Denis | 65.000 | Seine. | Premier centre métallurgique de la Seine, industries chimiques; belle cathédrale gothique. |
| Calais | 60.000 | Pas-de-Calais. | Port en relations avec l'Angleterre; dentelle, tulle. |
| Clermont-Ferrand | 58.000 | Puy-de-Dôme. | Centre agricole; conserves, pâtes alimentaires. |
| Besançon | 56.000 | Doubs. | Place forte; horlogerie, lunetterie. |
| Versailles | 55.000 | Seine-et-Oise. | Ville riche, palais du xvii<sup>e</sup> siècle. |
| Troyes | 53.000 | Aube. | Industrie du coton, bonneterie. |
| Saint-Quentin | 53.000 | Aisne. | Filatures de coton, machines agricoles. |
| Béziers | 52.000 | Hérault. | Vins, eaux-de-vie. |
| Boulogne | 51.000 | Pas-de-Calais. | Port en relations avec l'Angleterre. |

### Leçon de revision I.     (Décembre)

*Revoir les leçons 1 à 3 inclus et préparer les questions suivantes :*

1° Quel est l'aspect du ciel en cette saison par une nuit claire? — En préparer une carte avec points cardinaux.

2° Position de la Terre par rapport au Soleil à la date de la leçon de revision.

3° Répartition des eaux et des continents sur le Globe.

4° L'orientation de la classe, du village ou de la ville. — Comment s'oriente-t-on à 6 heures du matin, à midi, le soir à 6 heures?

### Leçon de revision II.     Décembre)

*Revoir les leçons 4 à 6 inclus et préparer les questions suivantes :*

1° Donner les définitions des termes relatifs au relief : plaine, plateau, montagne, vallée, col, gorge, défilé, glacier.

— En donner : a) si possible, des exemples empruntés à la région; b) des exemples français.

2° Donner les définitions des termes suivants relatifs aux mers : côtes, dunes, caps, golfes, baies, île, archipel, presqu'île, isthme, détroit. — Exemples français à l'appui.

3° Etudier sur la rivière la plus proche les termes suivants : source, amont, aval, affluent, confluent. — En préparer une carte avec l'indication des accidents.

4° Définir : fleuve, embouchure, delta, crues, inondations. — Exemples français à l'appui.

## Leçon de revision III.                (Décembre)

*Revoir les leçons 7 à 11 inclus et préparer les questions suivantes :*

1° A quelle zone appartient votre pays? — Prouvez-le par l'examen de ses productions. — Quelle race l'occupe ? — Montrez à l'aide d'exemples pris dans la classe la diversité du type blanc.

2° Principaux tremblements de terre ou éruptions volcaniques importantes.

3° Le plan de l'école, du village ou de la ville habitée (plan sommaire).

## Leçon de revision IV.                (Décembre)

*Revoir les leçons 12, 13, 14 et 15 et préparer les questions suivantes :*

1° Caractère des mers qui baignent la France. — Les comparer sous le rapport de la marée, des tempêtes et de la navigabilité.

2° Classer les ports français : pêche, cabotage, grand commerce, militaires.

3° Les côtes hospitalières (rocheuses et découpées).

4° Les côtes rocheuses et non découpées.

5° Les côtes alluviales.

6° Les côtes basses et marécageuses.

## Leçon de revision V.                (Mars)

*Revoir les leçons 16 à 23 inclus et préparer les questions suivantes :*

1° Les plaines et les plateaux français (situation, aspect, productions).

2° Les montagnes françaises : origine, âge, aspect général. — Les comparer sous le rapport de l'altitude et des facilités de passage qu'elles offrent.

3° Les seuils ou grands passages français; situation, importance.

4° Le Bassin Parisien, forme générale, crêtes orientales.

5° Les versants et bassins français, démarcations.

6° Comparaison des quatre grands fleuves français sous les rapports suivants : altitude de la source et rapidité du cours; abondance des eaux; services rendus à l'homme.

## Leçon de revision VI.                (Mars)

*Revoir les leçons 24 à 28 inclus et préparer les questions suivantes :*

1° Étude du climat de la région habitée : pluies, température, orages, etc...

2° Etude particulière de la commune habitée au point de vue physique et politique. — S'attacher surtout en ce qui concerne ce dernier point aux mouvements de la population.

3° Fonctionnaires de la commune, ministres dont ils dépendent.

4° Etablissements d'enseignement situés dans la commune, dans le département. — Ordre d'enseignement auquel ils appartiennent.

## Leçon de revision VII.                (Mars)

*Revoir les leçons 29 à 37 inclus et préparer les questions suivantes :*

1° Les pays producteurs de céréales et industries alimentaires.

2° Régions qui produisent des plantes industrielles; industries textiles.

3° Les industries du vêtement : provenance des matières premières, centres de transformation.

4° Voies navigables et voies ferrées faisant communiquer Paris et Bordeaux; Paris et la région de l'Est; Paris et la région du Nord; Paris et Marseille.

5° L'importation des marchandises étrangères en France.

6° L'exportation des produits français.

## Leçon de revision VIII.                (Juin)

*Revoir les leçons 38 à 44 inclus et préparer les questions suivantes :*

1° La population française : races, densité; mouvements.

2° Les grandes villes françaises; leur importance respective.

3° Comparaison de l'aspect des régions qui les entourent.

4° Régions françaises fortement ou faiblement peuplées.

## Leçon de revision IX.                (Juin)

*Revoir les leçons 45 à 49 inclus et préparer les questions suivantes :*

1° Population européenne : différentes races, leur répartition.

2° Les pays de race germanique : comparaison entre eux sous le rapport économique.

3° Les pays scandinaves et les pays slaves : situation dans la Mer Baltique.

4º Pays méditerranéens : leur situation au point de vue commercial.

### Leçon de revision X.    (Juin)

*Revoir les leçons 50 à 56 inclus et préparer les questions suivantes :*

1º Le relief africain, asiatique et américain; disposition, altitude, aspect.

2º L'Asie, l'Afrique et l'Amérique sous le rapport des races, de la population et des agglomérations humaines.

3º L'Amérique du Nord et l'Amérique du Sud : ressemblances et dissemblances.

4º Les côtes asiatiques et africaines : comparaison.

5º Voyage de Marseille à Yokohama.

6º Voyage de Bordeaux à Sydney.

7º Importance territoriale de nos colonies africaines, asiatiques et américaines. — Comparaison avec l'Angleterre et l'Allemagne.

8º Divers régimes administratifs appliqués à nos colonies : colonies proprement dites, protectorats.

9º Nos colonies perdues. — Peuples qui les possèdent aujourd'hui.

# DEVOIRS D'INTELLIGENCE POUR LA REVISION

**1.** — Après avoir rapidement esquissé l'histoire d'un fleuve, montrez à l'aide d'exemples précis, empruntés à la géographie de la France et de l'Europe, que dans les diverses formes de son cours : torrent, rivière, fleuve de plaine, le fleuve rend à l'homme les plus grands services et a été un agent très actif de la civilisation.

**2.** — Quels dangers le fleuve présente-t-il pour l'homme? — Quelles mesures l'homme a-t-il pris pour se défendre, asservir et discipliner cette force naturelle? — Exemples précis empruntés à la géographie de la France et de l'Europe.

**3.** — Quelles sont les causes qui tendent à modifier le relief d'un pays? — Comparer au point de vue de la forme les montagnes jeunes et les montagnes anciennes. — Citer des exemples empruntés à l'orographie française et s'appuyer sur plusieurs des gravures du livre.

**4.** — Les volcans : indiquer brièvement leurs causes et les résultats de leur action. — Anciens volcans français et principaux volcans du Globe en activité. Peut-on faire une remarque en ce qui concerne leur situation? — Accompagner le devoir d'un croquis succinct.

**5.** — La vie de montagne et la vie de plaine; avantages et inconvénients de l'une et de l'autre. — Le genre de vie influe-t-il sur le caractère de l'habitant? — Prendre pour exemples les Cévenols, Limousins, Auvergnats et Suisses, d'une part; Beaucerons et Flamands de l'autre.

**6.** — Les lacs de montagne; causes de leur formation. — Dans quelle partie de l'Europe en trouve-t-on et quels sont les fleuves qui les traversent? — Quelle est leur action sur ces fleuves ? — Citez des gravures du livre représentant des lacs de montagne et appréciez-les au point de vue de la beauté du paysage. — Compléter le devoir par un croquis des fleuves alpestres.

**7.** — Quelles sont les causes de la stagnation des eaux dans un pays? — Vie de l'homme dans ces régions; dire comment il a modifié les régions marécageuses. — Prendre des exemples en France, en Europe, et indiquer les productions que fournissent aujourd'hui ces diverses régions modifiées.

**8.** — Quelles sont les diverses formes de l'embouchure d'un fleuve? — Exemples précis empruntés à la géographie des cinq parties du monde. Dans quelles conditions se produit chacune d'elles? — Laquelle est la plus favorable à l'homme ? et dire pourquoi?

**9.** — Définition de l'île. — Divers modes de formation avec exemples empruntés à la géographie de la France et de l'Europe. — Importance des îles au point de vue commercial. — Leurs avantages et leurs inconvénients au point de vue militaire : exemples.

**10.** — L'irrigation; en quoi elle consiste et quelle est son importance au point de vue agricole? — Quelles sont les régions françaises et européennes où elle est pratiquée? — Résultats qu'elle a fournis.

**11.** — Revoir sur la carte l'emplacement des ports suivants : Marseille, Venise, Alexandrie, Barcelone. — En le comparant aux embouchures des fleuves voisins, justifier leur situation. Marseille et Barcelone ne manifestent-ils leur activité économique qu'au point de vue commercial?

**12.** — Définir un détroit et dire les plus fameux détroits du Globe. — Quelle est leur importance économique et militaire? — En examinant à qui appartiennent fréquemment les terres voisines, dire quel est le peuple qui l'a le mieux comprise.

**13.** — Examinez tour à tour les situations de Londres, Amsterdam, Bruxelles, Berlin, Vienne, Saint-Pétersbourg. — Que pensez-vous de chacune d'elles? — Efforcez-vous de justifier leurs emplacements par des raisons géographiques ou historiques.

**14.** — Quelles sont les diverses races que l'on rencontre en Europe? — Indiquez les pays où les populations sont le plus homogènes ou le plus hétérogènes. — De tels états de choses ont-ils des conséquences politiques? — Lesquelles?

**15.** — Dans quels pays européens la densité de population est-elle faible ou élevée? — Quelles sont les causes qui influent sur la densité de la population? Vérifiez-les au moyen des chiffres précédemment cités.

**16.** — L'Assemblée Nationale en 1871 voulait, pour des raisons purement politiques, faire de Bourges la capitale de la France. — Déterminer les conditions géographiques que doit réaliser l'emplacement de la capitale d'un pays et montrer ensuite que Paris est, sinon le centre mathématique du pays, du moins la vraie capitale française.

**17.** — Quelles sont les régions françaises les plus peuplées? — Pouvez-vous justifier la forte densité de la population dans les régions indiquées? — Expliquer l'expression : « Le Massif Central est le pôle répulsif de la France dont Paris est le pôle attractif. »

**18.** — Tout port a aujourd'hui un double caractère : il est le débouché naturel de la région située en arrière; c'est grâce à lui qu'elle exporte ses produits; mais il est en même temps une ville industrielle où sont transformés les produits importés. — Les ports français : Marseille, Bordeaux, Le Havre, Nantes, Rouen vous paraissent-ils présenter ce double caractère?

**19.** — Où se bâtit une ville dans une région montagneuse, un pays de plaine? — Justifier par un examen précis de leur position géographique la création et le développement des villes suivantes : Lyon, Toulouse, Orléans, Limoges, Grenoble. — Eclairer le texte de croquis très simples.

**20.** — « La Seine est un fleuve sage, utile, perfectible, civilisé », a dit Michelet. En examinant les principales conditions géographiques du bassin de la Seine, efforcez-vous de justifier cette opinion. — Faire un croquis succinct du bassin de la Seine.

**21.** — Expliquer le débit élevé du Rhône à partir de Lyon par l'examen du régime de la Saône, fleuve de plaine, et de celui du Rhône, fleuve de montagne. — Pour quelles causes Michelet a-t-il surnommé le Rhône « taureau échappé des Alpes »? Et indiquer les services que le fleuve le plus abondant de France a rendus à l'homme.

**22.** — Comparer la pente des quatre grands fleuves français en indiquant l'influence qu'exerce l'altitude de la source sur la rapidité du cours, la forme du lit du fleuve et l'utilité qui en résulte pour l'homme. — Accompagner le texte d'un graphique représentant la pente des fleuves.

**23.** — Importance hydrographique du Massif Central, que l'on a pu appeler « le Cœur de l'organisme français ». — Son importance économique et militaire. — Pourquoi le maréchal Soult disait-il de ce massif, en 1814 : « C'est l'antre du lion ». — Croquis du Massif Central; villes principales.

**24.** — Définir le seuil ou passage en montrant la différence qu'il offre avec un col. — Citer les seuils français en montrant qu'ils sont des lieux de passage obligés entre des pays d'accès difficile. — Importance historique et rôle des voies ferrées et navigables dans le réseau français. — Croquis à l'appui.

**25.** — La houille est le pain de l'industrie, a-t-on dit. — Montrer qu'en effet, à proximité des grands bassins houillers français, se sont développées des industries prospères dont vous donnerez les principaux produits. — Appuyer le texte d'un croquis succinct.

**26.** — Définir le Bocage. — Principaux Bocages français. — Décrire leur aspect et indiquer leurs principales productions.

**27.** — Quel est le rôle des forêts au point de vue humain? (hygiène, agriculture, relief). — Quels sont les pays français les plus boisés et quelles essences y croissent? — Industries qui se sont développées dans les régions forestières. — Croquis très simple à l'appui.

**28.** — A quelle province ou « pays » appartient le département que vous habitez? — Faites-en la description géographique dans l'ordre suivant : 1° situation; 2° relief; 3° géologie; 4° fleuves et cours d'eau; 5° villes principales; 6° productions. — Croquis très simple à l'appui.

**29.** — Quelle est la commune que vous habitez? — Faites-en la description géographique en suivant le plan précédemment indiqué. — Croquis à l'appui.

**30.** — Définir les colonies d'exploitation, de peuplement; postes stratégiques. — Quelles sont nos colonies qui appartiennent à chacune de ces catégories? — Certaines d'entre elles ne peuvent-elles pas répondre à la fois à plusieurs de ces destinations?

**31.** — Comparez la situation coloniale de l'Angleterre et de la France en Afrique. — Si, Sahara à part, elle l'emporte sur nous par l'étendue des territoires, a-t-elle l'équivalent de l'Algérie et de la Tunisie? — Montrer toute l'importance politique, économique et militaire de ces dernières colonies.

**32.** — On a dit que la France n'a pas le « génie colonisateur ». — Son histoire et sa situation actuelle justifient-elles cette opinion?

# GLOSSAIRE

### relatif à quelques expressions de technologie géographique employées dans cet ouvrage.

**Acropole.** — Désignait, chez les Grecs, la partie haute d'une ville où s'élevait généralement une citadelle. — Un site d'acropole est un endroit remarquable par son élévation et sa beauté.

**Agents cosmiques.** — Cosmiques : d'un terme grec qui veut dire le monde; c'est un synonyme du mot « universel ». On désigne ainsi des forces dont l'action embrasse tout le système du monde; telles : la lumière, la chaleur, l'électricité.

**Alluvions.** — Terres de composition très diverse déposées par les eaux courantes dans les eaux stagnantes. En général, elles forment les sols les plus fertiles.

**Amont.** — Un cours d'eau suit toujours une pente : il a donc toujours un courant, quand même il paraît immobile. Quand on remonte ce courant, on va vers l'*amont*; quand on le descend, on va vers l'*aval*.

**Aqueduc.** — On nomme ainsi, soit un viaduc qui transporte l'eau d'un canal navigable (*aqueduc de Briare*), soit une longue conduite d'eau potable (*aqueduc de la Vanne*).

**Arc d'acier.** — Pont métallique, en forme d'arc.

**Archéennes.** — On nomme ainsi, d'après un mot d'origine grecque, les roches les plus anciennes qu'il y ait sur la terre, les gneiss, les granits, les micaschistes ou schistes cristallins.

**Argile.** — Matière tenace, gluante, imperméable, qui provient de la décomposition des gneiss, des granits, des micaschistes. C'est surtout l'argile qui empêche l'eau de descendre dans la profondeur.

**Asie antérieure.** — L'un des noms que l'on donne à la Turquie d'Asie. On l'appelle ainsi parce que, pour nous Européens, elle est en avant de la Perse, de l'Inde, de la Chine, etc.

**Aval.** — Voy. AMONT.

**Avalanche.** — Descente brusque, violente, très dangereuse des amas de neige de la haute montagne. Leur puissance est telle que l'air qu'elles chassent devant elles déracine les arbres et enlève les chalets et les chaumières.

**Barre.** — Une *barre* est un mouvement, un soulèvement violent de la vague sur un ressaut de débris, généralement de sables ou d'alluvions, apportés par la mer elle-même ou par le fleuve qui a là son embouchure. Ex. : *la barre de l'Adour*.
On appelle aussi *barre* la remonte violente du flot de mer dans un large estuaire. Ex. : *la barre de la Seine*, terrible à *Caudebec*.

**Basalte.** — Roche liquide jadis vomie par les volcans, puis rapidement solidifiée; elle a tendance à se diviser en prismes réguliers à six côtés : elle forme ainsi les figures géométriques appelées *Pavés des Géants, Chaussées des Géants*, sur le plan de leur surface supérieure, et nommées, sur le plan de leur chute, *Colonnes des Géants*, ou, plus habituellement, *Orgues*.

**Bassin à flot.** — C'est un bassin qu'on creuse en arrière pour recevoir les navires dans des ports qui n'offrent ni assez de grandeur ni assez de profondeur. Ex. : *Le Havre*.

**Bief.** — Dans un canal de jonction, le mot bief désigne la portion du canal comprise entre deux écluses.

**Bois de durée.** — Bois compact et dense se conservant longtemps, tel l'ébénier.

**Bois de senteur.** — Bois répandant une odeur forte, un parfum agréable, tels le camphrier, le bois de santal.

**Bouillant, bouillon, bouillidour.** — On distingue ainsi les sources bouillonnantes et bruyantes; ainsi : le *Bouillant de la Touvre*, le *Bouillon du Loiret*, les nombreux *Bouillidours du Périgord*.

**Brisants.** — Voy. ÉCUEILS.

**Brousse.** — Étendue couverte de plantes, roseaux et arbustes très abondants et s'entrecroisant.

**Cagnon.** — V. GORGE.

**Calanque.** — Terme provençal, désignant une sorte de petite baie ou crique.

**Calcaires.** — Roches relativement modernes, nées des dépôts terrestres, soit dans la mer, soit dans les lacs. Ainsi les *Causses* ont été formés dans une mer, et, aux environs de Paris, le calcaire de Beauce se déposa dans un lac.

**Cirque.** — Dans certaines montagnes, surtout calcaires ou crayeuses, le ruissellement a créé de très grands vides; on les appelle des *cirques*, tels les cirques de *Troumouse* et de *Gavarnie*, dans les Pyrénées, et le *Fer à cheval* dans les Alpes de Savoie.

**Climat.** — La Terre n'étant pas soumise partout à une température constante, chaque pays a sa température particulière, plus ou moins chaude, plus ou moins froide, plus ou moins sèche, plus ou moins humide; c'est cela qui constitue un climat.

**Clus et cluses.** — Noms donnés dans diverses contrées de France, notamment dans les Alpes du Sud-Est et dans le Jura, aux vallées tellement étroites que c'est à peine s'il y a place pour le passage de la rivière. Ex. : Les *clus* du Doubs, de l'Ain, du Var.

**Col.** — Voy. SEUIL.

**Colmaté.** — On dit d'un marais, d'un lit de rivière, d'un fond quelconque qu'il est colmaté quand le dépôt des alluvions, soit lent, soit rapide, soit naturel, soit artificiel, l'a comblé en le transformant en un sol végétal plus ou moins fécond.

**Confluent.** — Un confluent est la rencontre en un lieu de deux cours d'eau desquels résulte un courant plus considérable. Ainsi à Paris, la *Seine d'amont*, la *Marne* et la *Seine d'aval*.

**Corniche.** — Au sens propre : moulure en saillie couronnant un édifice et autres sortes d'ouvrages.
Au sens figuré, on désigne ainsi la partie supérieure des montagnes de la Côte d'Azur, que parcourt la route dite de *la Corniche*.

**Côte d'Argent.** — Surnom du littoral sablonneux de l'Atlantique, entre l'embouchure de la Gironde et celle de l'Adour.

**Côte de fer**, ou **Côte de granit.** — Surnom qu'on donne au littoral de la Bretagne, depuis Saint-Brieuc jusqu'à Lorient.

**Courant.** — Ce mot s'applique aux grands, aux immenses « fleuves » qui se dégagent de la mer dans une direction quelconque. Ex. : Le fameux *courant golfier* qui, venu des mers tropicales, réchauffe les côtes océaniques de France.
On appelle aussi *courant* le mouvement plus ou moins rapide de l'eau d'une rivière, qui coule et quelquefois court suivant la pente.

**Courbe de niveau.** — On s'applique de plus en plus à employer les courbes de niveau pour la représentation du terrain sur la carte. On nomme ainsi des courbes, souvent très sinueuses, réunissant tous les points situés à une même hauteur au-dessus du niveau de la mer. Par exemple, la courbe 325 réunit tous les points situés à 325 m. au-dessus du niveau général.

**Craies.** — Roches très modernes antérieures aux seuls terrains tertiaires. Elles composent une partie notable de la France : sous forme de craie blanche, comme dans la *Champagne pouilleuse*, ou sous forme de « grès verts », comme dans la Champagne humide. Ces terrains-là sont dits *crétacés*; l'époque géologique où ils se formèrent, par dépôt dans des mers ou des lacs, se nomme l'ère *crétacée*.

**Crêt.** — Nom qu'on donne, en Franche-Comté et dans la Suisse française, aux cimes suprêmes des montagnes. Ainsi le *Crêt de la Neige* (1.723 mètres), point culminant de tout le système du Jura. C'est évidemment le même mot que *crête*.

**Crétacé.** — Voy. CRAIES.

**Culmen.** — Mot latin devenu français, signifie : lieu le plus haut. Ainsi le Mont Blanc est le culmen de l'Europe.

**Défilé.** — V. GORGE.

**Delta.** — Lorsqu'un fleuve transporte beaucoup d'alluvions arrachées à la montagne ou même à la plaine, il dépose ces débris en delta dans la mer, à condition que celle-ci ne soit pas trop profonde. Ex. : le Rhône, qui a conquis sur la Méditerranée le vaste delta de la Camargue.

**Dolmen.** — Monument druidique, très répandu en Bretagne et formé d'une grande pierre plate posée sur deux pierres dressées verticalement.

**Dormant.** — Voy. GOUR.

**Doux, douix et dhuis.** — C'est le nom que l'on donne en France aux grandes sources; *doux* s'emploie surtout dans le Midi, *douix* dans le Nord; *dhuis* est très rare.

**Dunes.** — Les dunes sont des monticules de sable rejeté par la mer, séché par le soleil, et poussé grain à grain par le vent du large dans l'intérieur des terres. Elles sont parfois très considérables; ainsi l'on compte 230 kil. de dunes ininterrompues entre l'embouchure de la Gironde et celle de l'Adour.

**Écueils ou brisants.** — A force d'assaillir la côte, les mers, surtout celles de forte marée, rongent les falaises du littoral; celui-ci recule laissant devant lui les roches que le flot n'a pas encore entièrement détruites; c'est ce qu'on nomme *écueils* ou *brisants*. — On appelle souvent les écueils : *des dangers*, de ce fait que ce sont eux surtout qui brisent les navires.

**Effluve.** — Substance émanant des corps organisés et tenue en suspension dans l'air. — Les effluves des océans sont les exhalaisons qui se dégagent des eaux de mer et se répandent dans l'air que nous respirons.

**Erosion.** — Dégradation produite par les agents atmosphériques sur l'écorce terrestre. Erosion d'un faîte : dépression résultant de l'action de l'eau sur ce faîte.

**Estuaire.** — Quand un fleuve arrive à l'Océan par un long et large lit, ce lit prend le nom d'*estuaire*. Dans les mers non soumises à la marée, l'estuaire est généralement remplacé par un *delta* (V. ce mot). Ainsi la Seine, la Loire, la Garonne ont un *estuaire*; le Rhône, un *delta*.

**Étanche.** — Qui ne laisse pas passer l'eau.

**Étiage.** — Niveau le plus bas des eaux d'une rivière. — Etiage soutenu : qui se maintient longtemps au même niveau.

**Fjords.** — On appelle de ce nom scandinave des golfes très longs, très étroits, très profonds, qui s'ouvrent entre des montagnes élevées. Nous n'en avons en France que de très humbles : la plupart des golfes de Bretagne ne sont autre chose que des *fjords*, des *fleurs*, dit-on en patois normand.

**Font.** — Mot de l'ancien français dont on a tiré *fontaine*. Comme il est plus court et plus ancien que son dérivé, les géographes modernes l'ont remis en honneur. Un cas semblable est celui de *ru* dont on a fait *ruisseau*, et qu'on emploie fréquemment aujourd'hui, après avoir longtemps oublié de s'en servir.

**Foux.** — Nom que portent en Languedoc et en Provence les sources très abondantes. Ex. : la *foux* de la Vis, d'où sort une véritable rivière.

**Glaciers.** — Amas de glaces compactes qui se forment de la condensation des *névés.* (V. ce mot.)

**Glen.** — Un *glen*, nom celtique, est une vallée, généralement étroite. Un certain nombre de nos rivières : le *Clain*, de Poitiers, de nombreuses *Glanes*, des *Glénons* tirent leur nom de ce mot très commun ch z les Ecossais.

**Gneiss.** — Le gneiss est une des roches primitives qui constituent la substance extérieure du Globe, avec les micaschistes ou schistes cristallins, les porphyres, les serpentines, les granits, etc., etc.

**Gorge.** — Les rivières ne coulent pas uniformément dans de larges campagnes; elles rencontrent souvent des montagnes; à force de siècles elles les transpercent par d'étroits passages qu'on nomme *gorges*, *défilés* et *cagnons*, quand les parois en sont très hautes et très droites. — Ex. : *Défilé des Argonnes; gorges de la Loire; cagnons du Tarn et du Verdon.*

**Goulet.** — Voy. PASSES.

**Gour.** — Ce mot, très usité chez les paysans de la langue d'oil et repris par la géographie moderne, désigne soit les sources profondes, soit les endroits très creux des rivières. Dans les deux sens, il a pour synonyme le mot *dormant*. Ex. : le *Dormant*, l'une des sources de la Touvre.

**Granit.** — Roche généralement très dure, d'une très haute antiquité géologique. Une partie de la France, Massif Central, Bretagne, ouest de la Normandie, Maine, Morvan, Vosges sont en partie composés de granit.

**Gypse.** — Assise géologique, dépôt dont on tire le plâtre; le gypse forme en partie le sous-sol de la région parisienne.

**Hauteur d'eau.** — En additionnant dans un *pluviomètre* (V. ce mot) toute la pluie qui tombe d'un bout de l'année à l'autre, on obtient une lame d'eau qu'on exprime en centimètres ou en millimètres. Ainsi, en France, la hauteur d'eau de la Champagne est généralement inférieure à 500 mm.; celle de Paris est au-dessous de 600 mm.; beaucoup d'autres lieux reçoivent 1, 2 et jusqu'à 3 mètres dans le courant des douze mois. Les montagnes ayant la propriété de condenser les vapeurs et d'attirer les averses, c'est dans les grands massifs que la hauteur des pluies, tombant surtout sous forme de neige, atteint sa plus grande puissance.

**Ignivome.** — Mot tiré du latin, qui signifie : vomisseur de feu. On l'applique aux volcans qu'à cause de leurs éruptions on qualifie de monts ignivomes.

**Insolation.** — Quantité plus ou moins grande de chaleur solaire versée sur un pays. — Action exercée par le soleil sur la terre.

**Jetée.** — Quand l'eau d'un port est soulevée par les vents, on la protège de la haute mer, on la tranquillise par une jetée ou digue artificielle. Ex. : la *jetée* ou *digue* ou *levée de Cherbourg*.

**Jurassique.** — Se dit des terrains de l'époque secondaire dont le type se trouve dans le Jura.

**Jusant,** synonyme de *reflux.*

**Justaucorps.** — Vêtement descendant jusqu'aux genoux et enserrant étroitement la taille. — Le *justaucorps de la concentration* est une concentration excessive des pouvoirs publics, gênant l'exercice de la liberté.

**Kaolin.** — Argile blanche servant, avec d'autres substances, à la fabrication de la porcelaine.

**Levée.** — Digue de pierre ou de terre qu'on oppose latéralement aux fleuves pour en contenir les eaux aux temps des crues. Exemple : les *levées de la Loire.* Ce mot s'applique aussi aux digues, aux jetées qu'on élève contre les irruptions de la mer.

**Lusitanienne.** — Expression dérivée de Lusitanie, ancien nom du Portugal. L'Amérique lusitanienne comprend les contrées colonisées par les Portugais et formant le Brésil.

**Mascaret.** — Voy. BARRE.

**Médiéval.** — Moyen âge. Une ville médiévale est une ville construite pendant le moyen âge.

**Mégalithe.** — Grande pierre ayant servi à l'érection de nombreux monuments préhistoriques : menhirs, dolmens, cromlechs.

**Menhir.** — Grande pierre dressée à une époque très reculée dans de nombreux pays et notamment en Bretagne.

**Mer de glace.** — On nomme souvent ainsi des glaciers plus longs et plus larges que les autres, où la glace présente en effet un aspect de vagues gelées. — Ex. : la *mer de glace de Chamonix.*

**Micaschistes ou schistes cristallins.** — Avec les gneiss et les granits, les micaschistes sont des roches de l'époque la plus ancienne de la Terre, dès son passage à l'état solide.

**Module.** — Toute rivière varie considérablement de volume suivant les saisons; elle va de l'étiage, c'est-à-dire des plus basses eaux, à des crues quelquefois formidables. Ainsi la Garonne peut monter de 12 à 13 m. — En réunissant tous les débits de l'année on arrive à un total énorme qu'on divise par le nombre de secondes formant les 12 mois : le résultat de cette division donne le *module*. Ainsi le module du Rhône, 2.000 m. cubes par seconde, plus ou moins, est le volume moyen, calculé sur une année, que ce fleuve roule par seconde.

**Névés.** — C'est ainsi qu'on nomme les amas de neige dans la haute montagne. Leur accumulation, leur descente, leur gel, dégel et regel les transforment en *glaciers* (V. ce mot) à leur extrémité inférieure.

**Oolithe.** — Calcaire de l'époque secondaire formé de nombreux petits grains ovoïdes ressemblant à des œufs de poissons.

**Ovins.** — Appartenant à la race ovine : les brebis, les moutons.

**Passes.** — On appelle ainsi les passages pratiqués par la mer entre des îles et des presqu'îles. Ainsi, l'on entre dans la rade de Brest par la passe de l'*Iroise.* Lorsqu'une passe est très étroite, elle prend le nom de *goulet.* Ainsi le *goulet de Brest,* qui mène dans cette même rade.

**Pays des païens.** — Pays situé sur la côte nord du Finistère et où se sont conservées de vieilles coutumes païennes.

**Pluviomètre.** — C'est l'instrument qui sert à mesurer la quantité de pluie qui tombe dans un lieu pendant un temps donné.

**Polder.** — Terrain bas conquis par le desséchement sur la mer ou sur des marécages.

**Pont-canal.** — Voy. VIADUC.

**Porphyre.** — Roche très ancienne, l'une des plus dures qu'il y ait. Les porphyres de la Côte d'Azur ne cèdent aux assauts répétés de la mer que dix, cent fois plus lentement que telles autres rives marines.

**Promontoire.** — Synonyme de cap.

**Quartz.** — Nom donné à diverses variétés de silices plus ou moins pures et cristallisées.

**Quaternaire.** — Ce mot s'applique à la période géologique que nous traversons et qui fait suite à l'époque tertiaire.

**Rapide.** — Courant causé par une pente très forte du lit d'un fleuve et donnant lieu à de gros bouillonnements.

**Raz de marée.** — Soulèvement extraordinaire des eaux de la mer, produit par un violent cataclysme sous-marin.

**Ru.** — Voy. FONT.

**Schiste.** — Couche sédimentaire très ancienne, de structure lamelleuse comme l'ardoise.

**Schistes cristallins.** — Voy. MICASCHISTES.

**Sédiment.** — Dépôt formé par les matières que les eaux ont laissées en se retirant.

**Seuil.** — Un seuil est un col plus long et plus large que le col classique, passage très étroit dans la montagne entre deux versants, deux bassins. Tels les cols des Alpes, des Pyrénées, parfois supérieurs à 3 000 m., ceux du Thibet, qui peuvent dépasser 6.000. Quand le passage est très ample, très accessible, très commode, on l'appelle plutôt un seuil. Le *col de Naurouze,* large de plus de 1.000 m., à 190 m. seulement d'altitude, est plutôt un seuil qu'un col entre le versant de l'Atlantique et celui de la Méditerranée. — Et l'on appelle justement *seuil du Poitou,* et non pas col du Poitou, le plateau par où l'on va de Poitiers à Angoulême, du bassin de la Loire à celui de la Charente et, en réalité du Nord au Midi.

**Sierra.** — Mot espagnol dont l'équivalent français est *serre,* et qui signifie en réalité *scie.* — On désigne ainsi les montagnes hérissées de pics. Les Pyrénées, par exemple, sont une *sierra,* par opposition à la Margeride dont le profil est très peu mouvementé.

**Steppe.** — Nom donné en Russie et en Sibérie à de vastes plaines généralement incultes.

**Sylve** ou selve. — Synonyme de forêt. Ce mot se retrouve dans sylviculture, sylvestre.

**Tentaculaire.** — Qui rappelle les appendices absorbants ou tentacules de certains mollusques, du poulpe, par exemple. Les rues de Paris qui se prolongent à l'extérieur jouent un rôle tentaculaire entre la grande ville et ses environs.

**Tertiaire.** — Ce mot désigne la période géologique qui a suivi l'époque secondaire et s'applique aux terrains formés pendant cette période.

**Transit.** — Ce mot signifie passage et s'applique aux marchandises qui traversent un pays sans s'y arrêter et sans supporter de droits de douane ou d'octroi.

**Viaduc.** — C'est un pont de grandes dimensions jeté sur un bras de mer, une rivière, un marais, un vallon. Ex. : *viaduc de Morlaix.*

# TABLE DES MATIÈRES

B — 6854. — Imprimerie MOTTEROZ et MARTINET, 7, rue Saint-Benoît, Paris.

BIBLIOTHEQUE NATIONALE DE FRANCE
3 7502 00602612 6